die reise dauert länger als sieben tage

ein schamanenweg

Für die Menschen mit denen ich in Liebe verbunden bin.

michael wolfgang geisler

die reise dauert länger als sieben tage

ein schamanenweg

roman

© tao.de in J.Kamphausen Mediengruppe GmbH, Bielefeld

1. Auflage (2016)

Autor: Michael Wolfgang Geisler

Lektorat: LektoRat Vita Funke, Freiburg

Umschlaggestaltung: Rosi Schüle grafik & gestaltung

Das Umschlagbild bildet ein Ölgemälde von Herbert Maier ab.
Speicher Naturzeit-Gebautezeit 2008-2009 Öl auf Leinwand 240 x 330 cm
Printed in Germany

Verlag: tao.de in J.Kamphausen Mediengruppe GmbH, Bielefeld,
www.tao.de, eMail: info@tao.de

Bibliografische Information der Deutschen Nationalbibliothek: Die Deutsche
Nationalbibliothek verzeichnet diese Publikation in der Deutschen
Nationalbibliografie; detaillierte bibliografische Daten sind im Internet über
http://dnb.d-nb.de abrufbar.

ISBN Hardcover: 978-3-95802-845-6
ISBN Paperback: 978-3-95802-844-9
ISBN e-Book: 978-3-95802-846-3

Erwartung

Sieben Tage

Rückkehr und Ankunft

Erwartung

Der Aufbruch

Bewusst nahm Richard den Rhythmus der Schellentrommel nicht mehr wahr. Ihr Klang hatte jede Faser seines Körpers erfasst, sein Gefühl und seine Gedanken. Teil der Melodie, die die Luft erfüllte, war er geworden – Teil von etwas Größerem und Höherem. Wollte er tanzen? Nein! In diesem Augenblick wollte er nicht mehr. Er war Tanz, so wie die anderen Männer um ihn. Der Gesang des Heilers und Geisterbeschwörers begleitete sie durch die Nacht.

Während sein Körper sich rhythmisch bewegte, lag die wilde Kraft des Wolfes in seinem Blut. Er fühlte sich als Mitglied eines Rudels dieser schönen grauen Tiere. Ein Geruch der Vertrautheit umgab ihn. Er sah die Welt voller Klarheit und bedingungslos nahm er seinen Platz ein. Immer weiter trug ihn der Tanz – fort von diesem Ort.

Der Wolf und er waren sich bereits vor einigen Tagen begegnet, dort wo die Steppe in Schluchten, Wiesen und kleine Wälder übergeht. Auf dem langen Fußmarsch hierher hatte Richard gemeint, seine graue Gestalt in der Ferne im hohen Gras gesehen zu haben. Ein kurzer Augenblick des Erkennens, der im Schleier der Ungewissheit verborgen blieb. Noch hatten vier Stunden Marsch zum nächsten Rastplatz vor ihm gelegen. Es war Mitte September – die Tage heiß, die Nächte kühl.

Seit zwei Tagen befand er sich nun bei der Jurte des Schamanen. Ein großer Walnussbaum stand in der Nähe, eine kleine Hütte, aus rohen Birkenholzbrettern gezimmert, diente den Besuchern als Heim.

Eine abenteuerliche Zeit lag hinter ihm. Bis zur kleinen Ortschaft, dem Ausgangspunkt der dreitägigen Wanderung zum Schamanen, war er über zwei Monate mit dem Zug, dem Bus und als Anhalter unterwegs gewesen – von Berlin immer nach Osten führte ihn sein Weg über Polen, die Ukraine, Russland, Kasachstan bis Kirgistan. Bereits als er in Posen in einer Jugendherberge übernachtete, hatte er das erste Mal vom Schamanen gehört. Hier war Richard auch

Dorit begegnet, jener blonden Studentin aus Köln, die über Land von Schanghai ihren Weg bis hierher gefunden hatte. Eine hübsche, große und sehr selbstbewusste Frau. Sie waren zusammen essen gegangen, hatten auch etwas mehr Bier getrunken. Intensiv war ihr Gespräch. Dorit erzählte von ihrem Ex-Freund in Köln, der als Musiker lebte. Es war Respekt, ja sogar Bewunderung in ihrer Stimme, wenn sie von ihm berichtete. Warum sie sich getrennt hatte, war Richard nicht verständlich geworden, interessierte ihn auch nicht sonderlich. Vielleicht hatte er eine Beziehung mit einer anderen Frau begonnen? Vielleicht gab er ihr nicht die Bedeutung, die sie haben wollte?

Jedenfalls war sie nach der Trennung nach Shanghai geflogen und hatte sich von dort auf dem Landweg zurück nach Deutschland aufgemacht. Ohne die Sprache der Länder, die sie durchreiste, zu kennen – ja größtenteils nicht einmal die Schrift lesen zu können. Es sollte fremd und neu sein, was ihr begegnete.

Die ehemaligen Länder des Ostblocks und Republiken der Sowjetunion durchlebten in den 90er Jahren eine Zeit des Aufbruchs. Eine Stimmung, die Dorits und auch Richards Suche nach Veränderung entsprach. Sie wollte sich ausprobieren, konfrontieren und verführen lassen. Ein wenig klein und unbedeutend kam Richard sich neben ihr vor. Doch er spürte, sie sah in ihm eine Größe, die noch im Inneren schlummerte und geweckt werden wollte. Er wusste, dass dies seine Bestimmung berührte. So war ihm ihre Wahrnehmung wie ein Versprechen.

Er mochte die Gespräche, die die Enge des Konventionellen sprengten; den Austausch über das Spirituelle, das ihn anzog, nicht erklärbar schien und doch verlockend. In dieser Welt trafen sie sich. Dorit erzählte ihm von ihrer abenteuerlichen Reise und der Begegnung mit dem Schamanen. Sie hatte sich mit einem Kirgisen angefreundet. Er nannte sich Zhanybek, was mit »starke Seele« zu übersetzen ist, hatte in Leningrad studiert, lebte in Moskau und hielt sich für einige Monate in seiner Heimat auf, um der Familie bei den Umstellungen, die die politischen Veränderungen hervorgerufen hatten, zu helfen. Die Eltern hatten während der Sowjetzeit als Tierpfleger in einem Viehzuchtbetrieb gearbeitet. Diese

Kolchose stand nun vor der Auflösung und sein Vater und seine Mutter mussten ihr Leben von Grund auf neu gestalten. Angesichts dessen, dass sie ihr gesamtes Berufsleben in diesem Betrieb verbracht hatten, wirbelte die Auflösung ihre Existenz vollkommen durcheinander. Ihr Sohn musste ihnen helfen, eine neue Arbeit und in der sich verändernden Welt ihren Platz zu finden.

Zhanybek begleitete Dorit eine Weile bei ihrer Reise durch seine Heimat. Er hatte großen Gefallen an dieser schönen und für ihn fremdartigen Frau gefunden, die ihm mit großer Selbstverständlichkeit und ohne Vorbehalt begegnete. Dies war ihre Art, die Welt zu entdecken. Er nannte sie Gulzada, was Blumenprinzessin bedeutet. In seiner äußerst zuvorkommenden Art versuchte er ihr jeden Wunsch von den Augen abzulesen. Zugleich zeigte er sich ganz natürlich, spielte keine Rolle, von der er meinen mochte, ihr hierdurch zu gefallen und begegnete ihr auf ehrliche Weise. Kein Zweifel bewegte sein Inneres, was es bedeutet, Mann zu sein.

Dorit berichtete, wie sie zusammen auf dem Weg zum Schamanen durch die Weite der Steppe gewandert waren und sie ihrem Begleiter in einigen Metern Abstand folgte. Dieses Folgen voller Vertrauen in Zhanybek bedeutete ihr ein tiefes Erleben – wie auch das Schweigen zwischen ihnen. Eine Verständigung durch Worte hatte sich ohnehin als schwierig erwiesen, da Zhanybek nur wenige englische Begriffe verstand. Sie liebten sich auf dem weichen Gras der Steppe und sie genoss diesen Mann in seiner rauen Unmittelbarkeit. Sie erzählte Richard ganz offen und ungezwungen von ihrem Erleben; von der sie faszinierenden Männlichkeit ihres kirgisischen Begleiters und ihrem Verlangen danach. Ihre Ehrlichkeit sprach Richard an.

Diese Wanderung hatte Dorit und ihren Begleiter zur Jurte des Schamanen geführt. Zhanybek kannte ihn noch aus seiner Kinderzeit. Als Fünfjähriger hatte er eine schwere Gelbsucht durchleiden müssen. Seine Eltern riefen den Schamanen, was zu damaliger Zeit verboten war, doch sie wussten keinen anderen Ausweg. Die Krankenschwester der ländlichen Krankenstation hatte dem Jungen nicht helfen können. Sie schreckten davor zurück, ihn in ein gut 200 km entferntes Krankenhaus transportieren zu lassen.

Allein die Fahrt dorthin wäre eine zu große Belastung gewesen.

Als der Heiler eines Abends zu Hause bei ihnen ankam – sie lebten in einfachen Verhältnissen auf dem Land im Süden von Kirgistan –, da geschah dies in Heimlichkeit. Die Aufmerksamkeit der Nachbarn sollte nicht erregt werden. Seine Eltern begrüßten den Gast mit großer Hochachtung und auch einer gewissen Vertrautheit. Der Schamane wandte sich unverzüglich an Zhanybek, der von der Krankheit ganz gelb und völlig geschwächt auf seinem Lager ruhte und schwer atmete. Er schaute ihn eine Weile schweigend an.

Dann sprach er zu ihm: »Mein Junge, die Krankheit hat tief Besitz von dir ergriffen. Lass sie uns nun vertreiben. Du wirst gesund werden.«

Auch wenn die Worte des Schamanen kaum zu Zhanybeks Ohr drangen, ließ seine fiebrige Unruhe nach. Zugleich wurde ihm mit dem Erscheinen des Heilers in einer für ihn überraschenden Weise klar: Seine Eltern hatten diesen Mann von weit her kommen lassen. Er würde ihn heilen!

Der Schamane sprach zu den Eltern: »Lasst mich mit dem Jungen alleine.«

Vater und Mutter verließen den Raum und der kleine Zhanybek lag krank und mit ein wenig Angst vor dem, was nun kommen mochte, auf seiner Lagerstätte. Der Schamane hatte einen großen Ledersack mitgebracht. Er entnahm ihm seine Schamanenkleidung: ein zottiges Gewand, Lederstreifen, Federn, Schellen und anderen Zierart. Er streifte dies über und griff anschließend einen langen Stock, an dem auch allerlei Stoff, Leder, Metall und Federn angebracht waren, mit der linken Hand. Auf dem Kopf trug er eine fremdartige Mütze. Der kleine Junge nahm das Geschehen in seinem Dämmerzustand nur am Rande wahr. Dann löschte der große Heiler das Licht und Zhanybek befand sich in völliger Dunkelheit.

Er hörte den fremden Mann ihm unverständliche Worte sprechen – mal laut, mal ganz leise, sanft und betörend, dann wieder zornig oder zurückweisend. Die Worte gingen immer mehr in einen Gesang über. Die Dunkelheit schien zunehmend auch das Innere von Zhanybek auszufüllen und ihm war, als fiele er in eine

Art Schlaf – warm, wie in eine weiche Felldecke eingehüllt, spürte er seinen Körper. Der Gesang trat in den Hintergrund. Zhanybek fühlte sich weit weg von dem Geschehen, das ihn umgab.

Wie lange seine Abwesenheit gedauert hatte, konnte er nicht sagen, als er sich plötzlich in die Wirklichkeit zurückgerufen sah. Das Lied des Heilers, begleitet von der Schellentrommel, klang jetzt laut und schien die Lebenskräfte in seinem Innersten zu wecken. Er sah die Schattengestalt des Schamanen ihn umkreisen, er hörte den Gesang ganz klar. Eine Hand griff fest an seine Brust und er hatte den Eindruck, als entnähme sie dem Körper etwas Schweres, denn Leichtigkeit erfüllte ihn danach.

Der weise Mann rief nach Vater und Mutter und bat um Licht. Er hielt die rechte Hand, als umklammere sie etwas Widerspenstiges.

»Hier ist die Krankheit«, sprach er mit fester Stimme und zeigte den Eltern die Faust. Er trat zusammen mit dem Hausherrn durch die Tür ins Freie in die nur vom Mond erleuchtete Landschaft. Neben einem Bach ließ er Zhanybeks Vater ein Loch ausheben, in dem die Krankheit begraben wurde. Sorgfältig wurde das Erdloch verschlossen und ein Eibenzweig auf die Oberfläche gelegt.

Der Schamane sprach in einem melodiösen Singsang mit den Geistern, während er Wodka über das geschlossene Erdloch goss.

Du Geist dieser Krankheit,
der du dich mir gezeigt hast.
Ich anerkenne deine Größe.
Ich kenne deine Kraft.
Ich reiche dir diesen Trank zu deiner Ehre.

Dann wurde die Stimme lauter und im Ton scharf.

Suche deinen Platz in dieser Erde.
Es ist deine Heimat.
Der Junge gehört nicht dir.
Er ist geboren, der Höheren Macht zu dienen.
Du musst von ihm lassen.

Wieder änderte sich der Tonfall. Sanft klang seine Stimme und immer mehr wurde Gesang aus den Worten.

Du Freund der Menschen, den ich gerufen habe.
Großer Geist, großer Helfer.
Ich bitte dich,
hilf diesem Menschenkind auf seinem Weg.
Du kennst seine Bestimmung.
Sei bei ihm und begleite es.

Der Schamane verfiel in einen gleichförmigen Gesang, der nur noch aus einzelnen Lauten bestand. Er verbeugte sich in alle vier Himmelrichtungen und sprach:

Ich danke euch, Berge.
Ich danke euch, Seen und Flüsse.
Ich danke dir, Mutter Erde.
Ich danke dir, Herr des blauen Himmels.

Damit war das Ritual beendet. Schweigend gingen sie zurück zum Haus. Zhanybeks Eltern beschenkten den Schamanen und dankten ihm von ganzem Herzen. Er aber bestieg, trotz der Dunkelheit der Nacht, sein Pferd und machte sich auf den Heimweg, der gut zwei Stunden dauern würde.

Währenddessen dämmerte der kleine Junge auf seinem Lager und fiel dann in einen tiefen Schlaf. Am nächsten Tag ging es ihm deutlich besser. Noch eine Woche musste er zu Hause bleiben. Die Eltern gaben ihm nur ausgewählte Nahrung, wie es der Schamane ihnen aufgetragen hatte. Danach durfte er wieder die Schule besuchen und fühlte sich kräftig und lebensfroh.

Dieses Erleben war Zhanybek auch heute noch vollkommen gegenwärtig. In den letzten Tagen hatte er mit seiner Mutter darüber gesprochen. Tränen waren ihr über die Wangen geflossen, als sie hiervon erzählte. Wie sehr hatte sie befürchtet, dass ihr kleiner Sohn die schwere Krankheit nicht überleben würde und wie groß war die Freude über die Heilung gewesen! Sie berichtete über weitere heimliche Treffen mit dem großen Heiler. Nie war der Kontakt abgerissen. Ihre ganze Familie verehrte diesen Mann, der so oft geholfen hatte.

Die Neugier von Zhanybek war geweckt. Er wollte immer mehr über diesen für ihn geheimnisvollen Mann erfahren. Die Mutter wusste von Ritualen und Heilungen. Sie erzählte auch von dem alten Glauben ihrer Vorfahren. Ihre Mutter hatte mit ihr öfters über eine alte Schamanin gesprochen, die bei der Geburt von Zhanybeks Mutter geholfen hatte. Seine Oma hatte diese Frau überaus verehrt. Oma und Mutter hatten diese alten Traditionen gegenüber Zhanybek früher nie erwähnt. In der Sowjetzeit galten sie als rückständig und Aberglaube. Ein offenes Bekenntnis hierzu wurde nicht geduldet. Seine Eltern und Großeltern wollten dem Jungen keine Schwierigkeit dadurch bereiten, dass sie ihn in diese alte Welt einbezogen.

Als ihm die Mutter berichtete, dass dieser große Mann, sein Lebensretter aus frühen Tagen, den Sommer in einer Jurte an einem seit alters her heiligen Ort verbrachte, da fühlte er einen großen Drang in sich, ihn zu besuchen. So war es gekommen, dass er und Dorit sich auf den Weg zum Heiler machten.

Der Schamane freute sich, seinen kleinen Patienten von damals gesund und kräftig als erwachsenen und lebenserfahrenen Mann wiederzutreffen. Er bedankte sich für die Grüße, die ihm die Mutter ausrichten ließ und hieß auch Dorit mit großer Freundlichkeit willkommen. Sogar einige wenige englische Worte ließ der große Heiler einfließen, als er sich Dorit zuwandte. Er hatte letztes Jahr an einem internationalen Treffen zum Schamanismus in Sibirien teilgenommen und von den Besuchern aus aller Welt einige englische Wortbrocken aufgeschnappt.

Wie es der Zufall so wollte, sollte am nächsten Tag ein Ritual für die Geister der Steppe, Wiesen und Berge stattfinden. Die beiden Neuankömmlinge wurden eingeladen, dem festlichen Geschehen beizuwohnen. Der Sommer entfaltete sich mit aller Kraft und in dieser Zeit sollten die Kräfte und Mächte der Erde Ehrung erfahren.

Es weilten bereits Besucher bei der Jurte des Heilers und weitere kamen hinzu. Menschen, die nun wieder offen die Verbindung zu ihm suchen konnten, nachdem jahrelang der Kontakt in aller Heimlichkeit hatte stattfinden müssen. Sie wollten seinen Gesängen zu den Bergen und Flüssen, der Mutter Erde und dem Herrn des blauen Himmels lauschen; den Geistern begegnen, die er beschwor, und tief eintauchen in eine andere Welt. Voller Vorfreude erwarteten sie das Geschehen.

Am späten Nachmittag des nächsten Tages wurde vor dem Rundzelt ein Feuer entzündet. Glimmende Wacholder- und Eibenzweige verbreiteten den intensiven Geruch ihrer verdampfenden Öle. Der Schamane hatte in aller Sorgfalt sein Gewand aus alten Tagen übergezogen und sich für das Ritual hergerichtet. Die Schellentrommel hielt er fast zärtlich in der Hand. Sachte berührte er das Fell der Trommel, entlockte ihr einen feinen Rhythmus und begann leise zu singen:

In die Weite des Himmels strebe ich,
dich, Mutter Erde, trage ich immer im Herzen.
Die Sterne will ich berühren
und den himmlischen Mächten begegnen.
Der Staub der Sterne, das Licht des Mondes,
sind Unterpfand der höheren Macht.
Ich trage ihre Botschaft
zurück zu diesem Ort.
Ihr Mächte der Himmelssphären,
steht mir bei in meinem Tun.
Begleitet mich, dessen Körper der Erde gehört
und dessen Geist euch sucht.

Ihr Geister der Steppe und Wiesen,
ihr Geister der Berge und Höhen,
seid eingeladen zu diesem Fest zu euren Ehren.

Wir bitten euch, voller Wohlwollen auf uns Menschen zu schauen.

Das Trommeln wurde lauter. Sein Körper bewegte sich im Takt dazu. Tanz und Gesang verzauberten den Augenblick. Der Schamane drehte sich schneller. Die Besucher wurden vom Rhythmus erfasst und folgten ihm auf seiner Reise. Der Rauch des Feuers verhüllte immer wieder ihre Gestalten. Der Geruch der Nadelhölzer betörte ihre Sinne.

Die Sonne neigte sich zum Horizont. Ihr Licht wurde warm und rot. Die Menschen tanzten sich in Trance und in die Dunkelheit der Nacht. Das Feuer flackerte. Ab und an ließen neue Holzscheite es wieder entfachen. Frische Eiben- und Walcholderzweige verströmten ihren Duft. Weit waren die Menschen dem Erdendasein entrückt. Die Geister des Schamanen hatten sie in Besitz genommen. Auch Dorit und Zhanybek schlossen sich den Tänzern an. Ihre Körper bewegten sich im Takt der Trommel. Ihr Bewusstsein verließ diesen Ort.

Dorit fühlte sich wie in eine Traumwelt versetzt. Die Zeit verlor ihre ordnende Kraft. Sie sah sich einer Reihe junger, kraftvoller Männer gegenüber, die um ihre Hand anhielten. Diese Bewerber waren schön und in großer Unterschiedlichkeit gekleidet, schauten sie voller Bewunderung an und wünschten sehr, sie als Frau an ihrer Seite gewinnen zu können. Doch sie verschmähte sie alle. Keiner konnte ihren Ansprüchen genügen. Sie fühlte sich stolz und überlegen. Ihr gebührte das ganz Besondere! Sie war mehr wert als all die anderen. Welche Anmaßung dieser jungen Männer, um ihre Hand anhalten zu wollen, zu denken, sie könnten sie besitzen. Ihr oblag es zu entscheiden, zu wählen, anzunehmen oder abzulehnen!

Dann wechselte das Geschehen. Ein neues Bild tauchte vor ihr auf. Sie lebte in alter Zeit in armseligen Verhältnissen, verheiratet mit einem Tagelöhner. In einer kleinen Hütte verbrachte sie den Tag mit dem Binden von Besen. Ihr Mann kam erst spät am Abend nach Hause. Müde betrat er die Hütte und erwartete, dass ihm ein einfaches Mahl bereitet war. Meist brachte er mit, was er an Essbarem im Tausch für die Besen und einfache Lohnarbeit während des Tages erstanden hatte. Er blickte vorwurfsvoll, wenn nur wenige Besen fertiggestellt waren. Kein Wort der Anerkennung kam über seine Lippen. In der Hütte hockte sie tagein, tagaus und wartete auf ihren Mann.

Als Dorit auf das harte Dasein schaute, fühlte sie Empörung über dieses Leben und gegenüber ihrem Mann, der sie wie eine Sklavin behandelte. Dann erfasste Angst ihr Herz: Angst, sich zu verlieren, nicht zu erhalten, was sie finden sollte. Intensiv durchlebte Dorit ihre Gefühle. Zeit und Ort existierten nicht mehr. Sie war, sie empfand und tauchte ein in tiefe Traurigkeit. Nicht die Existenz in Armut hatte diese geweckt. Nein, ihre Traurigkeit speiste sich aus tieferen Quellen. Es schien ihr, als bedauere sie, den Sinn des Lebens versäumt zu haben, da sie nach dem Falschen Ausschau hielt. Schließlich wandelte sich auch die Trauer und sie schaute voller Verständnis auf sich selbst. Es freute sie, wenn ihr Mann ihre armselige Hütte betrat. Sie fühlte sich bereichert mit wertvoller Erfahrung des Lebens. Eine Ahnung der Bedeutung ihrer Existenz erfüllte ihre Seele.

Wieder wechselte das Bild. Sie schwebte in der Luft. Unter sich sah sie Wiesen und Wälder. Kornfelder und Gewässer gestalteten eine friedvolle Landschaft. Seitlich von ihr schien ein großes helles Licht, das fast den halben Horizont bedeckte. Ein Gefühl der Schwerelosigkeit und Gelassenheit hatte sie erfasst. Von Ferne sah sie ihren Mann, den armen Tagelöhner, auf sich zukommen. Auch er strahlte Ruhe und Freude aus. Sie bewegte sich ihm entgegen und je näher sie sich kamen, desto mehr Liebe empfand sie für ihn. Sie sah, wie er sich wandelte. Die Last des armseligen Lebens fiel von ihm ab. Sein Gesicht schaute offen mit strahlenden Augen nach ihr. Große Freude spürte sie! Die Lumpen, die ihn kleideten, erschienen ihr nun als fein verzierter Stoff. Sie trafen und umarmten sich. Ihr Herz war voller Liebe. Das helle Licht fand Zugang zu ihrem Wesen.

Erst spät in der Nacht kehrten die Besucher des Schamanen zurück von ihrer Seelenreise – erschöpft und glücklich, den Ursprung und Sinn des Seins in sich spürend. Jeder war in seiner Weise sich selbst begegnet. Die Geister und Mächte der Schöpfung waren unter ihnen gewesen. Die Menschen fühlten sich gestärkt und versöhnt mit diesen Kräften. Himmel und Erde in ihrer unendlichen Vielfalt hatten sich gezeigt. Aufgehoben in diesem Geschehen war ihre Existenz. Die Zeit würde Änderung bringen. Die Bindung an das Höhere blieb.

Am nächsten Morgen rief der Schamane Dorit zu sich, um ihr den Blick auf Wesentliches in ihrem Leben zu öffnen. Er brach einen kleinen Zweig vom Walnussbaum. Die Blätter leuchteten in der Sonne. Dieser Zweig stand für Dorit, machte er ihr deutlich. Er legte eine violett schillernde Glasperle auf einen großen Stein mehrere Meter entfernt. Dann stellte er den Zweig mit dem dickeren Ende auf den Boden. In kleinen Schritten ging es in Richtung Stein und Perle. Immer wieder hielt der Schamane inne und drehte den Zweig in alle Richtungen. Nach einigen weiteren Schritten versperrte ein alter dicker Ast, der auf dem Boden lag, den Weg. Er schob den Zweig unter dem Stamm durch. In der Erde blieb eine feine Schleifspur zurück. Der Schamane nahm einen weiteren Zweig, der bei dem Baumstamm gelegen hatte, in die andere Hand. Gemeinsam, unterbrochen durch häufige kleine Pausen, setzte sich der Weg fort. Tänzerisch und leicht bewegten sich die Zweige. Dies schenkte dem Geschehen dem ihm zugehörigen Rhythmus. Die Zweige erklommen den Felsen und erreichten die Perle.

Dorit verstand: Es ging darum, nicht zu viel zu wollen, sondern den Wert dessen, das ihr im Leben begegnete, zu sehen. Sie sollte nicht meinen, es sei zu gering für sie. Das Leben würde sie lehren, die tiefen Werte des Seins zu achten.

Der Heiler nannte ihr den Namen des Metalls Platin. Dieses Metall sollte ihr bei der Suche nach sich selbst helfen.

Die Begegnung mit dem Schamanen und die Feier des Rituals hatten Dorit tief beeindruckt. Sie wollte ein Schmuckstück aus Platin erwerben und immer bei sich tragen, nahm sie sich vor.

Als sie Richard von diesem Erleben berichtete, dachte er, dass sie sich so schnell nicht davon abhalten lassen würde, dennoch das in ihren Augen ganz Besondere zu verlangen. Mit dem Wissen über die Erklärung des Heilers mochte es ihr leichter fallen zu verstehen, was in ihr geschah. Sie würde sich erinnern, wenn eintrat, was sie in Trance gesehen hatte und erfahren, welche Weisheit ihr hierdurch vermittelt wurde.

Während Dorit vom Schamanen erzählte, traten Bilder vor das innere Auge von Richard. Er sah ihn vor sich. Sein Herz fühlte sich hingezogen und vertraut. Er spürte in sich etwas schlummern, das erweckt werden wollte. Er ließ Dorit aufschreiben, wie dieser Ort mit Jurte und Walnussbaum zu finden sei. Noch gab es keine Zweifel in ihm an dem Vorhaben, den weisen Mann besuchen zu wollen.

Dorit und er verbrachten die Nacht in ihrem Hotelzimmer. Es war wie selbstverständlich, dass sie auch Bett und Sexualität teilten. Doch zugleich spürte Richard in sich Vorbehalt. Sie war ihm zu bestimmend. Er meinte, nicht der Mann zu sein, zu dem sie aufblickte und fühlte zugleich, dass sie solch einen Mann suchte. Er wusste, dass sie ihn mochte, daran gab es keinen Zweifel. Sie ahnte, in ihm etwas Großes zu entdecken. Doch sie schrieb die Regeln ihres Zusammenseins.

Im Hotelzimmer standen zwei Betten. Bereits kurz nachdem sie sich geliebt hatten, wechselte Dorit in das andere Bett. Gerne hätte er noch ihren Körper und ihre Wärme bei sich gespürt.

»Bleib doch noch ein wenig bei mir«, sprach er leise zu ihr.

»Ich muss morgen früh aufstehen und ausgeschlafen sein«, antwortete sie. »Das Bett ist zu schmal für zwei. So kann man nicht schlafen.«

Dorit mochte Richard.

Ein besonderer Mann, ging es ihr durch den Kopf. Schöne Augen, eine weiche Stimme und doch kraftvoll. Vielleicht weiß er noch nicht so richtig, was er will? Seine Hände streicheln mich zärtlich.

Während sie neben ihm im schmalen Bett lag und seinen Körper spürte, dachte sie an den vergangenen Tag. Es freut mich, dass ich ihm von der Zeit beim Schamanen erzählen konnte. Er hat mich verstanden. Überhaupt kann er gut zuhören. Ihm von Zhanybek zu erzählen, fühlte sich gut an. Ja, ich suche so einen Mann.

Am Vormittag, bevor sie Richard begegnet war, hatte sie sich einsam gefühlt. Die nahende Rückkehr nach Köln schien ihr wie eine Drohung. Wieder ihrem Ex-Freund zu begegnen, ja auch nur von ihm zu erfahren, weckte zwiespältige Gefühle. So war sie froh gewesen, Richard zu treffen und mit ihm ins Gespräch zu kommen. Es ist immer schön, wenn ein Mann bei mir ist. Doch er soll nicht über mich bestimmen. Ich bin unabhängig und jetzt will ich schlafen und an gar nichts mehr denken.

Behutsam glitt sie aus dem Bett. Als Richard sich meldete, dachte sie, dass sie keine Lust hatte, sich in der Nacht um die Bettdecke zu streiten. Und dass sie jetzt ihre Ruhe brauchte.

Früh am Morgen wurden sie durch das laute Klappern der Müllabfuhr geweckt. Dorit fragte Richard, ob er mit ihr frühstücken wollte. Sie würde dann ein zweites Frühstück bestellen. Er zog es vor, sich anzuziehen und zur Jugendherberge zu gehen.

Eine schöne und interessante Frau ist Dorit, doch nicht meine, dachte er. Will ich sie noch mal wiedersehen?

In der Jugendherberge angekommen war eine tiefe Sehnsucht in ihm erwacht. Die Begegnung mit Dorit hatte ihn an eine große Liebe erinnert, an Ana Maria, die nun seit einigen Monaten der Vergangenheit angehörte. Er dachte daran, wie sie sich das letzte Mal gesehen und am Flughafen Abschied genommen hatten. Eigentlich hatte er nie verstanden, warum sie ihre Liebe nicht leben konnten. Andererseits war er sich auch bewusst, dass er noch so viel im Leben entdecken wollte, sich unreif fühlte und empfand, dass eine feste Beziehung zu einer Frau keinen Platz in seinem Leben habe.

Eine derartige Bindung vermittelt mir das Gefühl von Begrenzung, sagte er sich. Es sträubt sich mein Innerstes, wenn ich denke, im Augenblick eine Entscheidung zu treffen, die sagt, hier bist du angekommen. Nein, dafür ist die Zeit noch nicht reif! Ich muss meinen Weg alleine finden.

Natürlich gab seine Haltung jeder Beziehung zu einer Frau den Charakter des Unverbindlichen und ihm war durchaus bewusst, wie sehr dies einen Partner verletzen musste, wenn er sich immer den Rückzug offen ließ.

In dieser Stimmung saß er im Aufenthaltsraum der Jugendherberge und öffnete sein Tagebuch. Darin fanden seine Gedanken

Ausdruck. Er begann, über den Abschied am Flughafen, der ihm in diesem Augenblick derart gegenwärtig geworden war, zu schreiben.

Abschied am Flughafen

Ich trat in das Leben. Es warf mich immer wieder auf mich zurück.

Wir hatten uns gesehen – zehn lange Tage.
Wir standen am Flughafen, um Abschied zu nehmen – vollkommen ohne Zukunft.
Die Gegenwart nahm uns gefangen. Sie hatte die Zukunft und das Gestern zerstört – zu sehr, um noch Raum für Hoffnungen, Wünsche, Pläne, Verzicht und Verlust zu lassen.

Es gab nichts zu sagen.
Die Vergangenheit war vergangen. Sie erreichte uns nicht mehr.
Die Gegenwart machte uns sprachlos.
Die Zukunft ...

Hat man je von einer wahren Liebe gehört, die unter anderen Verhältnissen nicht unwiderstehlich gewesen wäre?
Hätten wir Illusionen, so wären sie doch mehr. Sie ließen uns dieses Leben leben. Denn was wäre ein Bewusstsein, das nur Realität zeigen könnte?

Die Worte flossen aus seiner Feder. In diesem Buch musste die Welt nicht der Logik gehorchen, in die er sie sonst oft einsperrte. Die Welt der Seele hat viel mehr Dimensionen und Aspekte, als die wohlgeordnete Realität kennt, dachte er.

Ja, er wollte seinen Weg weitergehen. Es gab etwas, das er nicht kannte, von dem er noch nicht einmal wusste, dass er es vermisste. Doch er war sich sicher: Was er suchte, musste er alleine finden!

Die Begegnung mit Dorit hatte ihm bereits zum Beginn seiner Reise ein Ziel benannt. Er wollte den Ort des Schamanen finden.

Mit dem Zug fuhr er weiter: Warschau, Krakau und dann zur ukrainischen Grenze; über Kiew, die Krim, immer nach Osten. Des Öfteren dachte er an Dorit und er konnte auch nicht vermeiden, dass sie ihn an Ana Maria erinnerte, die er derart endgültig am Flughafen verabschiedet hatte. Dieses Erinnern weckte in ihm Traurigkeit. Ja, er liebte sie!

Wie sehr sind wir Menschen doch auf der Flucht und Suche, dachte er. Wenn es uns nicht gelingt, die Antwort dort zu finden, wo sie uns fehlt, dann beginnt unsere Suche an einer anderen Stelle von Neuem. Dorit ist angesichts der Trennung von ihrem Freund zu ihrer Weltreise aufgebrochen. Ich will meine Traurigkeit hinter mir lassen; Ana Maria vergessen!

Ihre erste Begegnung war voller Vertrautheit gewesen. Sie hatte neben ihm auf einer Bank mit Blick auf den Wannsee Platz genommen.

»Ein wunderbarer Blick!«, hatte er zu ihr gesagt.

»Ja, es ist wirklich schön hier. Das Wasser, das Licht. Ich komme öfters hierher«, war ihre Antwort gewesen. Ihr Deutsch hatte einen fremdländischen Akzent.

»Für mich ist es ein bisschen zu weit weg, um öfters hierher zu kommen. Wohnst du in der Nähe?«, fragte er.

»Ja, nur zehn Minuten von hier.«

»Aber du bist nicht aus Berlin, oder?«

»Ich bin erst seit drei Wochen hier. Berlin gefällt mir gut. Ich möchte noch besser Deutsch lernen.«

»Und woher stammst du?«

»Aus Toledo. Ich studiere Deutsch in Madrid. Ich will Deutschlehrerin werden. Hier in Berlin gibt es für mich so viel zu sehen und zu lernen.«

»Wie lange bleibst du hier?«

»Ein Semester. Dann muss ich wieder an der Uni in Madrid studieren und mich auf den Abschluss vorbereiten.«

Ihre Unterhaltung führte immer weiter. Sie schlenderten gemeinsam am See entlang und verabredeten sich für den nächsten Abend. Richard wollte ihr ein Kabarett zeigen, das er vor Kurzem entdeckt hatte. Für beide fühlte sich das Zusammensein an, als würden sie sich schon lange kennen.

Ohne viel darüber nachzudenken verbrachten sie immer mehr Zeit miteinander und wurden ein Liebespaar. Sie erzählten sich von ihren Leben. Ana Maria hatte über sechs Jahre, das heißt seit ihrem neunzehnten Lebensjahr, in einer festen Freundschaft gelebt. Sie erzählte von ihrem Freund. Wenige Monate vor ihrer Reise nach Deutschland hatten sie sich getrennt. Dieser Trennung war eine große Krise vorausgegangen: Ana Maria war eine Affäre mit einem Arbeitskollegen ihres Freundes eingegangen.

»Seit einiger Zeit hat mich dieser Mann bedrängt und um mich geworben«, meinte sie. »Eigentlich finde ich ihn nicht besonders. Er bedeutet mir nichts. Trotzdem war es schön, dass er sich so um mich bemüht hat. Mein Freund wollte immer, dass ich nur für ihn da bin. Ich hab einfach nicht nachgedacht und mich darauf eingelassen.«

Ihr Freund hatte zuerst ohne erkennbare Gefühlsregung auf ihr Geständnis des Seitensprungs reagiert. Doch dann, einige Tage später, als sie zu Besuch bei Bekannten waren, sprach er dem Wein übermäßig zu. In der Nacht entluden sich Schmerz und Wut. Es folgte eine Trennung – erst mal auf Zeit. Doch offensichtlich konnten sie keine Verständigung und Versöhnung mehr finden.

Ana Maria sehnte sich nach einer richtigen Familie mit Kindern, ohne dass ihr dies wirklich bewusst war. Ihr Freund hatte sie als Frau, die ihn fürsorglich umsorgte wie eine Mutter, gewollt. Bei ihm gab es keinen Platz für Kinder. So gingen sie auseinander.

Richard schaute auf ganz andere Erfahrungen. Seine Beziehungen zu Frauen waren immer von dem Verlangen nach Unabhängigkeit überlagert. Er spürte in sich, dass er erst noch reifer werden musste, bevor er bereit war, sich enger zu binden. Das Zusammensein mit Frauen war ihm wichtig, er fühlte sich stark zu ihnen hingezogen, doch dies sollte ihm nicht die Freiheit nehmen, seinen Weg zu gehen. Die Vorstellung von Ana Maria bezüglich einer festen, auch in der Zukunft tragenden Beziehung war ihm völlig fremd. Er hörte interessiert zu, was sie ihm erzählte, doch dies war nicht seine Welt und es fehlte ihm der Zugang, welche Erfahrungen und Gefühle sich damit verbanden.

Richard hatte sein Studium der Theologie abgebrochen und eine Lehre als Zimmermann absolviert. Er arbeitete immer wieder in unterschiedlichen Betrieben – mal ein Jahr, mal wenige Monate. Wenn er Geld benötigte, suchte er eine Anstellung. In Berlin lebte er in einem Haus im Hinterhof zusammen mit häufig wechselnden Mitbewohnern. Die Eigentumsverhältnisse waren unklar und sie zahlten einen mehr symbolischen Mietbetrag. Richard hatte Teile der Wohnung mit seinen handwerklichen Fähigkeiten freundlich hergerichtet. Er war nun neunundzwanzig Jahre alt. Seine Ansprüche waren gering und doch fühlte er Unzufriedenheit darüber, nicht gefunden zu haben, was seinem Leben einen Sinn gab.

Ana Maria und Richard wurden in kurzer Zeit ein vertrautes Paar. Viel Zeit verbrachten sie miteinander. Doch den Rahmen dafür bildete, dass sie nur ein Semester in Berlin weilte. Als dieses zu Ende ging, musste sich entscheiden, ob ihre Liebe weitergelebt werden konnte. Ana Maria nahm ihr Studium in Madrid wieder auf. Richard besuchte sie dort. Sie hoffte sehr, er würde sich entschließen, zu ihr zu ziehen. Sie knüpfte Kontakte zu einem Bauunternehmen, bei dem er hätte arbeiten können. Doch Richard spürte in sich nicht das Verlangen, sein Leben in dieser Weise zu verändern. Sie besuchte ihn in Berlin und in diesen zehn Tagen entschied sich, dass ihr Weg nicht gemeinsam weitergehen würde. Sie sprachen es nicht aus, aber beiden war bewusst: Wohin ein jeder strebte, war zu unterschiedlich!

Richards Zusammensein mit Dorit hatte die Erinnerungen aufgewühlt. Mit ihr war er einer Frau begegnet, die sich so ganz anders verhielt – die so wie er selber auch die Unabhängigkeit bewahren wollte; die tiefe Begegnung suchte, aber ebenso Freiheit. Das war ihm neu und zugleich mit Enttäuschung verbunden, was ihn verwunderte.

Nach dieser Reise werde ich Ana Maria besuchen. Es gibt noch derart viel zu klären. Ich liebe sie!, ging es ihm durch den Kopf.

Zentralasien

Kasachstan

Lange Stunden verbrachte Richard in Zügen und Bussen – Zeit zum Nachdenken. Er versuchte auch als Anhalter sein Glück und kam dabei gut voran. Zumeist hielten LKW-Fahrer an, um ihn ein Stück mitzunehmen. So näherte er sich seinem ersten Ziel der Reise: Kasachstan. Inga, eine gute Freundin, die von dort stammte, hatte ihn eingeladen, sie in ihrer alten Heimat zu besuchen.

Inga kam mehrfach im Jahr nach Berlin. Dann wohnte sie bei ihm. Sie unternahmen viel zusammen: Theater, Musikveranstaltungen, Vorträge und Workshops. Inga arbeitete als Heilpraktikerin in Braunschweig. Sie unterhielt dort eine kleine Praxis, von deren Einkünften sie einigermaßen leben konnte.

Ihre Ausbildung hatte Inga in Berlin absolviert. Viele Freundschaften waren in dieser Zeit entstanden, auch die zu Richard. Er hatte sie vor fünf Jahren auf einem Workshop kennengelernt. Die Gespräche mit ihr waren ihm eine große Bereicherung.

Nun hielt sie sich diesen Sommer in Kasachstan auf, um dort Verwandte und alte Bekannte zu besuchen. Es reizte sie, selbst zu erfahren, welche Veränderungen der Zusammenbruch der Sowjetunion mit sich brachte. Bei einem Spaziergang in Berlin rund um den Schlachtensee hatte sie Richard ausführlich von dem geplanten Besuch erzählt: Asien, Steppe, hohe Berge, die Weite; Richard war fasziniert gewesen. Die Idee entstand, einmal gemeinsam dieses Land zu erkunden.

»Hast du Lust, auch im Sommer nach Kasachstan zu reisen«, hatte Inga ihn gefragt. Sie waren derart in dieses Thema vertieft, dass sich der Gedanke in ihr aufdrängte.

»Ja«, war seine Antwort. »Das würde mich wirklich reizen. Muss man unbedingt fliegen oder geht das auch über Land? Ich würde gerne von hier aus mit Bus, Zug, zu Fuß oder wie auch immer losfahren; einfach mich an der Haustür auf den Weg machen.«

Richard war selbst ein wenig überrascht von seinen Worten. Aber im Juni würde seine jetzige Arbeit auf einer Baustelle ein Ende finden. Er vermisste Ana Maria. Es zog ihn wieder in die Ferne.

»Keine Ahnung. Habe noch nie davon gehört, ob das geht«, meinte Inga. »Beim Reisen weißt du besser Bescheid als ich.«

Sie saßen nach ihrer Umrundung des Schlachtensees eine ganze Weile im Außenbereich der Gaststätte Fischerhütte beim Wolfsschluchtkanal. Dieser Name »Wolfsschlucht« sollte ihm bei seiner Reise in den Osten noch des Öfteren in den Sinn kommen. Das Wetter war freundlich. Der Blick auf den See und den angrenzenden Wald ließ bereits eine Stimmung von fernen Landschaften aufkommen.

Auf diese Weise wurde die Idee zu dieser Reise geboren und Richard machte sich daran, sie Wirklichkeit werden zu lassen.

Inga war älter als Richard. Sie war Mutter von zwei Jungen, hatte aber nie eine wirklich enge Beziehung zu den beiden Vätern gehabt. Wenn Richard Kinder haben wollte, dann von einer Frau, die er wirklich liebte. Inga wollte die Kinder auch ohne Mann. Die dazugehörigen Männer waren für sie nicht von Bedeutung. Sie fand sie sympathisch, aber wenn Inga ehrlich zu sich war, musste sie zugeben, dass sie nie ernsthaft an ein längeres Zusammenleben mit den Vätern ihrer Kinder geglaubt hatte. Richard lebte demgegenüber in einer tiefen Gewissheit, dass eine Familie ein wahrhaft stabiles Zusammenleben bedeutete. Vielleicht erlaubte gerade diese Verschiedenheit die Freundschaft zwischen ihnen.

In der Nacht nach diesem Gespräch hatte Richard einen Traum gehabt. Träume von Bedeutung notierte er sich immer in sein Tagebuch.

Der Traum von der Steppe

Ich sitze alleine im Gras der Steppe. Ein wenig unterhalb von meinem Sitzplatz in einer Mulde liegt ein See. Der Wind formt kleine Wellen, wenn er in Böen über die Oberfläche des Sees streicht. In der Ferne ragen schneebedeckte Berge auf. Ich fühle mich zu Hause; ein wenig einsam und doch Teil der großen Natur.

Nun war Wirklichkeit geworden, was sie damals am See besprochen hatten. Inga holte Richard vom Busbahnhof in Oral, einer größeren Stadt im Westen Kasachstans, ab. Eine ganze Weile hatte er auf sie warten müssen. Er betrachtete währenddessen das Treiben um sich herum. Die Busse fuhren ein und aus. Die Menschen folgten ohne Hektik ihren Aufgaben. Gleichmut und Freude erfasste sein Herz. Diese Reise, das spürte er, würde sein Leben verändern.

Inga nach seiner Ankunft telefonisch zu erreichen hatte sich als schwierig erwiesen. Sie war bei Bekannten in Oral untergekommen, die keinen Telefonanschluss besaßen. Vereinbart war, dass er bei Nachbarn anrufen würde. Da er einen Brief mit den geplanten Ankunftstag vorausgeschickt hatte, klappte das schließlich auch. Nun hatte ihn Inga in einem netten kleinen Hotel einquartiert.

Einander in Zentralasien, in dieser ganz anderen Welt Kasachstans zu begegnen, barg einen besonderen Zauber. Inga weilte bereits seit drei Wochen in diesem Land. Ihre beiden Söhne wurden währenddessen von der Oma in Deutschland betreut. Sie war stolz, Richard ihre alte Heimat mit den mit ganz verschiedenartigen Landschaften zeigen zu können.

Er mochte die Steppe, die niedrigen Berge und Hügel, die Weite. Sie führten während langer Busfahrten intensive Gespräche. Die Übersiedlung nach Deutschland hatte Inga entwurzelt, zugleich aber auch für vieles Neue geöffnet. Ihre Erinnerungen an das Leben in Kasachstan waren voller gegensätzlicher Gefühle.

In dieser Zeit des gemeinsamen Reisens verblassten bei Richard die Erinnerungen an Ana Maria. Es gab so viel zu entdecken: Gerüche, Geräusche, Menschen. Er saugte auf, was ihm in dieser fremdländischen Welt begegnete. Sie unterhielten sich über das Land und seine Kultur und Richard hatte natürlich auch von Dorits Berichten über den Heiler aus Kirgistan erzählt.

Inga kannte derartige Erzählungen von Schamanen. Allerdings mehr als Beispiel für Rückständigkeit und Aberglauben, wie es in der Sowjetzeit verbreitet wurde. Sie half ihm, seine weitere Reise zu planen, brachte ihm einiges an russischen Ausdrücken und Sätzen bei und erklärte viel über die Gewohnheiten und Gebräuche, die zu beachten waren. Ohne diese Unterstützung hätte er wahrscheinlich nicht den Weg durch die ihm fremde Welt gefunden. Die Sprachkenntnisse, die er sich noch in Berlin durch eine CD zum Lernen der russischen Sprache angeeignet hatte, trugen nicht weit.

Nach zwei Wochen gemeinsamer Entdeckungen verabschiedeten sie sich. Inga würde in Kürze nach Deutschland zurückfliegen. Richard dagegen machte sich auf in Richtung seines nächsten Ziels: die Begegnung mit dem kirgisischen Schamanen. In einigen Monaten würden sie sich wieder in Berlin treffen, verabredeten sie.

Dank der Hilfe von Inga, ihren Russischkenntnissen und ihrer Vertrautheit mit den Gegebenheiten erreichte er als Anhalter eines LKW die kasachisch-kirgisische Grenze. Dort verabschiedete er sich vom Fahrer, der beim Grenzübertritt keinen fremden Passagier dabei haben wollte.

Kirgistan

An dieser Grenze musste man Geduld haben. Eine Schlange von Lastwagen staute sich auf beiden Seiten. Sein Pass und Visum wurden vielfacher Prüfung und Diskussion unterzogen. Die Atmosphäre blieb dabei stets freundlich. Die Grenzpolizisten machten ihm deutlich, dass die Bearbeitung seiner Papiere einige Zeit erfordern würde. Richard setzte sich an einen Tisch vor dem Kiosk bei der Grenzstation. Er trank Tee und hatte frisches Obst vor sich stehen. Gleichmut erfasste ihn. Das Warten wurde zu einer meditativen Pause.

Während er drei ältere Männer am Nebentisch betrachtete, die schweigsam das Geschehen am Grenzübergang beobachteten, gingen ihm Gedanken über das Altern durch den Kopf. Was würde er fühlen und denken, wenn er eine doppelt so lange Lebenserfahrung wie heute besäße? Hätte er gefunden, was er suchte – mehr Freiheit gewonnen? Wäre er sich selbst vertrauter?

Er nahm sein Tagebuch zur Hand, denn in seinem Kopf war eine Geschichte entstanden.

Die Freiheit zum Gespräch

Wie sie ins Gespräch gekommen waren, wussten sie beide nicht mehr. Sie saßen vor dem Café in der zu dieser Uhrzeit willkommenen Sonne mit Blick auf die wenig belebte Straße und den Hafen. Es war Spätsommer, die Nächte klar und kalt, sodass es bis weit in den Vormittag hinein angenehm kühl blieb. Ein leichter Seewind pflegte gegen Morgen, sobald sich das Land erwärmt hatte, einzusetzen. Sie spürten ihn im Gesicht, wenn sie zum Hafen blickten.

Der alte Mann hatte seinen Platz vor dem Café eingenommen, an dem ihn der Wirt freundlich begrüßte und ihm wie gewohnt ein kleines Glas Rotwein servierte – natürlich nicht ohne zuvor den Tisch abzuwischen. Er war wie meist der erste Gast, der sich ins Freie setzte, in den einzigen bereits von der Sonne erfassten Stuhl.

Früh am Morgen war er nach kurzem Schlaf erwacht und hörte durch das geöffnete Fenster das Treiben am Hafen. Als er noch jung war, hatte er oft im Freien übernachtet. Es gab ihm das Gefühl von Freiheit und zugleich Geborgenheit, wenn er in der Nacht den Himmel über sich sehen konnte.

Jetzt wohnte er seit drei Wochen in einem Hotel dieses Ortes. Sein Leben verlief in geordneten Bahnen. Morgens las er in einem seiner Bücher, die er in den Urlaub mitgebracht hatte; danach begab er sich zum Frühstück in das Restaurant im Parterre. Nur wenige Gäste saßen an den Tischen. Sein Platz befand sich am Fenster, von dem aus sich die Gasse vor dem Hotel überblicken ließ und er ebenso den Speisesaal im Auge hatte. Es war ihm wichtiger, als er sich selbst eingestand, die Tür des Restaurants von seinem Sitzplatz aus sehen zu können. Nichts zerstörte seinen Gleichmut mehr, als die Eingangstür in seinem Rücken zu wissen. Vielleicht war dieses Bedürfnis mehr als ein urtümlicher Trieb, mit den Augen seine Umgebung zu überwachen, vielleicht war es ein tief in ihm verankertes Warten auf ein Ereignis, das von außen in seine Welt einträte. Ein Warten, das nun schon über sechzig Jahre andauerte.

Sein Gruß wurde von den Anwesenden im Speisesaal höflich erwidert, als er aufrecht zu seinem Tisch schritt – eine vornehme Erscheinung mit dem fast grauen Haar, der schlanken Gestalt und dem hageren Gesicht. Was dem Beobachter sofort auffiel, waren seine Augen – eher klein und halb bedeckt von den leicht zusammengekniffenen Lidern. Doch aus ihnen sprühte Lebendigkeit.

Bei den wenigen Touristen und auch den Einheimischen genoss er eine natürliche Autorität, die er in seinem ganzen Ausdruck auch zu fordern schien. Vielleicht verhinderte gerade dies, dass sich seine Mitmenschen näher mit ihm auseinandersetzten. Kaum einer der im Raum Anwesenden hatte je versucht, seine Gedanken und Gefühle zu ergründen. Dies auch wegen seiner ruhigen Art, der klugen und gewählten Worte, mit denen er sprach, seiner Zurückhaltung und der Freundlichkeit, die er zeigte. All das stellte ihn außerhalb der Sorgen und Freuden der anderen.

Nun saß er hier in der Sonne und sprach intensiv mit diesem jungen Mann, der neben ihm Platz genommen hatte. In das Gespräch vertieft bemerkten sie kaum das sie umgebende Geschehen. Der Alte hatte sich ein zweites Glas Rotwein bringen lassen, während vor seinem Gegenüber, der sich Arved nannte, eine leere Kaffeetasse stand.

Arved dachte darüber nach, was der Alte gesagt hatte: Freiheit sei nur eine Umschreibung für den Glauben, Glück erreichen zu können. Die Menschen stellten sich die Möglichkeit, glücklich zu sein, als das Fehlen von Zwängen vor.

Sicher, dies war schon richtig, sagte er sich, aber zugleich erschien ihm diese Aussage zu einfach. Arved hatte zuvor erklärt, dass er allein unterwegs sei, weil dies für ihn Unabhängigkeit bedeutete. Er könne dann tun und lassen, was er wolle, meinte er.

Er hatte gesagt: »Ich meine, Freiheit bedeutet, nur sich selbst verantwortlich zu sein. Wenn ich etwas falsch mache, dann ist es für mich wichtig, dies selbst zu bemerken und nicht von einem anderen vorgehalten zu bekommen.«

Als er derart sprach, musste er an die vergangenen Jahre denken: die Abhängigkeit von den Eltern und der Schule. Sie hatten versucht, über ihn zu bestimmen und ihn durch ihre Vorschriften und Konventionen eingeengt.

Der Alte hatte sein Glas mit dem Rotwein fixiert, in dem sich die Sonnenstrahlen brachen. Er fühlte sich vollkommen entspannt und *der Alkohol tat ein Übriges dazu. Er meinte zu verstehen, was sein Gegenüber erzählte. Dies ließ ihn noch stärker eins mit der Welt werden. Lange war er nicht mehr in einer derartigen Stimmung gewesen. Traurigkeit, die er oft spürte, wenn er sich glücklich fühlte, war in seinem Herzen. Über deren Ursache war er sich ungewiss. Möglicherweise rief das kurze Erkennen, wie schön das Leben sein konnte und wie vergänglich zugleich, diese Stimmung hervor. Das Empfinden verstärkte sein Bedürfnis, diesem jungen Menschen mitzuteilen, was er im Leben erfahren hatte.*

Beide hatten für einige Augenblicke geschwiegen, während sich im Geist Gedanken bildeten.

»Ja«, unterbrach der Alte die Stille, »wir sind nicht frei geboren, aber dennoch mit dem Verlangen nach Freiheit. Als Säugling ist der Mensch abhängig wie möglicherweise danach nie wieder im Leben. Wahrscheinlich verlierst du an Abhängigkeit, wenn du älter wirst. Darüber vergehen die Jahre, ein Großteil des Lebens. Du meinst gelernt zu haben, dass Leben Freiheit zu gewinnen bedeutet und magst versuchen, dies noch weiter zu probieren. Dein Handeln soll deinem Wollen unterliegen. Aber man kann nicht mehr schreien wie ein Säugling, wenn man Hunger hat oder sich einsam fühlt. Es existiert niemand mehr, der Macht und Fürsorge ausübt, wie bei einem Kind. Du musst selbst für dich sorgen und bemerkst, dass du vieles benötigst, das nur andere Menschen dir geben können. Aber sie geben es dir nicht mehr wie die Eltern ihrem Kind.«

Der Alte legte eine kurze Pause ein, um einen Schluck aus seinem Glas zu nehmen. Er hatte langsam und mit ernster Stimme gesprochen. Diese Gedanken waren tief in seinem Empfinden verankert und er spürte die Schwierigkeit, sie in Worte zu kleiden.

Dann fuhr er fort: »Der Mensch ist ein Wesen mit einer langen Geschichte – einer individuellen und einer ererbten.«

Arved war den Gedanken seines Gesprächspartners gefolgt. Sie schienen ihm in vielem typisch für die Älteren. Sie hatten wohl so manche Enttäuschung erlebt und in Teilen resigniert. Dies mussten sie mit sich und der Welt in Einklang bringen.

Arved hatte zu Hause gute Freunde und fühlte sich stark in seiner Familie verwurzelt, obwohl er gerade dies zu leugnen versuchte. Er wollte hinaus in die Welt. Er wollte fremde Menschen kennenlernen. Sicher, der Alte war ein kluger Mann und hatte einiges erlebt, aber ihn erfüllte nicht mehr Kraft und Lebensfreude.

»Meinst du wirklich,« – das »Du« war ihm ohne Absicht herausgerutscht und es erschien ihm, angesichts des intimen Austauschs zwischen ihnen, nicht notwendig, dies zu korrigieren – »dass diese Bindungen derart wichtig sind? Es gibt doch genug Möglichkeiten, sein Geld zu verdienen und sich das Leben einzurichten, wie man möchte.«

Noch eine Weile hatten sie diskutiert, waren auf unterschiedlichste Themen abgeschweift und der Alte hatte versucht zu erklären, wie sehr der Mensch doch abhängig sei. Er hatte auf frühere Zeiten und das Leben in engen Gemeinschaften sowie die Vereinsamung des modernen Menschen verwiesen. Er wollte erklären, dass jeder Mensch nur ein winziger Teil eines großen Ganzen ist.

Arved leuchtete das Gehörte durchaus ein. Doch er wollte anderes, wollte sein Leben gestalten und eigene Erfahrungen machen.

Richard las das Geschriebene noch einmal durch, korrigierte ein wenig und war zufrieden mit dem, was nun dort notiert stand. In diesem Tagebuch wollte er sammeln, was seine Seele bewegte. Die Diskussion, die er verfasst hatte, entsprang einem inneren Zwiegespräch: seiner Suche nach Freiheit und Selbstbestimmung.

Ein Bus hielt an der Grenze. Unter den Passagieren, die ausstiegen, entdeckte Richard einen westlich gekleideten jungen Mann mit Rucksack. Unrasiert und übermüdet verließ dieser das klapprige Gefährt. Richard war erstaunt, wie wenig Gepäck er dabei hatte. Das schien wirklich nur das Notwendigste zu sein. Als der Blick des Reisenden in Richards Richtung ging, winkte er ihm zu. Kurz darauf saßen sie gemeinsam am Kiosk und tranken Tee.

Alois, dies war der Name des neuen Bekannten, stammte auch aus Deutschland. In Heidelberg war er zu Hause. Sie unterhielten sich über ihre Erwartungen an Kirgistan, ihre Pläne und bisherigen Reiseerfahrungen. Sie wollten versuchen, gemeinsam mit einem der Lastwagen weiterzufahren, sobald der Grenzübertritt gelungen war.

»Ich möchte schauen, wie weit ich nach Osten komme«, meinte Alois. »Zumindest die Mongolei sollte ich erreichen. Vielleicht kann ich mir ein Pferd kaufen, durch die Steppe reiten ...«

Alois zögerte. Was er erzählte, berührte einen großen Wunsch, den er in sich trug.

»Ich bin mal durch Patagonien geritten«, meinte er dann. »Nur ich und mein Pferd – unglaublich, beeindruckend, schön! Diesen Sommer werde ich immer in Erinnerung behalten. Mal die hohen Berge, mal das Meer, dann wieder endlose Steppe vor mir – ich bin ziemlich weit nach Süden fast bis nach Feuerland gekommen.«

Alois schaute nachdenklich und Richard spürte, wie sehr seinen Gesprächspartner diese Erfahrungen bewegten.

»Als ich mein Pferd wieder verkaufen musste, das war schlimm. Wir gehörten zusammen. Ich hoffe, es ist ihm gut ergangen.«

Sie sprachen noch eine ganze Weile über die Faszination der Natur, Abenteuer und Herausforderungen. Dann wollte Richard mehr über das Leben von Alois in Heidelberg erfahren. Dieser hatte bereits berichtet, dass er Geologie studierte und zusammen mit seiner Freundin wohnte.

»Was sagt denn deine Freundin dazu, wenn du so lange alleine unterwegs bist?«, fragte Richard.

»Sie versteht das«, antwortete Alois. »Sie weiß, dass das zu meinem Leben gehört. Ich kann nicht die ganze Zeit zu Hause sein. Ich brauche die Ferne. Zu dieser Reise habe ich mich ganz spontan entschlossen. Jeden Tag in die Uni laufen, dort rumsitzen, irgendwelche Vorlesungen hören, Bücher lesen, das ist nicht mein Ding. Es gibt immer wieder den Augenblick, wo ich ausbrechen muss. Ich benötige Freiheit, Unabhängigkeit ...«

»Und wenn du andere Frauen triffst?«

»Sie weiß das. Sie ist eine tolle Frau. Sie versteht, dass sie mich nicht anbinden kann.«

Ihr Gespräch drehte sich jetzt um Beziehungen, Frauen, Beruf.

Beiden schien all das weit weg, auch wenn es sie tief berührte. Jetzt sollte jetzt sein, Herausforderung, Neues und Entdecken.

Nachdem der Neugier der Grenzer angesichts der Ungewöhnlichkeit ihres Anliegens und der Bürokratie Genüge getan waren, konnten sie die Grenze passieren. Richard und Alois spürten keine Eile. Insbesondere Alois wollte sich von den Gegebenheiten des Augenblicks treiben lassen.

Jenseits der Grenze angekommen sprachen sie den Fahrer eines LKW an. Er nahm sie mit in Richtung Süden.

Alois und Richard reisten nun zusammen. So saßen sie an einem Regentag in einer ungemütlichen Gaststätte und tranken Tee. Das Wetter erzwang diese Pause. Im Nebenzimmer, das einem Wartesaal ähnlich sah, fand eine Hochzeitsfeier statt. Tradition und Moderne schienen sich zu vereinen. Ein Fotograf stellte farbige Leuchten vor und hinter dem Hochzeitspaar auf und lichtete sie immer wieder in dieser bunten Pracht ab. Die goldenen Vorderzähne des Bräutigams blitzten im Licht.

Alois und Richard waren und blieben Beobachter eines auf sie fremdartig wirkenden Geschehens. Die Welt der Menschen, denen sie begegneten, schien ihnen kaum zugänglich. Meist wurden sie auf Russisch angesprochen und es folgte Erstaunen, wenn sie diese Sprache nicht verstanden und ihre Antworten aus wenigen Wortbrocken bestanden.

Es war nicht Richards erste Reise zu fremden Kulturen. Doch meist war die Verständigung einfacher gewesen. In Nordafrika hatte Französisch weitergeholfen; in Indien Englisch.

Die Kinder der Hochzeitsgäste in dieser einfachen Gaststätte, spielten – ganz eingenommen von ihrem Tun – am Nebentisch. Sie fragten sich nicht, warum und wozu. Richard betrachtete die Kleinen und spürte dabei die Sehnsucht nach Heimat und Ankommen in sich.

All die Menschen, denen ich begegnet bin: Wohin geht ihr Weg?, fragte er sich.

Er spürte Zweifel. Zweifel an dem, was wirklich ist – die Trennung von Realität und Traum, war das möglich? Die Suche nach der Leichtigkeit.

Lass es sein, wie immer es sein mag, sagte er zu sich. Kein Wundern, keine Angst – nimm es hin.

Er glaubte immer noch, dass es die einfachen Dinge im Leben sind, die Zufriedenheit schaffen. Doch wie schwer ist es, dies zu erreichen!

Die Sehnsucht bleibt!, ging es ihm durch den Kopf.

Er fragte sich, ob er je für sein Glück gekämpft hatte. War die Welt des Hochzeitspaares eine ganz andere als seine? Er konnte sich das Leben, die Gefühle und Gedanken dieses frisch vermählten Paares nicht vorstellen. Wahrscheinlich würden sie lange zusammenleben. Was waren ihre Wünsche und wie das tatsächliche Dasein, das sie nun erwartete?

Immer wieder führt das Erkennen der Realität zu einem sanften Abfinden, ging es ihm durch den Kopf.

Es war gut, dass er diese Reise angetreten hatte. Auch wenn ihn Sehnsucht nach Ana Maria überkam, wenn er gerne mit ihr gesprochen hätte, ihre Vertrautheit gespürt, die Wärme ihres Körpers. Er benötigte seine Freiheit!

Alois und Richard hatten schon eine Weile schweigend nebeneinander gesessen.

»Willst du mal Kinder«, fragte Alois unvermutet in die Stille.

»Ja«, war Richards spontane Antwort. »Ja, hätte ich sehr gerne. Am liebsten drei.« Als er dies sagte, lächelte er.

»Ich auch. Vielleicht nicht unbedingt drei. Aber zwei fände ich schon schön. Sobald sie etwas größer wären, würde ich sie mit auf Reisen nehmen. Und sie sollen mit Pferden aufwachsen. Solange sie klein sind mit Ponys.«

Alois und Richard tauschten ihre Vorstellungen über Kinder und Familie aus. In vielem waren sie sich einig. Dann schauten sie wieder dem Treiben der Hochzeitsgesellschaft zu.

Richard dachte an den Schamanen.

Werde ich ihn finden? Was erwartet mich bei ihm? Ist nicht reine Illusion, was Dorit erzählt hat?

Und obwohl er ganz tief in sich wusste, dass Wahrheit war, was er über den großen Heiler gehört hatte, so spürte er auch Angst davor, dies anzuerkennen.

Ich werde es dem Schicksal überlassen, ob ich den Ort des Schamanen finde, dachte er.

»Was meinst du zu Schamanen?«, fragte Richard Alois.

Alois lachte. »Wie kommst du denn jetzt darauf?«

Richard erzählte ihm, was er von Dorit erfahren hatte.

»Klingt interessant«, meinte Alois. »Du denkst, Schamanen können tatsächlich solche Zaubereien? Ich habe mal darüber gelesen, dass ein Schamane vor den Augen der Zuschauer verschwunden und dann wieder aus einer anderen Richtung aufgetaucht ist. Ich denke, da ist irgendein Trick dabei. Die machen Kunststückchen wie unsere Illusionisten. Ich habe, als ich auf den Philippinen war, einem Wunderheiler zugeschaut. Die gehen mit den Händen in den Körper, alles ist voller Blut. Der hat den Deckel einer Colaflasche aus dem Bauch des Patienten geholt. Das sah total echt aus. Ich konnte wirklich nicht erkennen, dass er schummelt. Aber das muss trotzdem so sein!«

»Die Schamanen und Heiler benutzen auch Tricks. Ich denke, die machen das, um ihr Tun anschaulich werden zu lassen. Die Menschen, die geheilt werden möchten, können dann die Heilung besser verstehen und für wahr halten. Das ist notwendig. Sonst bewirken die Zweifel, dass die Heilung Suchenden wieder in die alte Situation zurückfallen. Eigentlich ist doch ein Colaflaschendeckel ein gutes Symbol für die geistige Ursache einer Krankheit.«

Alois nickte. Aber richtig erreichten ihn die Gedanken von Richard nicht. Er war ein Mensch, der in der Welt der klaren Tatsachen leben wollte. So versickerte ihr Gespräch zum Schamanen in mehr oberflächlichen Betrachtungen.

Ihre Reise ging weiter. Landschaft, Orte und Menschen wechselten, während sie durch Kirgistan unterwegs waren. Das Wetter zeigte sich sonnig und warm. Die Schönheit des Landes lag vor ihnen. Schneebedeckte, majestätische Berge luden zum Entdecken ein.

Alois und Richard machten sich auf, das Land zu erwandern. In einer kleinen Ortschaft kauften sie Verpflegung und zogen los in Richtung Berge. Noch im Dorf kamen sie an einem Getränkekiosk vorbei, vor dem einige Männer in der Sonne saßen. Diese sprachen sie an. Sie wurden bereits zur frühen Mittagszeit zum Wodka eingeladen. Eine Unterhaltung war weder möglich noch notwendig. Ein Glas Wodka nach dem anderen wurde geleert. Alois hielt besser mit als Richard, der versuchte, sich nicht vollkommen zu betrinken. So vergingen einige Stunden. Schließlich, als die Beteiligten kaum noch ansprechbar waren, wandte sich Richard an Alois.

»Lass uns weiterziehen. Ich hab jetzt wirklich genug getrunken. Wir können doch ein paar Stunden wandern und uns einen schönen Platz zum Übernachten suchen.«

Alois nickte nur. Seine Zunge verweigerte die Worte. So standen sie auf, schulterten die Rucksäcke, gaben jedem der Trinkkumpanen zum Abschied die Hand und machten sich auf den Weg. Nachdem sie das Dorf verlassen hatten und dies hinter einem Hügel aus dem Blickfeld verschwunden war, legten sie sich ins Gras und schliefen ihren Rausch aus.

Es war bereits gegen Abend, als sie erneut aufbrachen und einem kleinen Pfad folgten. Sie hatten kein bestimmtes Ziel und beschlossen nach zwei Stunden Marsch, auch weil es bereits dämmerte, an einem Bach die Nacht zu verbringen.

Beide hatten keine Lust auf eine Unterhaltung. Der Alkohol tat immer noch seine Wirkung. Mit wenigen Sätzen verständigten sie sich, um das Notwendigste abzusprechen.

Das Gurgeln des Bachs wiegte sie in den Schlaf. Richard hatte zwar leichte Kopfschmerzen vom übermäßigen Alkoholgenuss, aber die frische Luft und die Geräusche der Nacht wirkten wie ein Heilmittel. So war der Schlaf tief und erholsam. Ein Traum begleitete ihn durch die Nacht.

Der Traum von der Bahn

Die Gleise einer Bahn führen in die Berge. Ich habe im Zug Platz genommen und verfolge das Geschehen durch das Fenster. In Serpentinen erklimmt der Zug den Berg. Die Gleise enden, doch der Zug setzt seinen Weg fort, bis er die Hochebene erreicht. Dort ist alles vorbereitet, einen Bahnhof zu errichten. Noch verweile ich an einem Ort, den keine Gleise erreichen und der keinen Bahnhof kennt.

Am nächsten Morgen fühlten sie sich ausgeruht und schauten voller Freude auf die Natur. Beim schnell eingenommenen Frühstück notierte Richard den Traum in seinem Tagebuch.

Ich werde einen Ort erreichen, zu dem die Menschen noch keinen Zugang haben. Doch eines Tages sollen auch sie den Weg in diese Höhe finden. Eine herausfordernde Aufgabe für mich, hierbei voranzuschreiten, dachte er, während er das Geschriebene noch mal durchlas.

Das Ziel waren die hohen Berge. Der Himmel strahlte blau und ihr Weg führte sie über Wiesen und steinige Hänge. Hin und wieder trafen sie auf Ziegen und Schafe. Anschließend durchquerten sie einen am steilen Hang wachsenden Bergwald und erreichten dann eine Hochebene von überwältigender Schönheit. Kleine Blumen blühten in aller Anmut im grünen Gras. Bäche mit klarem Wasser bahnten sich ihren Weg. Die Luft war kühl.

Sie wechselten an diesem Tag nur wenige Worte, spürten aber die Übereinstimmung in ihrem Empfinden.

»Es ist unglaublich schön hier. Ich möchte die Gipfel dieser weißen Berge erreichen. Lass uns so hoch aufsteigen, wie wir können«, meinte Alois.

Er wollte in die Berge, zum Schnee, in die Höhe. Richard nickte. Er bemerkte, wie ihm die dünne Luft das Atmen erschwerte. Aber er freute sich, immer weiter in die wilde Natur zu wandern.

»Ja. Es ist toll hier. Der Blick, die Berge!«, erwiderte er.

Je weiter sie aufstiegen, desto eintöniger wurde die Vegetation. Geröll wechselte sich mit einer kargen Grasnarbe ab. Die hohen Berge kamen immer näher. Zwischenzeitlich war der Abend angebrochen und in einer Mulde wollten sie ihr Nachtlager aufschlagen. Holz für ein Feuer konnten sie hier nicht finden.

»In den Alpen bin ich viel unterwegs gewesen«, erzählte Richard. »Großglockner, das war eine super Tour. Eigentlich gar nicht so schwer, aber immerhin der höchste Berg Österreichs. Im Mont-Blanc-Gebiet sind wir mal von der geplanten Strecke abgekommen. Wir mussten beim Abstieg über richtig große Gletscherspalten springen. Drei, vier Schritte Anlauf, mit Steigeisen an den

Schuhen, und dann drüber. Natürlich am Seil. In so eine Spalte zu fallen wäre schon ziemlich doof.«

Ein wenig unterhielten sie sich noch über das Bergsteigen. Alois hatte hier zwar weniger Erfahrung, aber er berichtete von der Besteigung des Popocatépetl in Mexiko.

»Der ist fast 5.500 Meter hoch. Du musst ganz früh in der Dunkelheit aufbrechen, solange der Hang aus Lavaasche noch gefroren ist. Dann kommst du mit Steigeisen und Pickel super hoch. Wenn die Sonne den Hang erwärmt hat, versinkst du mit jedem Schritt bis über die Knie in der Asche. Dann ist der Aufstieg die absolute Tortur. Von der letzten Hütte sind es gut 1.600 Höhenmeter, also schon ganz ordentlich. Außerdem ist die Luft verdammt dünn.«

Sie waren zu müde, um das Gespräch zu vertiefen. Richard packte für die Nacht seinen Biwaksack aus und mit Anbruch der Dunkelheit verkrochen sie sich gemeinsam mit ihren Schlafsäcken in diesen. Sie waren erschöpft! Die Nacht konnte recht kühl werden. Sterne funkelten in einer unglaublichen Klarheit am Himmel. Richard meinte, noch nie den Himmel derart erfüllt gesehen zu haben. Er kam sich zugleich klein und unbedeutend als auch aufgehoben in diesem großen Ganzen vor.

Ein kurzes Aufblinken einer Sternschnuppe ... nachdenken ... der Wunsch, der sich für Richard sofort formulierte – die Suche nach etwas nur in der Ahnung Möglichem. Das Gewünschte darf nicht mitgeteilt werden, sonst verliert es seine mystische Kraft zur Erfüllung. Ausgesprochen würde es an der Realität scheitern. Die Geräusche der Nacht begleiteten Alois und Richard in den Schlaf. Sie spürten die hohen Berge neben sich.

Die Erholung währte nur kurz. Schon bald kroch eine enorme Kälte durch den sie umgebenden Stoff. Ihre Köpfe verschwanden im Schlafsack. Der Atem sollte ein wenig Wärme spenden. Die Körper pressten sich aneinander. Es war die kälteste Nacht, die Alois und Richard je erlebt hatten. Sie froren erbärmlich und es gab keine andere Möglichkeit, als dies irgendwie durchzustehen. Manchmal fielen sie in einen kurzen Dämmerschlaf, bis sie die Kälte wieder weckte. Sie ersehnten den Tag, die Sonnenstrahlen, die Wärme.

Auch diese Nacht fand ein Ende. Es ist so, dass sich das Empfinden der Zeit in der Kälte verkürzt. Noch nie hatte Richard die Sonnenstrahlen derart herbeigewünscht wie an jenem Morgen. Als sie nun über den Bergspitzen auftauchten, erwartete er geradezu ehrfürchtig ihre Wärme. Auf der Innenseite des Biwaksacks hatte sich eine dünne Eisschicht gebildet. Alois und Richard wechselten nur wenige Worte. Ihnen war zu kalt für ein Gespräch. Doch die Sonne begann sie zu wärmen. Sie krochen aus dem Biwaksack ins Freie. Wie Eidechsen warteten sie, noch im Schlafsack auf den sich langsam erwärmenden Steinen sitzend, darauf, neue Beweglichkeit zu erlangen.

Die Nacht hatte einen tiefen Eindruck hinterlassen.

»Das war knapp«, meinte Alois. »Ich weiß nicht, wie lange ich diese Kälte noch ausgehalten hätte.«

»Man sagt, solange du die Kälte noch spürst, erfrierst du nicht. Aber es war wirklich wahnsinnig kalt. Einfach zu kalt! Noch nie in meinem Leben habe ich mich so auf die Wärme der Sonne gefreut«, erwiderte Richard.

In der Sonne ließen sie ihr Frühstück auftauen. Schweigend aßen sie Brot und Käse, beides immer noch leicht gefroren, und tranken frisches, eiskaltes Wasser aus einem Bach. Die Lebensgeister erwachten! Das Panorama, das sie umgab, war atemberaubend. Die weißen Schneekappen der Berge leuchteten im Licht. Sie hörten das Gurgeln des Wassers in den Bächen. Die Luft schien ihnen unwirklich klar.

»Lass uns noch ein wenig die Berge hochsteigen«, meinte Alois.

Richard nickte zustimmend. Sie packten ihre Sachen, schulterten die Rucksäcke und machten sich auf den Weg in Richtung der Berggipfel. Das Gelände wurde steiler und felsiger – ihre Schritte und der Atem schwerer. Die dünne Luft kostete Kraft. Sie begannen, im Felsen zu klettern.

»Wir können quer am Felsen zu dem Pass da drüben gelangen«, sagte Richard, »und von dort aus den Rückweg zum Tal nehmen. Noch eine Nacht in dieser Kälte ist jedenfalls undenkbar.«

Sie stiegen immer höher in den Berg. Der Rucksack behinderte sie beim Fortkommen. Ein grandioser Blick auf das Hochtal und ihren Schlafplatz eröffnete sich. Jeder Schritt fiel schwer. Zugleich wurde ihre Situation gefährlich. Denn sowohl der weitere Weg in Richtung Pass als auch der Abstieg zurück waren voller Tücke. Ein falscher Tritt würde ihr Ende bedeuten.

Allmählich erkannten Alois und Richard, in welch kritische Situation sie sich gebracht hatten. Doch ihnen stand nicht der Sinn danach, sich hiervon beeindrucken zu lassen. Sie versuchten weiterhin, quer am Felsen voranzukommen. Den Blick ins Tal vermieden sie. Zwischenzeitlich tat sich hier ein tiefer Abgrund auf. Winzig und verlassen befanden sie sich mitten in der steilen Wand. Nur noch in kleinen Schritten kamen sie voran. Die nächsten vier Trittstellen, dies war ihre Perspektive.

Immer auf drei feste und sichere Haltepunkte im Felsen achten!, so sprach Richard zu sich selbst, während er sich langsam am Berg voranbewegte.

Alles halb so wild, versuchte Alois sich Mut zu machen. Da habe ich schon ganz andere Sachen heil überstanden. Das schaffe ich! Nur nicht Angst machen lassen!

Sie hatten Glück – oder das Schicksal meinte es gut mit ihnen. Der Berg verlor an Steile und verlief nun breiter in Richtung Pass. Zur Mittagszeit hatten sie diesen erreicht. Ihr Leichtsinn zeitigte keine weiteren Folgen. Allerdings: So einen Einstieg in unbekanntes felsiges Gelände würden sie nie wieder versuchen.

»Hätten wir nicht machen sollen. Das war schon ziemlich leichtsinnig«, wandte sich Richard an Alois.

»Ja.« Mehr wollte Alois dazu nicht sagen.

Vom Pass aus präsentierte sich die Landschaft in überwältigender Schönheit. Die Aussicht reichte weit über Hochebenen zu den Bergen und in Richtung Tal. Beim Blick zurück zur Felswand, die sie durchquert hatten, entdeckten sie Steinböcke, die dort, wo sie sich mit aller Vorsicht vorwärts bewegt hatten, mit Leichtigkeit kletterten.

Der Mensch ist nicht dafür gedacht, diesen Tieren in ihrer Heimat Konkurrenz zu machen, ging es Richard durch den Kopf.

Sie gönnten sich nur eine kleine Pause.

»Wir müssen schauen, dass wir rasch in wärmere Regionen absteigen«, meinte Alois. »Das ist zwar ein super Blick hier. Ich habe selten etwas derart Schönes gesehen. Aber eine weitere Nacht in der Kälte überleben wir nicht.«

Sie machten sich an den Abstieg. Kalte Winde wehten von den hohen Bergen herab und brachten sie zum frösteln. Ihr Weg führte durch steiniges Gelände. Schweigend schritten sie voran. Gegen Abend hatten sie den Waldrand erreicht und bereiteten ihr Nachtlager vor. Hier gab es genügend Holz für ein kleines Feuer. Erschöpft und zufrieden, eingehüllt in ihre Schlafsäcke, saßen sie an der wärmenden Glut. Große Mengen klares Wasser, das sie aus dem nahegelegenen Bach schöpften und in ihre Flaschen füllten, löschten ihren Durst. Ihre Seele fand Ruhe. Sie sprachen über Reisen, die sie in der Vergangenheit unternommen hatten.

»Ich war mal in Alaska«, erzählte Alois. »Im Frühjahr. Da gab es einen Kälteeinbruch. Minus 20 Grad. Also richtig kalt! Aber in der letzten Nacht war mir noch kälter. In Alaska habe ich mir allerdings Erfrierungen an den Zehen geholt. Nicht so schlimm, aber das hätte leicht schiefgehen können. Ich weiß nie, ob ich so was Glück oder Pech nennen soll. Pech, dass ich mir Erfrierungen geholt habe und Glück, dass es nicht schlimmer ausgegangen ist.«

An diesem Abend philosophierten sie noch ein wenig über Glück und Pech. Es machte ihnen Freude, ihre Gedanken frei in die Welt zu schicken.

Den nächsten Morgen ruhten sie vor sich hindösend länger in ihren Schlafsäcken. Ihre Muskeln waren erschöpft. Ihr Geist war müde. Der Rastplatz lag im Schatten der Bäume. Die Sonne erreichte sie erst gegen zehn Uhr. Die schneebedeckten Berge lagen vor ihnen. Gemächlich aßen sie die letzten Reste Käse und Brot. Es reichte nicht zum Sattwerden. Dann brachen sie auf, um durch den Wald den Weg zum Tal fortzusetzen. Richard schmerzten die Fußsohlen. Die Muskeln vorne am Schienbein meldeten sich mit jedem Schritt. Alois spürte Rückenschmerzen. Der harte Boden der vergangenen Nächte rächte sich nun. Der Rucksack schob sie den Hang hinunter. Sie erreichten die offene Landschaft und kamen wieder zu dem kleinen Dorf, bei dem die Wanderung ihren Ausgang gefunden hatte. Ihr Weg führte sie am Kiosk vorbei. Dort saßen auch heute die Trinkkumpane von vor vier Tagen. Richard grüßte freundlich. Im Augenblick, als er sie entdeckte, war ihm sofort klar, dass er keinesfalls das Trinkgelage wiederholen wollte. Dafür war er viel zu erschöpft. Alois grüßte auch und machte eine Bewegung in ihre Richtung.

»Lass uns hingehen«, sagte Alois. »Wir müssen sie begrüßen.«

»Nein«, erwiderte Richard und lief stur geradeaus.

Alois blieb neben ihm.

»Das ist total unhöflich. Die halten uns für richtige Idioten. Komm, wir müssen sie begrüßen«, meinte er.

»Ich kann keinen Wodka mehr sehen. Wenn wir hingehen, müssen wir trinken«, antwortete Richard und setzte seinen Weg fort.

Sie hatten den Kiosk passiert. Alois hätte sich gerne zu einigen Gläsern Wodka einladen lassen.

Am Dorfausgang stellten sie sich an die Straße. Nach kurzer Zeit kam ein klappriger Lieferwagen vorbei und nahm sie mit in die nächste etwas größere Ortschaft. Hier fanden sie ein Zimmer in einem Gasthaus. Sie aßen ein üppiges Mahl. Eigentlich hatten sie gedacht, nur ein kleines Essen bestellt zu haben. Doch der Wirt tischte auf, was seine Küche zu bieten hatte. Sie tranken eine Flasche Wein dazu und sprachen über Frauen. Richard erzählte von Dorit und Ana Maria.

»Dorit ist wirklich eine richtig interessante Frau. Absolut selbstständig. Wäre die richtige Reisebegleitung für dich. Ihr würdet euch gut ergänzen. Unglaublich, wie ehrlich sie über ihre Gefühle zu Männern gesprochen hat.«

»War das wirklich ehrlich?«, fragte Alois. »Was da mit ihrem Ex-Freund passiert ist, weißt du doch nicht.«

»Stimmt. Aber ich habe auch nicht nachgefragt. Jedenfalls eine tolle Frau. Für mich war es neu, dass sich mir eine Frau derart offen zeigt.«

Richard schaute nachdenklich und fuhr fort zu sprechen: »Ich habe oft den Eindruck, dass es Frauen ausgesprochen wichtig ist, ein bestimmtes Bild von sich zu zeigen und dass sie unbedingt in dieser Art gesehen werden möchten – jedenfalls von uns Männern. Bei Dorit war das anders. Sie wollte, dass ich sie kennenlerne, wie sie wirklich ist.«

»Mmh«, machte Alois. »Und wie ist das bei Ana Maria?«

»Mit Ana Maria fühle ich mich tief verbunden. Sie ist voller Geheimnisse. Das zieht mich an und macht es mir zugleich schwer. Manchmal denke ich, sie will gesehen werden und zugleich sich nicht zeigen.«

»So sind die Frauen. Sie wollen immer ihre Geheimnisse haben«, entgegnete Alois.

»Noch was anderes zu Dorit«, meinte Richard. »Sie konnte ziemlich klar erkennen, wer ich bin. Bei den meisten Frauen, empfinde ich, vermischt sich, wer ich bin, in ihrer Wahrnehmung mit dem, was sie im Leben wollen, zu einer Einheit.«

»Wie meinst du das?«, fragte Alois.

Er hatte den Satz nicht so richtig verstanden.

Richard musste ein wenig nachdenken, bevor er antwortete.

»Ich kannte mal eine Frau, sehr hübsch und sie hat mir wirklich gut gefallen, die hat immer behauptet, ich würde sie bedrängen. Wenn ich mich bei ihr gemeldet und dann noch irgendwas in der Art gesagt habe, dass ich gerne mit ihr was machen würde oder sie öfter sehen möchte, empfand sie das als übergriffig. So hat sie sich jedenfalls ausgedrückt. Hat mich erstmal ziemlich vor den Kopf gehauen. Bald wusste ich nicht mehr, was das alles zu bedeuten hat. Da war nur noch ein großes Durcheinander. Dabei, denke ich, habe ich mich ganz normal verhalten. Wenn sie mich darauf hingewiesen hätte, dass sie keinen oder weniger Kontakt möchte, das wäre auch okay gewesen. Aber das ging wohl auch nicht.«

»Ja, und hast du irgendwann besser verstanden, um was es ging?«

»Vielleicht. Ich denke, sie hat sich sehr zu mir hingezogen gefühlt, wollte das aber nicht so empfinden. Deshalb hat sie eine Vorstellung entwickelt, dass ich sie bedränge. So hat sie das ja auch gefühlt. Dadurch wurde ihr innerer Konflikt in einen äußeren umdefiniert. Für sie war es leichter damit umzugehen. Ursache und

Schuld lagen nun bei mir und dagegen konnte sie sich besser wehren.«

»Und warum wollte sie das nicht, sich zu dir hingezogen fühlen?«

»Das weiß ich auch nicht. Frauen sind einfach kompliziert. Aber ich hab wohl nicht in ihre Vorstellungen vom Leben gepasst. Ihr Mann sollte wahrscheinlich irgendwie anders sein als ich. Möglicherweise meinte sie auch, ich nehme die Beziehung zu ihr nicht ernst genug. Oder es war Angst. Anscheinend mochte sie überhaupt keine Empfindungen, die sie binden. Sich von einem Mann abhängig zu fühlen, war nicht ihr Ding. Was weiß ich? Alles irgendwie unklar!«

Es entstand eine Pause.

»Manchmal sagen Frauen ja auch, sie wollen sich verlieben oder nicht verlieben, wenn sie einen Mann kennengelernt haben. Hab ich jedenfalls schon öfters gehört. Keine Ahnung, wie das funktioniert. Ich bin entweder verliebt in eine Frau oder nicht. Das kann ich nicht bewusst bestimmen. Hast du das auch schon erlebt?«, fragte Alois.

»Ja, hab ich auch schon gehört. Irgendwie scheint das zu klappen. Zumindest kurzfristig oder oberflächlich. Verstehe ich genauso wenig wie du, was die Frauen da meinen. Verlieben soll dann sein, wenn der Verstand alles gut findet. Das haut bei mir nicht hin«, antwortete Richard.

»Manchmal sind Frauen schon sehr anders«, bemerkte Alois in einem leicht resignierten Tonfall. »Beim Sex ist das ja genauso. Manche Frauen haben das total unter Kontrolle, ob sie es zulassen, Lust auf Sex zu empfinden.« Alois schaute ziemlich verärgert, fast ein wenig wütend. Dann sprach er weiter. »Ich muss gerade an jemanden denken. Die hat mich so richtig abfahren lassen. Erst schmiegt sie sich eng an mich und dann meint sie, es war nichts. War aber was!«

Richard schaute Alois neugierig an.

»Und?«, fragte er.

»Wir lagen total verschmust auf dem Bett. Doch sie fing an zu plappern. Wollte gar nicht mehr aufhören; bis alles zu spät war.«

Alois hatte keine Lust, weiter zu sprechen und es trat eine kurze Pause ein. Richard dachte immer noch an Dorit.

»Jedenfalls bei Dorit habe ich nicht gespürt, dass sie in so einer Verwirrung lebt. Sie hat ziemlich klar gesehen, wer ich bin«, sprach Richard weiter.

»Aber Dorit ist verdammt wählerisch. Sie denkt, so wie du sie beschrieben hast, dass nur der absolut tollste Mann für sie gut genug ist«, warf Alois ein.

»Stimmt. Möglicherweise ist sie auch deshalb so frei, weil ihr doch kein Mann genügt. Da ist sicher was dran. Vielleicht hätte ich sie doch nach ihrem Ex-Freund fragen sollen. Hat mich in dem Augenblick aber überhaupt nicht interessiert. Ein anderes Mal. Ich denke, ich sehe sie irgendwann wieder.«

»Die Sache mit dem kirgisischen Freund«, meinte Alois. »Vor dem hatte sie doch Respekt. Von ihm hat sie sich führen lassen.«

Richard nickte.

»Wenn Männer zu sehr einer Frau folgen, dann sind sie wie Kinder und die Frau wird zur Mutter«, sprach Alois weiter. »Das ist nichts.«

Ihre Unterhaltung wurde immer mehr zu einem Austausch von Gesprächsfetzen. Die Anstrengung der letzten Tage forderte ihren Tribut. Ihre Gedanken drehten sich noch eine gute Zeit um Erinnerungen an Frauen. Beide fühlten eine Sehnsucht.

In dieser Nacht schliefen sie tief. Langsam erholten sich ihre Körper von den Strapazen der Wanderung in die Berge.

Am nächsten Tag wollte Richard weiter zum kleinen Ort, den ihm Dorit genannt hatte. Alois plante, nach Osten zu reisen. So trennten sich ihre Wege. Richard fand einen Bus, der ihn in Richtung seines Ziels brachte. Alois machte sich per Anhalter auf den Weg nach Osten. In Deutschland wollten sie sich wiedertreffen und erzählen, wie ihre Reise weitergegangen war. Die gemeinsame Zeit, ihr Kräftemessen mit der Natur hatten sie miteinander vertraut gemacht. Sie wünschten einander viel Glück und alles Gute für die kommende Zeit. Es war ein Abschied und zugleich ein Aufbruch zu neuen Zielen für jeden von ihnen.

Als Richard auf den Bus wartete, fühlte er eine ernste und etwas traurige Stimmung in sich. Seine Gedanken waren bei der Geschichte, die ihm Dorit zu ihrer Begegnung mit dem Schamanen erzählt hatte. Es war, als würde sich in ihm die Erwartung des Zusammentreffens mit dem Heiler vorbereiten. Er ahnte von der Bedeutung und einem Wandel, den sein Leben nehmen sollte. Er schrieb in sein Tagebuch:

Wirklichkeit oder der Verlust der Unschuld

Menschen leben oft in Träumen! Ihr wichtigster Traum ist aber, dass diese Welt die Realität sei.

Schwer ist es in mir geworden.
Unaufhaltsam nimmt das Leben fort, was einst die Unschuld war.
Die unerträgliche Leichtigkeit, sie soll nie wiederkehren.

Ein Feuer nagt in mir, das Wunden hinterlässt,
und frisch entfacht verbrennt es Teile meiner Existenz,
um einen Wandel zu vollziehen,
in Rauch und Asche aufzulösen,
neue Kräfte aufzutun
und dann ewig zu versenken.

Trauer spüre ich und ahne noch kaum,
was neues Leben bringt.

Gewiss, viel war zu lernen,
so manches tief versteckt
und kam erst spät ans Licht.
Die Flammen lodern hell
und lassen es erleuchten.
Doch ist dies nur Vergänglichkeit,
die immer weiß auch zu gestalten.
Ich spüre den Schmerz,
denn jedes neue Leben birgt tief in sich den Tod.

So denke ich,
wir sind nur zu Besuch,
zu kurzer Rast auf dieser Welt
und ein Zurück wird es für uns nicht geben.

Wir müssen weiter!
Trauer und Schmerz sind treue Begleiter
und Glück ist unser Ziel.

Manchmal fühle ich mit aller Kraft,
wie etwas in mir bricht.
Es weicht die Welt, die eben noch vollkommen schien.
Und frage mich – das Licht am Ende lockt:
Wie soll ich all das tragen?

Richard legte eine Pause beim Schreiben ein und las, was er zu Papier gebracht hatte. Ja, derart war seine Stimmung.

Sich zu ändern fällt schwer. Immer muss auch etwas sterben, immer bedeutet es, Abschied zu nehmen. Das Leben zwingt dich zur Veränderung, dachte er.

Er schaute auf seine Uhr. Andere Reisende warteten wie er auf den Bus. Niemand schien Eile zu haben. So wandte er sich wieder seinem Tagebuch, das eher ein Gedanken- und Traumbuch war, zu. Er fühlte sich zwischen Abschied und Neubeginn.

Im irdischen Dasein wird ungeheuer viel von dir gefordert. Lässt sich überhaupt erreichen, was du dir wünschst? Ein Hindernis nach dem anderen stellt sich dir in den Weg. Und du selbst gönnst dir keine Zeit der Erholung, überlegte er.

In ihm entstanden die Bilder einer Geschichte zu diesem Empfinden.

Widrige Verhältnisse

Der Wind bläst mir unablässig ins Gesicht, während ich die Straße entlanggehe. Auch Änderungen der Straßenführung halten ihn nicht davon ab. Angestrengt setze ich einen Schritt vor den anderen, um mich unmerklich der Stadt, zu der diese Straße führt, zu nähern.

Ich habe Hunger und Durst und spüre zugleich Abneigung dagegen, etwas zu mir zu nehmen.

Angekommen in der Stadt sind dort alle Geschäfte geschlossen. In einem Park wachen dienstbeflissen Wächter, damit sich dort niemand ausruhen kann. Neben dem Park befindet sich eine Polizeistation. Die Polizisten blicken düster und führen mit ernster Miene Hunde, die durch Befehle und Schläge in Zaum gehalten werden, mit sich.

Da beschließe ich, weder mich noch die Welt ernst zu nehmen und Spötter werden entgegnen, es sei mir auch nichts anderes übrig geblieben.

Manchmal denke ich, ich hätte meine Bestimmung entdeckt. Dann merke ich, dass ich mich in mir gefangen habe. Trotzdem, vielleicht habe ich doch gar nicht so falsch gedacht.

Der Bus erreichte die Haltestelle. Menschen stiegen ein und aus und Richard war mitten unter ihnen. Gepäck wurde auf das Dach geladen. Er hörte Gelächter. Er sah geduldige und freundliche Gesichter. Richard freute sich, nun auf dem Weg zum Schamanen zu sein.

Der Bus kam nur langsam voran. Er betrachtete die Menschen und die Landschaft. Sie fuhren ein Tal hoch. Ein kräftiger Bach strömte am Straßenrand entgegen der Fahrtrichtung. Schon immer hatte ihn die Idee gereizt, solch einem wilden Bach, der die Berge durchschneidet, bis zur Mündung zu folgen.

Das bedeutet, auf seinem Lebensweg zu sein, ging es ihm durch den Kopf.

In seinen Gedanken ersann er eine Geschichte, die er, sobald der Bus eine kleine Pause einlegte, in seinem Gedankenbuch notierte.

Flussfahrt

In einem kleinen Paddelboot folge ich dem Fluss bis zur Mündung. Die Nächte verbringe ich am Ufer, höre das Wasser vorbeiströmen und bei Sonnenaufgang erfolgt der erneute Aufbruch. So ist das Leben.

Gefahr und Mühsal bedeutet es, die Stromschnellen zu durchqueren. In meinen Handflächen wachsen Schwielen. Durch das Unterlegen von Stofftüchern beim Paddeln kann ich vermeiden, dass sich Blasen bilden. Muskelkater, Schmerzen in Schulter, Rücken und Armen sind meine Begleiter. Die unbarmherzig vom Himmel brennende Sonne erzwingt längere Mittagspausen. Unwetter gebieten mir Einhalt auf meinem Weg.

Ich will die kleinen Dörfer und später die großen Städte am Ufer sehen; ein wenig mit den Menschen sprechen, denen ich begegne, wenn ich das Land betrete, um frisches Obst und Gemüse einzukaufen oder mich mit Brot und Käse zu versorgen. Hin und wieder sitze ich am Ufer und trinke einen Wein.

Das sind meine alten Ideen von Unabhängigkeit und Freiheit. Ich denke an Frauen, mit denen ich Zeiten meines Lebens geteilt habe. Wie sehr hat mich ihr Empfinden und Denken interessiert? Ich meine, nur wenig davon verstanden zu haben, was sie fühlten. Der Abschied ist immer leicht gefallen. Jeder Abschied bedeutete auch, mich selbst zu finden und unabhängig zu bleiben.

Ich mache eine kleine Pause im Schatten eines Wäldchens. Mächtig fließt der Fluss vorbei. Kiesbänke erheben sich aus dem Wasser. Durch ein kurzes Bad habe ich meinen verschwitzten Körper gewaschen. Die Hände brennen und an den Stellen, an denen die Schwielen wachsen, fühlen sie sich taub an.

Nun bin ich seit einer Woche unterwegs. Aus dem Bach ist ein breiter Strom geworden, dessen Wasser immer noch wild und in schneller Strömung fließt.

Ich denke an zu Hause. Eigentlich besteht keinerlei Anlass daran zu zweifeln, dass ich bald wieder heimkommen werde. Trotzdem spüre ich Furcht, irgendein ungewisses Ereignis könnte dies verhindern.

Der Bus war in ein kleines Dorf gefahren und stoppte an einer Haltestelle. Menschen verließen das Fahrzeug, andere stiegen ein. Es ging weiter. Noch einmal musste Richard das Gefährt wechseln, bis er den Ort erreichte, den ihm Dorit als Ausgangspunkt für die Wanderung zum Schamanen genannt hatte.

Seine Gefühle waren ein großes Durcheinander – er wagte es nicht, sich darauf zu freuen, nun in Kürze dem großen Heiler zu begegnen, denn seine Erwartungen waren voller Furcht. Es zog ihn zu diesem Ort und er spürte zugleich Widerstreben. Noch wusste er nicht, ob er den Weg durch die wilde Natur finden würde. Die Beschreibungen von Dorit waren ungenau. Sie hatte sich auf Zhanybek verlassen und war ihm gefolgt. Er sollte am Ortsausgang links in einen Viehweg abbiegen, die Hügel überqueren. Dann in Richtung weißer Berggipfel, die in der Ferne erkennbar wären, seine Wanderung fortsetzen, bis zu einem Wäldchen aus Walnuss-bäumen. Dann müsste es bereits Nachmittag sein, hatte sie gemeint. Steppe war zu durchqueren; am nächsten Tag links ein Wald zu passieren. Die Beschreibung von Dorit war immer unge-nauer geworden.

Im Dorf angekommen fand Richard einen kleinen Laden, vor dem auch Stühle und Tische standen. Er kaufte dort Obst, Brot und Käse. Im Laden gab es Becher mit Tee und er setzte sich an einen Tisch. Vor ihm lagen einfache Landhäuser und Steppe, soweit sein Auge reichte. Die Menschen waren freundlich und interessiert. Nur kurz blieb er alleine am Tisch sitzen. Ein junger Mann leistete ihm bald Gesellschaft. Doch angesichts seiner geringen Kenntnisse der russischen Sprache blieb die Unterhaltung spärlich. Plötzlich erhob sich der Gesprächspartner und bedeutete Richard, er solle hier auf seine Rückkehr warten. Schnellen Schrittes verschwand er in einer Seitenstraße. Richard packte Brot und Käse aus und aß mit großem Appetit, was er soeben eingekauft hatte.

Kurze Zeit später kam der junge Mann, begleitet von einer Frau von ungefähr vierzig Jahren, zurück zu seinem Tisch. Sie sprach ihn auf Englisch an und stellte sich als Marina vor, erzählte, dass sie aus Jekaterinburg beim Ural stammte und dort an der

Hochschule für die Lehrerausbildung Sprachen studiert hätte. Nun sei sie seit über zehn Jahren hier in Kirgistan verheiratet.

Weitere Männer setzten sich zu ihnen. Ein buntes Frage- und Antwortspiel begann, Marina musste übersetzen. Deutschland kannten alle. In der Sowjetunion war der zweite Weltkrieg stets gegenwärtig geblieben. Im Fernsehen liefen zahlreiche Filme zu diesem Thema, in dem natürlich auch deutsche Soldaten eine wichtige Rolle spielten. Mit einem leibhaftigen Deutschen hatte hier aber noch niemand gesprochen. Schließlich übersetzte Marina auch, dass Richard einen Schamanen aufsuchen wollte, der drei Tagesmärsche von hier entfernt seine Jurte aufgeschlagen hatte. Ein alter Mann wurde geholt, der den Heiler offensichtlich kannte. Nach langen Diskussionen entstand im Tagebuch von Richard eine Skizze. Marina ergänzte diese Karte um Angaben zu Landschaftsmarken und Entfernungen. So war eine weitere Hürde, den Schamanen zu finden, für Richard überwunden.

Am Abend lud Marina Richard zu sich ein. Sie lebte mit ihrer Familie in einem einfachen Landhaus. Im Garten wurden Bänke und Tische aufgestellt. Nachbarn kamen hinzu. Jeder brachte etwas zu essen und zu trinken mit. Sie feierten ein kleines Fest. Richard fühlte sich in dieser für ihn fremden Welt angenommen. Alle sprachen und lachten durcheinander, aßen und tranken. Er war dankbar für diese große Gastfreundschaft. Ganz selbstverständlich nahm er teil.

Im Haus war ihm ein Lager vorbereitet worden. Gegen Mitternacht verließen die Dorfbewohner zufrieden und satt den Ort des ausgelassenen Zusammenseins und gingen nach Hause schlafen. Einige Männer mit unsicherem Gang ... Sie hatten dem Alkohol zugesprochen.

Wie wäre es, jetzt Ana Maria an meiner Seite zu haben, fragte er sich vor dem Einschlafen. Sicher würden das Land und die Menschen sie faszinieren. Ich könnte mit ihr mein Erleben teilen.

Ein Spaziergang durch den Grunewald kam ihm in den Sinn. Damals hatte er gemeint, Ana Maria in diesem Augenblick ganz in ihrer Art zu erkennen. Auf einem kleinen Waldweg hatte ein Eichhörnchen gesessen. Wie eine Schicksalsbegegnung kam ihm das vor. Ana Maria war gerade dabei gewesen, Erdnüsse zu öffnen, während sie sich unterhielten. Richard hatte das damalige Geschehen in seinem Seelenbuch notiert.

Ana Maria und das Eichhörnchen

Mir scheint es, als warte das Eichhörnchen auf Ana Maria. Es hockt auf dem schmalen Waldpfad und verharrt in dieser Stellung, als wir es erblicken.

»Ein Eichhörnchen«, flüstert Ana Maria und bleibt stehen. In der Hand hält sie die halb geöffnete Erdnuss. Intuitiv gehe ich einige Schritte zurück.

Ana Maria macht sich klein und spricht ganz leise: »Komm zu mir. Lass uns Freunde sein.«

Sie streckt langsam ihre Hand mit der halb geöffneten Nuss aus. Das kleine Tier schaut neugierig. In seinen typischen schnellen Bewegungen nähert es sich. Ana Maria wirft die Nuss in seine Richtung. Das Eichhörnchen bewegt sich im Zickzack-Kurs darauf zu, ergreift die Nuss, weicht einen Meter zurück, setzt sich auf die Hinterbeine und isst die Erdnuss, wobei es diese anmutig in den Vorderpfoten hält. Das vorsichtige Spiel mit den Erdnüssen setzt sich fort, bis das Tier die Nahrung direkt aus der Hand nimmt.

Ich betrachte dieses Bild. Eichhörnchen sorgen für sich. Hübsch sind sie anzuschauen mit ihrem weichen Fell und dem buschigen Schwanz. Ana Maria und dieses schöne Tier gehören zusammen! Wie sie sich doch ähneln. Sie meinen alleine in dieser Welt, die schöne Sommertage, kalte Winter, Feinde und eigenes Geschick kennt, bestehen zu müssen. Auf dünnste Äste können sie klettern, niemand vermag zu folgen. Mit großen Sprüngen suchen sie sich neuen Lebensraum, wenn sie in Bedrängung kommen.

Ich habe erfahren, wie sich Ana Maria mir entzieht, sobald sie sich eingeengt fühlt. Sie bleibt vorsichtig in jeder Begegnung. Sie vertraut ihrer Fähigkeit, allen Gefahren und zu großer Nähe auszuweichen.

Ich muss für mich da sein, so empfindet sie. Es ist gut vorzusorgen, rechtzeitig auch an schlechtere Zeiten zu denken. Verlass ist allein auf mich selbst.

Ich liebe Ana Maria in ihrer Art, auch wenn es mich fordert und manchmal verzweifeln lässt, da ich die Gemeinsamkeit mit ihr suche und sie doch nur sich selbst vertraut.

Mit diesen Erinnerungen und Bildern schlief Richard ein.

Am nächsten Morgen wachte er früh auf. Es herrschte noch Dunkelheit, als seine Gastgeberin und ihre Familie aufstanden. Der Mann musste zur Arbeit in den Viehzuchtbetrieb; die Kinder und Marina mit dem Bus zur Schule. Ein schnelles Frühstück wurde eingenommen. Richard bedankte sich für die Gastfreundschaft. Der Abschied war herzlich. Er hatte das Gefühl, für diese kurze Zeit Teil der Familie geworden zu sein.

Nun stand er am frühen Morgen auf der kleinen Straße, die den Ort durchquerte, bereit für den Marsch zum Schamanen. Er kaufte im Dorfladen noch Vorräte für einige Tage ein. Bedingt durch die bescheidene Auswahl blieben Brot, Käse und etwas Obst seine Hauptnahrung.

Wie bereits von Dorit beschrieben, startete er seine Wanderung, indem er dem Viehweg am Dorfausgang folgte. Bald hatte er die ersten Hügel passiert und die Häuser verschwanden aus seinem Blick. Er fühlte sich frei – die weite Steppe, in der Ferne weiße Berggipfel. Fast kam ihm unwirklich vor, was er sah. Er folgte mit kräftigem Schritt einem leicht ansteigenden Tal. Der Rucksack, vollgepackt mit Verpflegung, störte ihn nicht. Sein Herz erfüllte Freude.

Schon zur Mittagszeit hatte er das Walnussbaumwäldchen erreicht und beschloss, eine Pause einzulegen. Nüsse lagen auf dem Boden. Zwischen zwei Steinen knackte er eine große Menge, bettete sich im Schatten der Bäume ins weiche Gras und trank frisches Quellwasser, das er an einem Bach in seine Flasche gefüllt hatte. Er fühlte sich eins mit der Welt.

Was das Leben einem schenken kann!, sagte er sich. Wie schön das sein kann. Wir müssen nicht kämpfen, uns durchsetzen, erreichen, was wir uns in den Kopf gesetzt haben. Das Leben ist auch großzügig, wenn wir ihm vertrauen.

Eingenommen von diesen Gefühlen und Gedanken nahm er sein Gedankenbuch zur Hand und notierte eine kurze Geschichte.

Das Leben ist ein Weg zu sich selbst

Das kleine Ich hatte gesiegt und es meinte, sich groß fühlen zu müssen. Groß und stark. Sein Wille hatte gesiegt!

Es war ein schwerer Sieg. Das kleine Ich fühlte sich leer – furchtbar leer und einsam. Die Freude war entwichen, die Freude am Leben! Die Mauern waren fest!

Hab keine Angst, kleines Ich. Der Sieg wird vergehen. Auch du wirst zurückkommen zum Schoß deiner Entstehung. Du wirst deinen Platz verbunden mit deinem Ursprung wieder einnehmen und Teil des Ganzen sein.

Hab Vertrauen, der Sieg wird nicht lange dauern. Du bist dann ein weises kleines Ich, das seinen Platz kennt und nicht mehr kämpfen muss.

Als die heißeste Mittagszeit vorüber war, setzte Richard die Wanderung fort. In der Ferne konnte er die weißen Bergspitzen erkennen. Das gleichmäßige Gehen versetzte ihn in eine meditative Stimmung. Er erwartete nichts. Seine Füße berührten die Erde, die Steine, das Gras und er spürte, wie sehr sein Körper Teil dieser Erde war.

Am Abend schlug er sein Nachtlager windgeschützt in einer Mulde in der Nähe eines Bachs auf. Mit Einbruch der Dunkelheit fingen die Sterne am Himmel an zu leuchten. Immer wieder fegte ein kräftiger Wind über ihn hinweg und er hörte das Rauschen des Grases. Ein intensiver Traum begleitete seinen Schlaf in den Morgen.

Die Reifeprüfung

Ich bin Schüler in einer Klasse. Das Abitur soll in Kürze stattfinden. Das erfüllt mich mit Sorge. Ich weiß nicht so recht, wie ich mich auf das Examen vorzubereiten habe. Die Zeit vergeht, die Prüfung steht bevor, und ich beginne nicht damit zu lernen. Insbesondere die Sprachen sollte ich üben. In Mathematik und den Naturwissenschaften fühle ich mich einigermaßen sicher.

Was mir an der Situation befremdlich vorkommt, ist, dass ich meine, das Abitur bereits in früheren Tagen bestanden zu haben. Ich bin älter als meine Mitschüler. Trotzdem soll ich die Reifeprüfung ein weiteres Mal ablegen.

Erfüllt mit Unruhe durchlebe ich den Traum. Ich soll handeln und weiß nicht wie. Die bevorstehende Prüfung macht mir Angst.

Mit Zweifeln und Ungewissheit wachte er auf. Nachdenklich schrieb er den Traum in sein Gedankenbuch. Der stürmische Wind der Nacht hatte sich gelegt. Die Sonne begrüßte ihn freundlich. Sein Körper war müde von der Anstrengung des Vortags. Trotzdem, er freute sich darauf, weiter zu wandern.

Der Marsch mit Alois ist eine gute Vorbereitung gewesen, überlegte er.

Während des Frühstücks blieb ihm sein Traum gegenwärtig.

Steht mir eine Prüfung bevor? Warum soll ich noch einmal das Abitur ablegen? Weshalb diese Sorge darüber? Ich verstehe nicht, was mir dieser Traum sagen will! Derart waren seine Gedanken.

Richard studierte die Karte in seinem Tagebuch – er musste schon einen guten Teil der Wegstrecke zu seinem Ziel geschafft haben –, packte sein Nachtlager zusammen, schulterte den Rucksack und weiter ging es. Das Bild vom Schamanen tauchte vor seinem geistigen Auge auf, so wie er es bei der Erzählung von Dorit gesehen hatte. War sie auch hier vorbeigekommen?

Eine schöne Frau – eine interessante Frau, ging es ihm durch den Kopf. Gerne würde ich sie noch einmal wiedersehen.

Die Begegnung mit ihr hatte mehr Spuren hinterlassen, als ihm zuerst bewusst geworden war.

Mutig, als Frau ganz alleine durch Zentralasien zu reisen, sich mit fremden Männern anzufreunden und sich ohne Furcht zu zeigen. Hier in der Steppe ist sie Zhanybek in ihrer ganzen Weiblichkeit begegnet. Warum empfinde ich ihr Verhalten mir gegenüber so anders? Weshalb hat mir die Weiblichkeit bei ihr gefehlt? Welche Vielfalt an Ausdrucksmöglichkeiten sie hat! Ich hätte sie nicht wie Zhanybek Gulzada, die Blumenprinzessin, genannt ... Für mich scheint sie eher kühl.

Die Landschaft wurde hügelig. Sein Weg führte ihn stetig bergauf. Das Gras wuchs spärlich. Links in der Ferne tauchte ein kleiner Wald auf, der am Hang eines Berges stand. Hier sollte er im Tal bleiben, hatte der alte Mann aus dem Dorf gemeint. Noch waren es einige Stunden Fußmarsch bis dorthin. Die Entfernungen richtig einzuschätzen gestaltete sich schwierig. Die Landschaft zeigte sich gleichmäßig und welche Wegstrecke er zurücklegte, ließ sich nur schwer ermessen. Gegen Nachmittag hatte er sich dem Wäldchen genähert.

Als er kurz innehielt und zu den Bäumen schaute, meinte er, einen Wolf zu erkennen, der durch das hohe Gras streifte. Immer wieder tauchte sein Körper im Gelände auf. Richard blieb regungslos stehen. Die Begegnung mit dem Wolf faszinierte ihn. Sein Blick wollte ihn so lange wie irgend möglich verfolgen. Das bräunlich-graue Tier nahm zielstrebig seinen Weg. Bald war es nur noch eine Ahnung von Bewegung, die Richard in der Ferne wahrnahm. Noch nie in seinem Leben war er einem Wolf in freier Wildbahn begegnet. Gerne wäre er näher bei dem Tier gewesen, hätte ihm gegenüberstehen wollen. Nicht die geringste Spur von Furcht spürte er, sondern große Zuneigung und Verbundenheit mit diesem wilden Freund.

Eine Weile wartete er noch, ob sich die grau-braune Gestalt noch einmal zeigen würde. Dann setzte er den Marsch fort. Immer wieder suchten seine Augen das Gelände ab, ob er nicht die Bewegung eines Wolfs entdecken konnte. Doch vor ihm lagen Steppe und Hügel. Als der Nachmittag in den Abend überging, machte er an einem geschützten Schlafplatz Rast, knackte einen guten Teil seines Vorrats an Walnüssen als Abendmahlzeit und schaute der Sonne zu, wie sie im Westen hinter dem Horizont verschwand. Mit der einbrechenden Dunkelheit hüllte er sich ganz in seinen Schafsack, genoss die Wärme, die er nun spürte und fühlte sich beschützt in der wilden Natur. Der Boden bildete einen weichen Untergrund. Eine Weile noch schaute er in den klaren

Sternenhimmel und dachte an die Begegnung mit dem Wolf. Dann schlief er tief und fest. Wiederum führte ihn ein Traum in eine andere Welt.

Der Traum vom Schamanen im Wolfsfell

Ich bin in Nordamerika. Ein Medizinmann singt und tanzt um ein Feuer. Im Hintergrund erkenne ich mehrere Tipis aus hellem Leder mit rötlicher Bemalung verziert. Der Mann wirkt kräftig. Wahrscheinlich ist er auch ein mutiger und gewandter Jäger. Ein präparierter Wolfskopf bedeckt sein Haupt. Hat er ihn selbst erlegt? Das Fell hängt ihm den Rücken hinab.

Ich sehe mich am Feuer sitzen und beobachte den tanzenden Schamanen. Mensch und Wolf bilden eine Einheit. Urplötzlich verschwindet er aus meinem Blickfeld, was mich erstaunt, denn weiterhin sind Gesang und die Trommel zu hören. Doch nun liegt die Quelle des Klangs hinter meinem Rücken. Ich wage nicht, den Kopf zu wenden.

Gesang und Trommelrhythmus kommen näher. Der Medizinmann taucht wieder in meinem Blickfeld auf. Große Freude durchströmt mich! Wie wunderbar, dass der Schamane bei mir weilt. Ich sehe ihn tanzen. Ich spüre, welche tiefe Verbindung zu den Geistern besteht.

Mir wird bewusst, dass mächtige Geistwesen den Körper des Heilers bewegt haben. Diese sind seiner Beschwörung gefolgt. Die Trommel und der Gesang haben sie gerufen. Sie besitzen Gewalt über die Welt und formen sie mit. Diese Erkenntnis bereitet mir Freude. Die Welt besteht aus starken Kräften, die sie gestalteten. Der Medizinmann ist Mittler zu ihnen in dieser Welt!

Richard trug diesen Traum in das Erwachen. Die Figur des mit dem Wolfsfell bedeckten Medizinmanns blieb ihm gegenwärtig.

Er ist Mensch und auch Wolf. Beide Kräfte finden in ihm ihren Ausdruck. Der Schamane ist mit den Mächten der Welt verbunden, die in allen irdischen Erscheinungen ihren Ausdruck finden. In Kürze werde ich auch einem großen Heiler begegnen. Solche

Gedanken gingen Richard durch den Kopf. Die Stimmung des Traums wollte ihn gar nicht mehr verlassen.

Er studierte seine Karte. Die Wegstrecke bis zum Ziel sollte in zwei oder drei Stunden zurückgelegt sein.

Wie wird es sein, diesem weisen Schamanen gegenüberzustehen?, fragte er sich mit ein wenig Furcht.

Während er frühstückte, ließ er in Gedanken die Ereignisse passieren, die ihn hierher geführt hatten.

Die Stimmung des Aufbruchs ergab sich beim Gespräch mit Inga im Gasthaus am Wolfsschluchtkanal. Ich suche den Wandel. Der Wolf scheint mich zu begleiten, ihn treffe ich immer wieder! Dann gleich zu Beginn der Reise die Begegnung mit Dorit – die Bilder des Schamanen vor meinem geistigen Auge. Der alte Mann im Dorf, der mir den Weg aufgezeichnet hat. Ich soll nicht zweifeln, wenn das Schicksal mich derart zielstrebig leitet! Der Traum heute Nacht ... Mein Weg führt zu einem Zusammentreffen mit großen Kräften und Mächten. Mit ihnen ist nicht zu spaßen. Sie verlangen meine Achtung!

Er folgte nun einem Bachlauf, der seine Quelle im nahen Gebirge hatte. Er war den weißen Bergen immer näher gekommen. Kühle Winde ließen ihn spüren, dass dort oben andere Gesetze herrschten. Die Wanderung mit Alois ging ihm durch den Kopf. Wie leichtsinnig hatten sie ihre Kräfte probiert! Die Natur war gnädig zu ihnen gewesen und hatte zugleich gezeigt, wie sehr sie Respekt verdient.

Er bewältigte noch einen steilen Abstieg. Danach ging die Hügellandschaft in eine große Ebene über. Von Weitem konnte Richard eine Jurte neben einem mächtigen Baum erkennen. Nach weiteren zwanzig Minuten kam er dort an und blieb zehn Meter vor der Jurte stehen.

Ein wenig Rauch stieg aus ihrer Abzugsöffnung in den Himmel. Es musste sich also jemand darin aufhalten. Richard war sich sicher, den Ort des Schamanen erreicht zu haben! Nun stand er vor dem Rundzelt. Der weit austragende Walnussbaum spendete etwas Schatten. Eine einfache, aus rohen Brettern gezimmerte Hütte befand sich daneben. Richard getraute sich nicht, die Jurte zu betreten oder zu rufen, sondern setzte sich auf den Boden und wartete.

Nach einer guten Stunde traten zwei Männer aus der Hütte. Sie sahen Richard, der sich erhoben hatte, und begrüßten ihn freundlich. Sie stellten sich als Tairbek und Urmatbek vor und versuchten, ein Gespräch zu beginnen. Richard bemerkte, dass sie Fragen stellten. Doch viel mehr als seinen Namen zu nennen und auf seine geringen Russischkenntnisse hinzuweisen, war ihm nicht möglich. In diesem Augenblick bedauerte er sehr, sich nicht besser verständlich machen zu können.

Dann trat ein älterer Mann aus der Jurte. Er war von kleiner Statur und einfach gekleidet. Sein Gang wirkte leicht, sein Ausdruck war freundlich mit einem ernsten Zug. Richard spürte, dass Tairbek und Urmatbek ihm voller Respekt begegneten und auch in ihm entstand dieses Gefühl. Das war nun also der viel gerühmte Schamane, den er gesucht hatte. Jetzt stand er vor ihm. Sein Herz schlug voller Aufregung. Er wusste um die Bedeutung dieser Begegnung.

Der Schamane begrüßte Richard mit einem festen Händedruck. Sein Blick ruhte intensiv auf ihm. Richard nannte seinen Namen und erwähnte Zhanybek und Dorit. Er versuchte verständlich zu machen, dass er durch diese beiden hierher gefunden hatte. Der weise Heiler schien ihn zu verstehen. Er sprach einige Worte mit den anderen. Sie forderten Richard auf, ihnen in die Hütte zu folgen. Hier konnte er sein Gepäck lassen und schlafen. Mit Gesten und seinen wenigen russischen Worten verdeutlichte Richard ihnen, dass er im Freien übernachten würde.

Gemeinsam setzten sich alle zu einem Mittagsmahl zusammen. Der Schamane musterte Richard und richtete das Wort an ihn. Eine kleine Unterhaltung, untermalt mit vielen Gesten und zahlreichen Wiederholungen, entwickelte sich. Der Heiler ließ sogar einige wenige Worte aus seinem kleinen englischen Wortschatz einfließen. So verstand Richard, dass morgen Nachmittag ein Schamanenritual stattfinden würde und er eingeladen war, daran teilzunehmen. Dann zeichnete der Gesprächspartner einen Wolf in eine sandige Fläche bei ihrem Sitzplatz und deutete auf Richard.

Dieses Tier war sein Seelenführer. Der Geist des Wolfs wollte sein Leben gestalten.

Nach dem Essen machten sich Tairbek und Urmatbek in Richtung Berge auf. Der Schamane hatte ihnen zuvor erklärt, wo sie nach Eiben und Wacholder suchen sollten. Dann verschwand er in der Jurte. Richard streifte ein wenig durch die Umgebung. Lange saß er in der Grassteppe und betrachtete die hohen Berge. Bei seiner Wanderung mit Alois hatte er sie ein wenig kennengelernt. Er dachte an Berlin und sein Leben dort. Er dachte an Ana Maria.

Werde ich sie noch mal wiedersehen, fragte er sich voller Sehnsucht.

Wie anders ist doch die Welt jetzt. Ich kann nun viel besser nachvollziehen, was mir Inga erzählt hat, dass ihr Deutschland oft fremd ist. Diese Weite der Steppe, die Ruhe, die Musik der Natur! All das existiert nicht in Deutschland. Eine große Aufmerksamkeit, so ganz anders als in Berlin, hat mich erfasst. Ich bin Teil eines großen Ganzen, viel mehr als je zuvor in meinem Leben.

Erfüllt von diesen Empfindungen kam er zurück zur Jurte. Tairbek und Urmatbek saßen im Gras. Er gesellte sich dazu. Es wurden kaum Worte gewechselt. Gemeinsam aßen sie zu Abend. Der Schamane blieb in seinem Rundzelt. In der Nacht wachte Richard immer wieder auf. In seinem Bauch spürte er ein Kribbeln – Unruhe und zugleich auch Freude.

In Gedanken, ja halb im Traum, spürte er dem Klang von Namen nach. Was verbinde ich mit ihnen, fragte er sich. Was kann die Benennung eines Menschen über ihn sagen?

Er wiederholte im Halbschlaf die Namen der Menschen, denen er begegnet war. Dorit, Dorothea: Sie hatte ihn zum Schamanen geführt. Wie das Geschenk einer höheren Macht erschien ihm dies. Dankbarkeit erfüllte Richard, dass Dorit in sein Leben getreten war.

Dann Ana Maria, seine große Liebe: Wie anmutig verführerisch und zugleich unerreichbar sie war! Er wollte Ana Maria an seiner Seite wissen.

Er spürte dem Klang weiterer Namen nach. Es ist nicht beliebig, wie ein Mensch gerufen wird, überlegte er. Vielmehr verrät dies Grundlegendes über den Träger und ein Schamane weiß darum, wenn er auf einen Menschen trifft. Seine Welt ist die, die den Dingen ihre Bedeutung gibt. Er spürt den Klang der Worte und seine Qualität.

Später, als er sich wieder in Berlin befand, fiel Richard wieder ein, was er in jener Nacht erlebt und gedacht hatte. Er besuchte die Universitätsbibliothek, um die er zuvor eine lange Zeit einen großen Bogen gemacht hatte, suchte die passenden Lexika zusammen und schlug nach: Tairbek und Urmatbek lässt sich mit reiner Herr und ehrenvoller Herr übersetzen, las er. Dorit ist eine Kurzform von Dorothea und hat ihren Stamm in den altgriechischen Worten Geschenk und Gott. Alois bedeutet vollkommen und weise. Der Name Inga geht auf den germanischen Fruchtbarkeitsgott Yngvi zurück. Ana Maria bedeutet die Anmutige, Widerspenstige. Der Name Richard hat seinen Ursprung in den althochdeutschen Worten mächtig/reich und stark/hart.

Am nächsten Tag nach einem gemeinsamen Frühstück begannen die Vorbereitungen für das Ritual. Tairbek, Urmatbek und Richard legten eine gute Wegstrecke zurück, um Brennholz zu sammeln. Hierfür mussten sie teilweise steile Berghänge erklimmen. Richards Begleiter hatten Anweisung des Schamanen erhalten, von welchen Walcholderbüschen und Eiben sie frische Zweige für das Räucherritual schneiden sollten. Es war bereits späte Mittagszeit, als sie mit ihrer Last an Holz und Zweigen wieder an der Jurte ankamen. Alles wurde für ein Feuer vorbereitet. Danach erklärten ihm Tairbek und Urmatbek, dass er sich gründlich zu waschen habe. Richard folgte ihrem Hinweis am nahen Bach. Das Wasser schien ihm eine ganz besondere Qualität zu haben, die ihm zuvor nicht bewusst geworden war. Sein Ausdruck war voller Lebendigkeit und Weisheit, als trüge das Wasser mit sich, was es auf seinem Weg vom Himmel bis hierher gesehen und erfahren hatte. Ein langer Weg, der es durch die Erde geführt haben mochte und weiterleitete zu Seen, zum Meer oder zurück in den Himmel.

Bald brach der Nachmittag an und sie saßen zu dritt an dem Feuerplatz. Nach einer Weile des Wartens entzündete Urmatbek das Feuer. Frische Walcholder- und Eibenzweige legte er in die Glut. Aus der Jurte waren erste Schellenlaute zu hören. Richard fühlte sich in seine Kindheit zurückversetzt, als er darauf gewartet hatte, dass aus dem Weihnachtszimmer der helle Ton der Klingel ertönte und sich die Tür zum Raum mit dem prächtig geschmückten Weihnachtsbaum und den Geschenken öffnete.

Der Schamane trat aus der Jurte. Ganz in sich gekehrt beachtete er sie nicht. Er hatte sich sorgfältig auf das Ritual vorbereitet und mit großer Aufmerksamkeit sein Schamanengewand angelegt. Seine Seele stand in Verbindung mit den Geistern und höheren Mächten, bereit mit ihnen zu sprechen. Er nahm die Schellentrommel in die Hand. Sachte berührte er sie und stimmte leise einen Gesang an.

Auf die Reise geht meine Seele,
auf eine Reise in die andere Welt
ohne Entfernung und ohne Zeit.

Sterne liegen auf meinem Weg durch den Himmel,
auf meinem Weg zu den höheren Mächten.
Den Staub der Sterne berühre ich.
Zum Mond führt der himmlische Pfad.

Immer schneller bewegte sich sein Körper im Rhythmus der Trommel. In wiegenden Tanzschritten umrundete er das Feuer. Seine Stimme wurde lauter.

Mit den Gaben des Himmels kehre ich zurück zu dieser Erde,
die mir immer Heimat blieb.
An diesem Platz weilen nun die Mächte der Himmelssphären.
Ihre Hilfe rufe ich herbei.

Der Rauch des Feuers stieg sachte zum Himmel. Die Aufmerksamkeit des Schamanen war bei den großen Mächten. Richard, Tairbek und Urmatbek lauschten dem Gesang und es umfing sie eine große Ehrfurcht. Im Wirbel des Tanzes drehte sich der

Schamane immer schneller. Der Klang der Trommel erfüllte immer lauter die Luft.

Urmatbek erhob sich und sein Körper folgte dem Takt der Trommelschläge. Auch Tairbek wurde vom Rhythmus erfasst. Richard versuchte zwar, sich in seine ihm bekannte Realität zurückzurufen und die Kontrolle über sein Handeln zu behalten, doch Zeit und Ort verloren ihre Wirklichkeit. Auch wenn er die Worte des großen Heilers nicht verstand, so spürte er doch ihre Bedeutung. Eine höhere Kraft nahm von ihm Besitz und seine Seele stimmte dem zu. Der Rauch der frischen Eiben- und Walcholderzweige hüllte ihn ein. Sein Körper gehorchte dem Klang und seine Seele begab sich auf eine Reise. Später schrieb er das, was er erfahren hatte, in sein Gedankenbuch.

Am Fluss »Leben«

Ein Fluss – gute 50 Meter breit. Träge fließt das bräunliche Wasser. Hin und wieder schwimmt Treibgut vorbei – kleine Äste, Blätter, Pflanzenreste. Manchmal sind Schaumblasen erkennbar, die auf der Oberfläche gemächlich weiterziehen. Rechts und links des Flusses liegen Wiesen.

Ein Mann mittleren Alters steht am linken Ufer. Ein braun-grüner Hut bedeckt seinen Kopf. Er trägt eine Felljacke, graue Hosen und feste braune Schuhe. Sein Blick ruht auf dem fließenden Wasser. Schon eine Weile steht er ganz ruhig dort und beobachtet, wie der Fluss stetig seinem Lauf folgt. Hinter der Wiese am linken Ufer, gute 500 Meter von diesem entfernt, beginnt der Wald. Sein dunkles Grün trennt Wiese und Himmel. Das Gras ist noch feucht vom morgendlichen Regen. Nun, am Nachmittag, wechseln sich Wolken und Sonne am Himmel ab.

Dort am Waldrand lagert ein Rudel Wölfe. Schöne, kräftige Tiere mit hellen Augen und wachem Blick. Zu dieser Tageszeit dösen sie vor sich hin. Ihr graues Fell schimmert fein im Licht. Noch fühlen sie sich satt, doch ihre Ohren überwachen das Geschehen zwischen Wald und Fluss. Ein hervorragender Ort für die Jagd. Die Wölfe überblicken die Wiese und sehen, wenn Rehe, Hirsche oder Wildschweine zum Wasser kommen, um ihren Durst zu stillen oder auf der Wiese nach Nahrung zu suchen. Doch die Gelegenheit, Beute zu machen, wird es erst bei beginnender Dämmerung geben.

Der Mann am Fluss weiß von den Wölfen. Genau wie er sind auch sie oft an dieser Stelle am Fluss. Er liebt ihre Wildheit. Er kennt sie gut. Sie begegnen einander mit Respekt, wenn sich ihr Weg kreuzt.

Die Wölfe haben den Menschen im Blick. Solange er dort steht, das wissen sie, wird kein Wild zum Wasser kommen. Den Wölfen ist seine Erscheinung vertraut. Sie beobachten sein Tun.

Der Mann spürt die Blicke der Wölfe. In seinem Rücken ruhen sie sich aus. Oft hat er ihnen im Schutze des Waldrands stehend zugeschaut, wie sie ein Stück Wild umzingeln, es vom Ufer in Richtung der Bäume scheuchen, dort, kurz vor dem Erreichen dieser, die beiden stärksten Wölfe aus ihrem Versteck im Gras hervorspringen und das Tier mit einem Biss in die Kehle erlegen. Sie sind klug, schnell und stark – vollendete Natur. Dies alles geschieht auf der linken Seite des Ufers.

Der Fluss zieht den Mann an. Unaufhaltsam strömt er zu seinem Bestimmungsort. Viele Quellen speisen ihn. Wasser, es schafft das Leben, lässt es gedeihen. Er möchte dem Fluss den Namen »Leben« geben.

Meist ruht sein Blick, wenn er so am Ufer steht, auf diesem »Leben« und nur selten reicht er bis zur anderen Seite und dem, was dort liegt. Der Mann kann sich nicht erinnern, je den Fluss überquert zu haben. Es scheint so einfach und doch hält ihn etwas davon ab. Andererseits möchte er wissen, was dort liegt!

Niemals würden die Wölfe den Fluss durchschwimmen. Ihr Revier bleibt diesseitig. Für sie ist es Ferne, weder bedrohlich noch anziehend, was jenseits des Flusses liegt. Sie jagen hier auf ihrer Wiese, in ihrem Wald.

Der Mensch schaut auf das Treibgut, das das »Leben« mit sich trägt, er spürt eine Sehnsucht nach dem jenseitigen Ufer. Das Grün dort drüben, so nah vor seinen Augen, es scheint ihm nicht wirklich zu existieren – mehr ein Abbild der ihm bekannten Wiese, auf der er steht. Einen Wald kann er auf der anderen Seite nicht entdecken, sondern in Nebeln verschwindet das Bild – Nebelschwaden, die mal hell, mal düster erscheinen. Was mag hinter ihnen liegen?

Der Mann ahnt von den Blicken der wachsamen Tiere in seinem Rücken. In Gedanken stellt er sich vor, wie sich der Anführer des Rudels nähert und ihn mit einem Stups seiner Schnauze begrüßt. Er holt ein Lederband aus der Hosentasche. Während er den Kopf des Wolfes streichelt, legt er das Band um den Hals des Tieres und knotet es zu. Nun sind sie aneinander gebunden. Der Wolf schaut ihm in die Augen und wendet dann den Blick zum Fluss. Seine Beine drücken den Körper vorwärts, hin zum Wasser, als wollte er den Menschen über den Fluss hinaus zum anderen Ufer ziehen.

Dieses Bild sieht der Mann vor seinem geistigen Auge, als er am Flussufer steht und betrachtet, was in der Ferne liegt. Die Nebel ziehen ihn an. Ist der Wolf gezähmt und vertraut, dann beginnt die Reise in die unbekannte Welt. Trauer liegt in seinem Herzen. Trauer darüber, die ihm bekannte Welt zu verlassen, die Wildheit des Seins zu beenden und einzutauchen in ein Dasein jenseits – in der Welt des Nebels.

Richard saß am Boden, als er aus seiner Reise erwachte. Es war dunkel um ihn herum, nur die Glut des verlöschenden Feuers leuchtete ein wenig in die Nacht. Er fühlte sich erschöpft und glücklich. Der Schamane saß neben ihm. Die Hand des Heilers berührte seinen Nacken. Er nickte ihm freundlich zu und reichte ihm einen Becher kühles Wasser.

Dann sprach er: »In das Land jenseits des Flusses sollst du reisen. Noch liegt diese Welt im Nebel. Doch er wird sich lichten und du wirst schauen, was uns Menschen bestimmt. Du wirst den Sinn erkennen.«

Der Schamane machte eine Pause.

»Ich kenne die Suche deiner Seele«, sprach er weiter. »Sie ist reif, um mehr zu erfahren und mit den Geistern der Natur und den großen Mächten zu sprechen. Sie haben dich hierher geführt und sie werden dich weiter begleiten.«

Der Medizinmann schwieg. Dann hörte Richard wieder seine Stimme.

»Du kennst die Welt jenseits des Flusses. Du warst dort. Verstecke dich nicht vor ihr im Nebel. Du weißt darüber. Morgen in der Frühe brich auf zu den Bergen und begegne den Geistern und großen Mächten. Sei voller Vertrauen. Sie werden dich leiten und lehren. Folge dem Wolf!«

Der Medizinmann reichte ihm einen weiteren Becher mit kühlem Wasser.

In Richards Ohren klangen die Worte warm und leicht. Er verstand sie nicht, aber er wusste, dass sie ihm Mut zusprachen, nun diesen Fluss zu durchqueren und zu erkunden, was dort in der jenseitigen Welt für ihn noch verborgen lag. Eine starkes geistiges Band zu dem weisen Mann spürte Richard in sich. Ihm war, als bedürfte es nicht mehr der menschlichen Sprache, um die Gedanken des großen Lehrers zu erfassen.

Er will, dass ich morgen in die Wildnis aufbreche und dort lerne, die Welt wahrhaft zu erkennen, sagte er sich.

Der Schamane begab sich in seine Jurte. Richard holte sein Gepäck zum Feuerplatz. Im Rundzelt erkannte er einen schwachen Lichtschein. Tairbek und Urmatbek hatten sich bereits in ihre Hütte zurückgezogen. Die Luft war kühl, der Mond aufgegangen und der große Walnussbaum warf einen zarten Schatten im Mondlicht. Sterne standen am Himmel. Eine leichte Brise wehte.

Richard machte es sich im Schlafsack bequem und fiel sofort in einen tiefen Schlaf. Er hörte nicht das Geheul der Wölfe in der Ferne, die ihre Schnauzen zum Mond streckten. Er wusste nichts von der großen Eule, die, auf einem Ast des Walnussbaums sitzend, in die Landschaft horchte. Er träumte vom Fluss »Leben«, dessen Wasser, gespeist aus zahlreichen Quellen, stetig in Richtung Meer fließen.

Sieben Tage
Erster Tag - die Eibe

Mit dem Aufgang der Sonne erwachte Richard. Auch Tairbek und Urmatbek waren bereits auf den Beinen. Die drei Männer frühstückten schweigend. Anschließend verabschiedeten sich Tairbek und Urmatbek von Richard. Sie erwarteten, dass er sich nun auf seinen Weg machte und gingen zur Hütte. Erst morgen wollten sie ihren Heimweg antreten.

Richard saß alleine auf dem Steppenboden und schaute zu den Bergen. Das Erleben der Nacht klang in ihm nach. Unruhe hatte ihn erfasst und drängte ihn zum Aufbruch.

Wohin soll ich gehen?, fragte er sich. Ich weiß, ich muss weiter. Ihr großen Mächte, Gott, schickt mir ein Zeichen!

Etwas ratlos ging sein Blick hinaus in die Landschaft. Da schien ihm, als wenn in der Ferne ein Wolf durch das hohe Gras streifte. Wie gebannt schaute er in diese Richtung und wusste nicht, ob dieses Tier nur in seiner Einbildung existierte oder Realität war.

Der Wolf führt mich zum anderen Ufer des Flusses Leben. Er ist mein Partner. Ich soll sein Erscheinen als das Zeichen nehmen, um das ich gebeten habe, folgerte er.

Noch zögerte Richard ein wenig. Doch schließlich packte er seine wenigen Sachen, schulterte den Rucksack und marschierte los, dorthin, wo er meinte, den Wolf erkannt zu haben. Ihm war bewusst, dass seine Essensvorräte fast aufgebraucht waren. Doch dies beunruhigte ihn nicht. In sich spürte er eine Gewissheit, dass richtig sei, was er tat. Das gleichmäßige Vorwärtsschreiten hatte etwas Meditatives. Die Zeit verging und er setzte Schritt vor Schritt. Der Wolf, der ihn in diese Richtung lockte, Richard suchte ihn nicht. Er spürte keinen Hunger. Als Teil des Landes, der Lebewesen, von Luft und Wind fühlte er sich. Eine vollständige Verbindung zur Schöpfung, wie er sie in seinem Leben noch nie in dieser Weise gespürt hatte, nahm ihn ein.

Es war bereits Nachmittag, als er die erste Pause einlegte – nun doch erschöpft vom steten Anstieg des Berghangs, dem er hinauf folgte. Die Landschaft hatte sich geändert. Das Grün der Vegetation überwog. Im Schatten des großen Eibenbaums, der nicht weit von einem Bach in der Baumgruppe am Hang stand, ruhte er sich aus. Sein Körper lag mit dem Rücken auf der Erde und er betrachtete die feinen weißen Wolkenstreifen, die über ihm am blauen Himmel entlangzogen. Ein grüner Ast der Eibe ragte in sein Blickfeld.

Da war ihm, als spräche der Baum: »Richard, höre, was ich dir zu sagen habe.«

Ganz in sich gekehrt nahm Richard das Geschehen wahr – unmöglich, die Kontrolle zu behalten.

Es darf sein, was ist, sagte er sich.

Bilder tauchten vor seinem geistigen Auge auf. Die Eibe schien sich über ihn zu beugen und wie Arme umgaben ihn ihre grünen Zweige. Er vernahm ihre Worte und begab sich in eine tiefe Verbindung zu diesem Baum. Ein inniges Zwiegespräch fand seinen Anfang – eine Reise in die Tiefe, in die Vergangenheit, zu der Herkunft und den Ahnen.

Die Eibe

»Mit mir, der Eibe, lässt du Vergangenes Vergangenheit sein und hinter dir. Ich schaffe die wahrhafte Trennung von dem Alten und Überlebten. Ich helfe euch Menschen, frei zu werden von dem, an dem ihr noch hängt, das noch an euch hängt und Last ist, euch bedrückt und gefangen hält. Ich schenke euch Menschen einen neuen Anfang. Ich weiß vom Alten, aber zugleich bleibe ich jung.«

Mein Kopf schmerzt und ich spüre einen Druck über den Augen. Zugleich fühle ich mich leicht, als würde ich getragen. Doch ich will mich nicht damit aufhalten, sondern weiter den Worten der Eibe lauschen.

»Ich befreie die Gefühle der Menschen und gebe ihnen die Leichtigkeit des Augenblicks. Dabei seid eurer Wurzeln sicher. Die Wurzeln schenken euch Nahrung. Ihr könnt ihnen trauen und vertrauen.«

»Aber du, Eibe, bist giftig. An deinem Gift kann ein Mensch sterben«, antworte ich. »Und zugleich meinst du, uns Freiheit von der Last der Vergangenheit zu schenken und den Zugang zu unseren Wurzeln. Wie soll ich das verstehen?«

»Ich bin ein starkes Gift. Doch ich schenke euch die Freiheit. Wenn ihr Menschen Angst habt, euch im Sterben zu verlieren, in der Bindung zu verharren, dann helfe ich euch, neu in das Sein zu treten. Dies gilt sowohl im Augenblick des Todes als auch während eurer irdischen Existenz.«

Ich fühle mich offen und frei für das, was mir die Eibe mitteilen möchte. Neugierig lausche ich ihren Worten.

»Eure Gedanken kreisen manchmal nur um das Eine. Es will euch nicht gelingen, diesen Kreis zu verlassen. Hier helfe ich. Das Denken geht weiter – in neue Bahnen.«

Eine Pause tritt ein. Ich warte auf das weitere Geschehen.

»Der tiefste und wesentliche heilsame Einfluss von mir tritt zutage, wenn der Mensch in alten Bindungen, Schwüren, Flüchen, Verpflichtungen, Übernahmen gefangen ist.«

Was für eine interessante Pflanze, denke ich und möchte ihr gerne meine große Achtung zeigen.

»Gut, Eibe, das habe ich verstanden. Durch dich werden wir im Leben oder auch beim Sterben von unnötigen, belastenden Bindungen befreit«, antworte ich. Ich mag die Eibe.

Ganz konzentriert lausche ich weiter.

»Ich, die Eibe, durchtrenne unfruchtbare Bande, die das Leben begrenzen und einschränken. Ihr dürft Neues denken. Ihr dürft euch aus einer neuen Perspektive der Vergangenheit nähern. So wie mein Gift das irdische Dasein beenden kann, so kann meine geistige Kraft alte Bindungen während eures Lebens beenden. Das schafft Vertrauen in den Fortgang des Seins. Denn Angst entsteht aus dem Überkommenen. Es ist die alte Last, die euch Angst macht – nicht die Ungewissheit der Zukunft.«

Was meint die Eibe? Ich muss später genauer darüber nachdenken. Weiter hüllen mich ihre grünen Zweige schützend ein. Welch weiser Baum, welch fürsorgende Pflanze!

»Die Seele ist immer auf der Suche nach der Freiheit. Dabei erlebt sie, was alles die Freiheit begrenzt. Dies ist ihr von großem Wert. Die Seele erfährt dies mit Gleichmut, aber es ist auch eine

Quelle der Illusion und des Irrtums für sie. Davon befreie ich sie; mit dem Tod, wenn ein Neuanfang eintritt und als geistige Kraft für einen Neubeginn im irdischen Dasein. Meine Botschaft der Freiheit soll euch Menschen bekannt werden.«

Faszinierend!, was die Eibe zu berichten weiß, denke ich.

»Es darf sich neu ausrichten, was sich ausrichten will. Wie ein soeben geborenes Kind könnt ihr der Welt begegnen: neugierig, unwissend, entdeckend. Natürlich raubt dir das Neue den Boden, auf dem du stehst. Das ist anstrengend und ernüchternd. Du musst umdenken und dir einen Grund erarbeiten, der die Zukunft trägt. Ich helfe dir, die entstehende Ermüdung und Bodenlosigkeit zu überwinden. Ich helfe dir, die Verzweiflung über das Ausgeliefert-sein an die Ungewissheit zu bewältigen.«

Hellwach machen mich die Worte, die ich höre, und ich möchte der Eibe antworten.

»Nein, es raubt mir nicht den Boden, auf diese Weise mit dir, Eibe, zu sprechen. Vielmehr ist es schön und bereichernd. Um solches zu erfahren, habe ich diese lange Reise gemacht.«

»Ich, Eibe, erfahre die Jahrhunderte – das Kommen und Gehen von Menschen und Zeiten. Das Sterben und Gebären. Das Glück und das Leid. Je älter ich werde, desto mehr entsteht in mir der Einklang mit allem, was ist. Dazu verhelfe ich auch euch Menschen. Oft wollt ihr festhalten, was vergeht. Das liegt nicht in eurer Macht und raubt die Möglichkeiten der Entwicklung. Sollte auch noch etwas unerlöst sein, es kann trotzdem ein Ende finden. Auch unerlöst. Denn seine Zeit ist nun vergangen.«

»Ja, ich bin dazu bereit. Ich warte schon viele Jahre darauf, einem Lebewesen wie dir zu begegnen. Ich möchte alte Lasten hinter mir lassen. Danke, Eibe«, entgegne ich.

»Fortwährend erneuert sich der Ausdruck des Lebens in der Zeit. In deinem Rhythmus musst du dich dem Dasein stellen. Hierbei werden Verletzungen geschehen. Schmerz ist steter Begleiter der Menschen. Lasst ihn hinter euch. Es ist vorbei. Denn die Seele versetzt den Menschen in Trauer, wenn sie im Blick auf die Vergangenheit gefangen bleibt. Der Verstand muss ruhen; soll keine Pläne machen, keine Vorsorge treffen und es dem Takt des

Lebens überlassen, das Dasein fortzuführen. Er soll aufmerksam sein und nicht versuchen zu lenken.«

Innerlich nicke ich zustimmend.

»Ich helfe, wenn der Verstand voller Unruhe vor der Veränderung steht und den besten Weg zu erkennen versucht. Dies kann nicht gelingen, da der Verstand nicht weiß, was nun kommen soll. Er kennt nur die Vergangenheit. Voller Ungeduld schaut er auf das Geschehen und möchte, das eintritt, was er sich erdacht hat.«

»Wie gut kenne ich das, Eibe! Wie gut ...«

»Macht euch keine Sorgen. Was vergangen ist, ist vergangen. Was sein wird, wird sein. Es liegt nicht in eurer Macht, darüber zu befinden. Liebevoll schaue ich auf euch. Wie viele Tote habe ich gesehen! Das irdische Dasein vergeht und das Leben geht weiter!«

Eine kleine Pause tritt ein, als wollte mir die Eibe erlauben, über das Gehörte nachzudenken.

»Wurzeln neu bilden zu können ist von besonderer Bedeutung, um das Leben weiterzuführen und sich als Mensch zu entwickeln. Aus den Wurzeln erwächst das Sein. Sie geben dem Menschen die Kraft, sein Leben zu gestalten und fortzuschreiten.«

»Welches sind die Wurzeln des Menschen?«, frage ich.

»Sie liegen in seiner Familie, seinem Stamm, seinem Volk. Sie liegen auch in seiner Herkunft aus der geistigen Welt.«

»Und wie bilde ich neue Wurzeln?« Jetzt fühle ich mich doch ein wenig ängstlich angesichts der großen Anforderungen, die das Leben stellt.

»Der Körper, die Gefühle und Gedanken verbinden den Menschen mit seiner Herkunft. Er erbt seinen Körper. Er trägt die Gefühle und Haltungen seiner Vorfahren in sich. Er nimmt die Bindungen der Seele aus alten Zeiten, aus vergangenen Existenzen in das heutige Dasein. Diese Wurzeln gesund zu halten helfe ich. So wie ich mich immer wieder aufs Neue tief verwurzele, so kann auch der Mensch mit meiner Hilfe seine Wurzeln kraftvoll und lebendig erhalten.«

Das Gehörte beruhigt mich. Neugierig warte ich darauf, was die Eibe weiter zu berichten weiß.

»Ich, der Eibenbaum, bin seit langer Zeit Teil der Erde. Meine Seele ist Gast dieser Welt, seit es Bäume gibt. Der Wandel um mich ist vielfältig und er fordert große Veränderung in mir. Ich war bereits mit dem irdischen Sein verbunden, als dieses ganz andere Gestalt als heute hatte. Auch im jenseitigen Sein, in der geistigen Welt, bin ich seit Langem Teil der Erdverbundenen. In diesem auf die Erde bezogenen Jenseits kann ich euch Menschenseelen beim Rückblick auf die irdische Existenz und den Start in eine neue eine große Hilfe sein. Durch mich kommt in euer Bewusstsein, welche Qualität eure Bindungen haben und wo die Wurzeln liegen. Ich weiß davon, wie sich das Leben auch im Schatten mit nur wenigen Lichtstrahlen entfalten kann. Ich weiß, dass auch dieses Wachsen im Schatten zum Licht führt. Das Leben kann darauf vertrauen, dass es das Licht erreicht!«

Die Eibe schweigt.

»Das heißt, im irdischen Dasein findet ein steter Wandel statt?«, frage ich. *»Wir verlieren fortwährend, was uns sicherer Halt war und müssen neue Formen für unsere Existenz finden? Du sagst auch, dass sich unser Bewusstsein zwischen Tod und Neugeburt ändert, weil wir erkennen können, was hinter uns liegt. Und dabei hilfst du und schenkst uns Vertrauen?«*

»Ihr Menschenseelen könnt auch im Jenseits zu mir kommen, euch um mich versammeln und die Kraft des Vertrauens spüren, um mit Zuversicht aufs Neue ins irdische Dasein zu treten. Im Jenseits, mit meiner Hilfe, erneuert eure Wurzeln! In der jenseitigen Welt findet sich die Konstellation, in der ihr Menschen auf die Welt kommt. Es werden die Bande in ihrer Art und Qualität für das kommende irdische Sein geschlossen. Dies ist der Ausgangspunkt für das Erdenleben. Es ist eine große Hilfe, wenn ihr diesen Startpunkt unter dem Einfluss meiner Kraft bestimmt.«

Richard erwachte aus seinem meditativen Zuhören. Die Eibe hatte ihm mitgeteilt, was in diesem Augenblick zu sagen war. Sie war sein Freund und gehörte wie er zum Leben. Er ahnte die große Wahrheit dieser Begegnung und spürte, dass Skepsis und Zweifel nicht angebracht waren. Mit Sorgfalt notierte er sogleich das Gespräch in sein Gedankenbuch.

Dann legte er sich auf den Rücken in das weiche Gras, der grüne Eibenzweig befand sich weiterhin in seinem Blickfeld – dahinter der blaue Himmel.

Mit großer Klarheit wurde ihm deutlich, welchen Preis der heutige Mensch für seine Herrschaft über die Natur zahlt. Er kann ihr nicht mehr zugehörig sein. Die moderne Kultur betont die Trennung des Einzelnen von allem, das ihn umgibt. Aus dieser Haltung entwickelt sie sich.

Die zarten, hilfreichen Worte der Eibe hatten ihn berührt. Sie waren ein Schritt zu der Antwort, die er suchte. Ein Schritt hin zu seinem Ziel von Freiheit und Verwurzelung.

Der Dialog »Freiheit zum Gespräch« zwischen dem Alten und Arved, den er vor Kurzem in sein Gedankenbuch geschrieben hatte, wurde ihm gegenwärtig. Ja, die Eibe gab ihm Antwort. Sie ehrte das Alte und den Neuanfang. Wie schön war ihr Angebot, überkommene Bindungen lösen zu helfen und Kraft aus sich neu bildenden Wurzeln zu schöpfen. Er durfte auf neue Art denken und fühlen.

Eine wärmende Welle durchlief seinen Körper. Er fühlte sich aufgehoben. Es beglückte ihn, was er hier entdeckt hatte: Jedes Geschöpf auf dieser Erde besitzt ein geistiges Wesen, mit dem der Mensch in Kontakt treten kann.

Auf einmal erkannte er ganz deutlich: Dies ist, was der Schamane weiß und kann, was er erfährt. Dorit hatte ihm davon erzählt. Jetzt hatte er es selbst erlebt!

Der Medizinmann reinigt die Seelen durch den Rauch der im Feuer verglühenden Eibenzweige und er vermag es, den Geist der Eibe bei allen seinen Ritualen zur Hilfe zu rufen. Die Begegnung mit der Eibe kann einen tiefen Wandel einleiten, dachte sich Richard. Alte Last, die den Fortgang auf dem Lebensweg behindert, lässt sich mit ihrer Hilfe verlieren. Ihre Kraft fördert die Entwicklung frischer Wurzeln. Der Mensch kann sich zu neuen Ufern aufmachen.

Diese Gedanken stimmten ihn optimistisch, denn er spürte, genau dies geschah ihm hier in der Wildnis. Richards Welt war größer geworden. Doch nicht nur dies – sie war auch schöner geworden.

Warum habe ich nicht früher davon gewusst?, fragte er sich. Weil du, der moderne Mensch, das Leben auf eine ganz andere Weise erfährst. Du siehst dich als von der Natur und allen anderen Lebewesen getrenntes Individuum!, antwortete er sich selbst.

Wie unverständlich war mir immer die Natur des Lichts, kam ihm in den Sinn. Es kann als Welle oder als Teilchen wahrgenommen werden. Dies erscheint mir wie ein Gleichnis auf das irdische Leben. Es zeigt sich als etwas Individuelles, abgegrenzt von jeder anderen Lebenserscheinung, oder als ein Aspekt des Ganzen, bei dem alles miteinander in Beziehung steht und verbunden ist. Der Schamane lebt, zumindest wenn er schamant, die Verbindung, der moderne Mensch die getrennte Individualität. Ich möchte beide Seiten des Weltverständnisses in Einklang bringen. Wenn es sich um zwei Wahrheiten handelt, dann wollen beide das Leben bestimmen.

Seine Gedanken konzentrierten sich wieder mehr auf die Eibe. Bei seiner Ausbildung zum Zimmermann hatte er sich auch mit Hölzern und Bäumen beschäftigt und er erinnerte sich: Das Holz der Eibe ist sehr haltbar, hart und zugleich elastisch. Es trocknet gut und lässt sich leicht verarbeiten. Hat man nicht auch im späten Mittelalter die Bögen aus Eibenholz gemacht?, fragte er sich. Ja, mit diesem englischen Langbogen sind Schlachten entschieden worden – dafür wurden aber auch ganze Eibenwälder abholzt.

Wir Zimmerleute verwenden kein Eibenholz, dachte er. Aber Schreiner nehmen gern das Furnier für Möbel, es sieht wirklich schön aus. Richard fiel die Kommode ein, die ein Kollege von ihm gebaut hatte. Zum Schnitzen kann man es auch verwenden. Und natürlich für Musikinstrumente.

Ich glaube, Eiben können bis zu 2000 Jahre alt werden. Sie regenerieren und verjüngen sich immer wieder. Aber wer Eibennadeln isst, muss aufpassen. Da reicht schon wenig, und man stirbt an Atemlähmung und Herzversagen.

Für die keltischen Druiden war die Eibe ein heiliger Baum. Aus dem Holz haben sie Zauberstäbe gefertigt und damit Totengeister herbeigerufen. Oder böse Geister vertrieben. Wie der Schamane. Welche Bedeutung die Eibe für die Heilung und Entwicklung des Menschen hat, das ist mir jetzt so richtig deutlich geworden.

Er dachte an den kurzen Dialog, den er zu Beginn dieser Reise unter der Überschrift »Abschied am Flughafen« in sein Gedankenbuch geschrieben hatte. Der Wunsch nach einer grundlegenden Veränderung seines Lebens war für ihn hier zum Ausdruck gekommen. Er wusste, dass er sein Ziel, das sich noch vor seinem Bewusstsein verbarg, erreichen wollte. Wie sehr sprachen ihm hierbei die Worte der Eibe Mut zu.

Noch einmal tauchte er tief in die Verbindung mit dem Eibenbaum ein – wie ein Schamane, der die Gestalt eines Tieres oder einer Pflanze annimmt. Er nahm sein Gedankenbuch zur Hand und begann zu schreiben. Ein Gedicht floss aus seiner Feder.

Der Eibenbaum

Der Eibenbaum schenkt manchen Traum,
schützt den Menschen, gibt ihm Halt, schafft dem Leben neu Gestalt.

Reinigt durch Schamanenkraft, was das Leben hat gebracht
von den Wunden und den Narben, die die Menschen in sich tragen.

Reinigt Wut und Angst und Trauer, reinigt dich für lange Dauer.
Damit kann Neues nun sich finden, Erfahrung an die Seele binden.

Steter Wechsel nimmt Gestalt, scheinbar nur macht er mal Halt,
um neu zu ordnen euer Leben, um neu zu ordnen euer Streben.

Ihr lebt durch das, was ihr erfahren, das Dasein wird es offenbaren.
Es ist, was euch jetzt ganz bestimmt, woher das Sein den Ausgang nimmt.

Wenn eine Quelle nun versiegt, die Wurzel keine Nahrung kriegt,
dann hoffen wir auf deine Gabe des neuen Wurzelns, nun sich labe
an anderen Quellen das Geschehen, neue Wege wir dann gehen.

Dem zu vertrauen,
darauf zu bauen,
in uns zu spüren,
was wir berühren,

ja hierzu will ich euch leiten,   euch begleiten und bereiten
einen Weg, der immer reicht   vom Schatten in die Helligkeit.

Richard las, was er zu Papier gebracht hatte. Alte Wunden, alte Narben, Wut und Trauer sollen überwunden werden. Er betrachtete, welche Form das Geschriebene auf dem Papier zeigte. Mit den Zeilen hatte er einen Baum mit Stamm, ausladenden Zweigen und Wurzeln auf das Papier skizziert. Ein Gleichnis: Die dünnste und damit am wenigsten tragfähige Stelle des Stammes lag beim Übergang zur Wurzel in dem Abschnitt, der auf das Vertrauen Bezug nimmt.

Dies ist wohl der schwierigste Schritt für uns Menschen: Vertrauen in den Gang unseres Lebens zu haben. Die Weisheit der Eibe, die sich in solch schönen Versen zeigt, fordert Demut. Und wie recht hat sie mit den Zeilen »Ihr lebt durch das, was ihr erfahren ...« Die Welt ist, wie der Mensch sie erfährt!, sprach er zu sich selbst.

Meine Welt hat sich gewandelt, weil ich die Eibe vernommen habe. Die eine Wirklichkeit existiert nicht, sondern immer die des jeweiligen Menschen. Sich darüber zu streiten, wie die Welt zu verstehen ist, scheint sinnlos; sich darüber auszutauschen aber von großem Wert, überlegte er.

Als Richard den Baum neben sich betrachtete, erkannte er seine Lebendigkeit. In den Adern pulsierte der Nahrungsfluss – mühevoll erfolgte der Transport von der Wurzelspitze tief in der Erde bis zu den höchsten Wipfeln. Das konnte er spüren. Ein steter Prozess des Weiterbauens war im Gange.

Wie selbstverständlich nehmen wir Menschen das Leben der Pflanzen. Mit feinen Sensoren ausgestattet reagieren sie auf ihre Umwelt. Die Sonne erweckt sie zur Entfaltung und auf diese Weise schaffen sie eine Welt, in der wir existieren können. Pflanzen sind großartige Lebewesen, sprach er in Gedanken zu sich selbst. Wir Menschen orientieren uns am kleinen täglichen Geschehen und wissen wenig um die großen Zusammenhänge. Die Pflanzen existieren demgegenüber in den großen Zusammenhängen der Welt.

Zwischenzeitlich neigte sich die Sonne schon tief zum Horizont. Richard beschloss, sein Nachtlager an diesem Ort beim Bach aufzuschlagen. Nun spürte er doch Hunger. Einige Walnüsse vom großen Baum bei der Jurte hatte er dabei und knackte sie. Dazu trank er das kühle Wasser vom Bach. Gerne hätte er sich mit dem Geist des Wassers unterhalten.

Dessen Weisheit zu hören wäre sicher eine Bereicherung, dachte er. Was könnte es nicht alles erzählen über das, was es auf seinem Weg bis hierher erfahren hatte.

In der Umgebung sammelte er einige trockene Holzstücke und entfachte ein kleines Feuer. In ihm entstand die Idee, einen frischen Eibenzweig in das Feuer zu legen; er getraute sich aber nicht, dem Baum einen Zweig abzuschneiden. Seine Achtung vor diesem Lebewesen verbot ihm das.

Schließlich schlüpfte er in seinen Schlafsack und nahm noch einmal sein Gedankenbuch zur Hand. Mit der Taschenlampe in der Hand las er die Einträge der vergangenen Wochen. Sein Traum von der Bahn, die ihn immer höher in das Gebirge transportiert hatte, ließ ihn innehalten.

Bin ich nun dort angekommen, an diesem Ort, an dem einmal ein Bahnhof stehen soll, der für die Masse der Menschen noch jenseits bekannter Wege liegt, aber erreicht werden will? Nein. Noch folge ich bekannten Gleisen. Die Erfahrungen, die ich mache, haben Generationen von Menschen vor mir beschäftigt. Jeder Schamane kennt sie. Der Ort, zu dem keine Gleise führen, an dem etwas Neues erreicht ist, zu dem nur Pioniere gelangen, muss noch vor mir liegen.

Er las seine Aufzeichnung »Wirklichkeit oder Verlust der Unschuld«. Altes muss sich wandeln, ein fordernder persönlicher Prozess. Da steckte er mittendrin. Als er dies dachte, grummelte sein Bauch und ihm wurde bewusst, in welch schwierige Lage er sich begeben hatte.

Ich habe Hunger und nichts zu essen, ganz alleine befinde ich mich in freier Natur. Ob ich wieder zurück zur Zivilisation finde – ich weiß es nicht. Vielleicht bedeutet dieser Marsch in die Wildnis auch mein Ende. Bei der Wanderung mit Alois hat uns nur wenig von dem Tod durch Erfrieren oder einen Absturz am Steilhang getrennt. Gute Geister müssen uns beschützt haben.

Nun packte ihn doch Furcht. Einsamkeit erfasste sein Herz. Der Körper krampfte sich zusammen.

Was habe ich hier wieder angestellt!, fragte er sich. Leichtsinn, sträflicher Leichtsinn ist, auf was ich mich eingelassen habe! Soll ich morgen versuchen, wieder die Jurte des Schamanen zu erreichen? Und wenn ich sie nicht mehr finde? Ich kann lange durch die Steppe streifen, ohne auf Menschen zu stoßen!

Plötzlich fühlte Richard sich tief erschöpft. Der nächste Eintrag in seinem Buch »Widrige Verhältnisse« verschwamm ihm vor den Augen.

Das Schicksal ist unerbittlich. Es gönnt keine Zeit zum Ausruhen. Weiter, immer weiter führt mich mein Leben.

Er schaltete die Taschenlampe aus, packte sein Gedankenbuch in den Rucksack und legte sich auf den Rücken. Der Himmel glitzerte und heute fröstelte er bei dem Anblick der Sterne, die ihm sonst immer Heimat waren. Erschöpft fiel er in einen unruhigen Schlaf. Immer wieder erwachte er. In seinen Träumen fühlte er sich von wilden, gefährlichen Menschen und Tieren verfolgt – er litt Angst und musste fliehen.

Weit weg war in diesem Augenblick, was er von der Eibe erfahren hatte: Er sollte dem Lauf des Lebens vertrauen, keine Pläne machen oder Vorsorge betreiben.

Zweiter Tag – Ein Leben als Schamane

Warme Sonnenstrahlen weckten Richard. Sein Körper schmerzte. Eingehüllt in den Schlafsack hob er ein wenig den Kopf, und voller Erstaunen sah er keine hundert Meter von sich entfernt einen großen Wolf stehen, der zu ihm hinblickte. Er meinte, das Leuchten in den Augen des Tieres zu erkennen. Der Anblick faszinierte ihn. Völlig regungslos verharrte das Tier in seiner Position. Eine kräftige Brise wehte direkt aus der Richtung des Wolfs. Richards Herz erfasste große Freude. Die Sorgen der Nacht waren vergessen!

Der Wolf machte neugierig einige Schritte hin zum Lagerplatz. Richard fühlte sich tief mit ihm verbunden. Es schien ihm, als übermittele das kluge Tier eine Botschaft.

»Folge mir, Richard! Ich führe dich zum Ziel. Ruf mich, wenn Furcht in deinem Herzen ist. Ich kenne die Natur, ich weiß zu bestehen, vertraue dich meiner Führung an. Du besitzt Mut, Kraft, Ausdauer und Geschick.«

Der Wolf schaute intensiv zu Richard. Seine Ohren waren aufgestellt. Er witterte. Neugier und Vorsicht befanden sich im Widerstreit. Plötzlich wandte er sich um und trabte gemächlich und voller Eleganz davon. Richard schaute ihm lange nach. Dorthin, wo er das Tier aus seinem Blickfeld verschwinden sah, wollte er seinen Weg fortsetzen. Er stand auf, wusch Gesicht und Hände am Bach und setzte sich an seinen Lagerplatz. Ein Rest Brot fand sich noch unter seinen Vorräten. Ein letztes Stück hob er für später auf. Er entzündete mit wenigen Holzästen ein Feuer und erhitzte Wasser in seiner Blechtasse für einen Tee. Vom kleinen Beutel mit Zuckerwürfeln nahm er eines. Dieses spärliche Frühstück weckte seine Lebensgeister. Hierdurch gestärkt machte er sich auf in die Richtung, die ihm sein grauer Begleiter gewiesen hatte.

Während Richard gleichmäßig voranschritt, blieb die innere Verbindung zum Wolf bestehen. Ihm war, als liefe das schöne Tier an seiner linken Seite. Eine Kraft, die ihn aufforderte, seine Gefühle und Lebendigkeit zum Ausdruck zu bringen, ging von ihm aus. Er sollte keine Bedenken haben. Sein Instinkt entsprang der Wahrheit. Hier lagen seine Wurzeln.

»Sei deiner Natur treu«, sprach der Wolf zu ihm. »Sei leidenschaftlich, ehrlich und aufrichtig! Mag sein, dass du auf dich alleine gestellt bist. Doch gerade dies zeigt deine Stärke.«

Dann verblasste in Richards Wahrnehmung die Anwesenheit des grauen Gesellen. Doch seine Gedanken kreisten weiterhin um die Begegnung mit dem Tier, und auch das gestrige Gespräch mit der Eibe kam ihm wieder in den Sinn.

Diese Lebewesen treten der Welt ganz anders gegenüber als ich, überlegte er. Sie haben mir ein wenig von ihrer Wahrheit gezeigt.

Richard legte eine kurze Pause ein, setzte sich auf den Boden, nahm sein Gedankenbuch zur Hand und begann zu schreiben.

Ist Gott gut?

Warum soll die Schöpfung in deinem Sinne gut sein? Warum nicht im Sinn des Wolfes oder dem der Eibe? Oder in einem ganz anderen Sinn? Die Schöpfung ist nicht von deinem Wollen abhängig. Sie unterliegt nicht deinem Urteil und deiner Auffassung von gut und schlecht. Sie ist nicht gut, weil sie deiner Vorstellung von Güte entspricht und nicht schlecht, weil sie dieser widerspricht. Das heißt auch, der Schöpfer oder Gott ist nicht gut, kann es nicht sein, will es nicht sein. Er ist, wie er ist!

Die Menschen erschaffen sich ein Bild von Gott und der Schöpfung. Das ist ihr Bild. Inwieweit es Gott oder der Schöpfung gerecht wird, wissen wir nicht.

Der Mensch hat einen eigenen Willen. Dies bedeutet, von dem höheren Willen, dem der Schöpfung, getrennt zu sein. Erst wenn der höhere Wille zum eigenen wird, ist der Mensch im Einklang mit der Schöpfung. Doch der Mensch meint, einen eigenen Willen zu haben, bedeute, einen freien Willen zu haben. Aber er ist keineswegs frei in dem, was er will. Sein Wollen entspringt vielmehr einer Unfreiheit. In Bedürfnissen, Wünschen und Ängsten ist er gefangen. In diesem Rahmen will er.

Die Nüchternheit dieser Zeilen tat Richard gut.

Das Fühlen, Denken und Handeln des Menschen entwächst seinen Erfahrungen, sprach er zu sich selbst. In allem, was er tut, drückt sich aus, wer er ist.

Richard hielt sich nur kurz an diesem Rastplatz auf. Er wollte weiter und beim Vorwärtsschreiten darüber nachdenken, was er in den letzten Tagen erfahren hatte.

Bis zur Mittagszeit wanderte er gegen den Wind, immer der gedachten Spur des Wolfs nach. Die Landschaft war hügelig, kleinere Berge, an denen sich Bäume zu einem Wald formten, kamen in sein Blickfeld. Solch einen Berg erstieg er. Oben am Gipfel belohnte ihn ein majestätischer Blick über die Täler und bis zu den weißen Gebirgszügen. Er fühlte sich glücklich! Der Wind hatte nachgelassen. Verflogen waren die Sorgen der Nacht. Er setzte sich im Schneidersitz mit Blick zum Gebirge. Seine Augen schlossen sich. Wie alte Erinnerungen, geweckt durch die grandiose Landschaft, tauchten Bilder aus anderen Zeiten auf.

Richard erkannte ein nach oben rund geschwungenes Tor aus dunklem Holz vor seinem geistigen Auge. Gut drei Meter war es hoch. Am Holz befanden sich aufgemalte oder dort befestigte farbige Figuren und Symbole. In seinem Tagtraum betrachtete er dieses Tor. Ein Dialog entwickelte sich.

Initiation als Schamane

»Du bist ein großes, für mich wesentliches Tor!« Mit diesen Worten wende ich mich an diese Pforte, die geehrt sein soll.

Das Tor umschließt einen offenen Durchgang. Ich passiere ihn und schaue auf unsere Erde. Das Land, die Seen und Flüsse. Die Berge, die weißen Berge – wunderschön. Ganz langsam nähere ich mich – ich liebe es, diese Welt zu sehen. Unter mir liegt Asien, Steppe, eine schöne Heimat. Ich sehe Jurten, Feuer, Eiben und Wacholder.

Schließlich erreiche ich die Erde und finde mich geschmückt in Schamanenkleidung im Inneren einer Jurte wieder. Mein Körper ist auf ein leicht erhöhtes Lager gebettet. Vor der Jurte halten sich Menschen auf, die meiner voller Hochachtung gedenken. Dort draußen tanzt ein Schamane – ein alter Freund von mir. Ich kann ihn sehen, auch wenn Zeltwände zwischen uns liegen. Ich kann ihn hören, obwohl ich gestorben bin.

Es ist früher Morgen, die Luft noch kühl. Die Menschen haben sich bei meinem Rundzelt versammelt. Ich liege dort innen, empfinde Zufriedenheit und Freude über das, was war und sein wird. Viele Jurten umgeben meine. Ich fühle mich verbunden und doch frei – Heimat.

Die Jurtensiedlung befindet sich in einer geschützten Mulde. Sanfte kleine Hügel, freies Land, Steppe umgeben sie. Nicht allzu fern liegen hohe Berge bedeckt mit Schnee, plätschern Bäche und weiden große Viehherden – Pferde und zahlreiche Yakbüffel. 40 bis 50 Jurten, in denen Menschen wohnen, die ich kenne und liebe, sind in dieser Steppenmulde aufgestellt.

Diesem Land gehört meine Verbundenheit. Ich betrachte es, sehe die Menschen, weile bei meiner Frau. Schweigend sitzt sie neben meinem Körper. Sie ist nicht traurig, sondern erfüllt von dem, was sie erlebt. Sie weiß, dass ich anwesend bin. Meine Frau wünscht mir alles Gute für die nun anstehende Reise. Sie erkennt, welche Veränderung jetzt auf mich zukommt.

Ich betrachte meine erwachsenen Kinder.

Mein Gesicht zeigt tief eingeschnittene Falten, doch es scheint wohlgefällig und meine ganze Erscheinung strahlt Schönheit aus. Es ist ein ehrwürdiges Gesicht, in dem sich ein intensives Erdenleben spiegelt. Mein hagerer Körper ist von mittlerer Größe. Er ist sechzig Jahre alt und es wurde Zeit zu gehen.

Die Menschen tanzen den ganzen Tag mit meinem Schamanenfreund. Ich sehe die Geister, die zu mir gehören und nun auch zu ihm. Es bereitet Freude, mit den Geistern zu sein. Wie oft sind wir uns in diesem Dasein begegnet.

»Ehrwürdige Ahnen und Geistwesen, ich freue mich, dass ihr bei mir seid, dass es euch gibt!«, so spreche ich zu ihnen.

Mein Körper liegt auf der Lagerstätte und meine Seele, ich und die Geister ehren diesen Leib. Wir gehören zueinander.

»Meine Freunde, meine mir so vertrauten Geister, wie gerne würde ich sofort mit euch gehen. Ich höre den Tanz, ich höre die

Schellentrommel. Doch lasst mich noch einmal auf meine nun zu Ende gegangene irdische Existenz schauen und mich verabschieden.«

Im Innenraum einer Jurte gebiert mich meine Mutter – es ist Sommer. Ich sehe sie eingebettet in Kissen auf dem Boden sitzen. Frauen, die ihr vertraut sind, unterstützen sie. Der Körper spürt die Wehen und gehorcht ihnen. Schweißbedeckt zeigt sich ihr Gesicht. Mein Kopf voller schwarzer Haare erscheint in dieser Welt. Schnell folgt der restliche Körper. Eine einfache Geburt. Meine Mutter schaut voller Selbstverständnis auf mich. Die Nabelschnur wird durchtrennt und gut an meinem Bauch verknotet. Ich öffne die Augen. Man wäscht mich mit warmen Tüchern und wickelt mich in eine Decke. Meine Mutter hält mich im Arm. Sie drückt mich an ihre Brust. Eine schöne Geburt – friedlich und voller Harmonie. Die Nachgeburt erreicht die Welt. Die Frauen heben sie vorsichtig und ehrfürchtig in ein Gefäß, um sie nach draußen zu tragen und in der Erde zu vergraben. Die Schamanin begleitet diese Handlung mit einem Ritual.

»Du gehörst der Erde. Mutter Erde, nimm! Es gehört dir, was wir dir bringen. Was wir dir hier übergeben, diese Nachgeburt, ist dein. Mutter Erde, dein! Nimm sie als Zeichen, dass du diesem neuen Menschenkind Fürsorge und Frieden schenkst.«

In dieser Weise spricht die Schamanin. Sie schlägt ihre Trommel, stimmt ihren Gesang an. Die Frauen verneigen sich vor der großen Mutter Erde.

Währenddessen liege ich bei meiner Mutter, spüre, was dort im Freien geschieht, und dass mir die Erde wohlgesonnen ist – mir, dem kleinen Kind. Ich trinke an der Brust und bestätige den Pakt mit der Erde. Sie ist groß, sie ist mächtig.

Mein Körper liegt tot auf dem Lager. Ich spreche zu meiner Familie, in die ich geboren wurde: »Mutter, ich sehe dich in diesem Augenblick. Deine Seele ist auch jetzt bei mir. Ich sehe dich, Vater. Geschwister, die ihr schon gestorben seid, wir sind zusammen. Ihr seid noch einmal zu dieser Erde gekommen zu eurer Sippe, der ihr angehört und die ihr für eine lange Zeit begleitet, mit der ihr verbunden seid – über den Tod hinaus und in die nächste Geburt. Ich sehe euch Geschwister, die ihr noch lebt und denke an die Zeit, als wir zusammen aufgewachsen sind.«

Ich erinnere mich an die Sommer, wie wir durch die Steppe liefen – das hohe Gras, die Pferde. Diese großen Tiere, die mir immer schon vertraut waren, die mich respektierten. Ich sehe, wie ein Pferd sich zu mir hinunterbeugt, seine Nüstern sich öffnen, es Luft einzieht und wieder ausatmet, meinen Geruch aufnimmt und weiß: Ich gehöre auch zu dieser Sippe und zu ihm; wie es sich dann wieder zufrieden abwendet und anfängt zu grasen.

Ich erkenne, wie mich mein Vater zu sich auf den Rücken des Pferdes setzt, wir in die Steppe reiten und kontrollieren, ob die Herden friedlich grasen und die Tiere gesund sind.

Ich werde älter – ein ernstes Kind –, verbunden mit der Erde. »Verbunden mit dir, Tante, die du Schamanin bist. Die du von mir weißt, meine Seele kennst, meine Plazenta der Erde schenktest. Ich liebe es, dich schamanen zu sehen. Ich nehme dich und was du tust ganz in mir auf und ich weiß von deinem Blick, der auf mir ruht. Ich kann die Geister, die bei dir sind und die dir helfen, erkennen. Und manchmal denke ich – nein, Tante, es ist kein Betrug: Es bist ja gar nicht du, sondern es sind die Geister, die da handeln. Die Menschen glauben, dass du es wärst. Manchmal scheint es mir auch, dass du dich so verhältst, als ob du es wärst. Doch es sind die Geister. Manchmal bist du ein wenig grob zu den Geistern. Du schimpfst mit ihnen, weist sie zurück oder verlangst streng ihre Unterstützung.

Schon als kleiner Junge von zehn, elf Jahren begleitete ich dich und du nahmst mich auch mit zu den Kranken und Verletzten. Ich erinnere mich: Wir halten uns in der Jurte dieses Mannes auf. Er hat sich das rechte Bein gebrochen, als er vom Pferd gefallen ist, weil dieses stolperte. Der Knöchel ist verletzt. Du rufst die Geister und hörst, was sie dir sagen. Es bereitet dem Mann Schmerzen, als du die verletzten Knochen ordnest, und das Bein wird nie wieder ganz heilen. Aber du richtest den Knöchel neu aus. Du verbindest ihn. Ich sehe, wie die Geister dich unterstützen und kann erkennen, wie sie die Wunde reinigen. Die Verletzung heilt. Tante, du kennst auch Kräuter, die du auf die Wunde legst und die heilsam wirken. Du bist keine Schönheit, Tante, aber ich liebe dich.«

Ich werde älter und reite durch die Steppe. Reiten und Pferde sind eine große Liebe von mir. Wir gehen auch auf die Jagd. Doch es lebt nicht viel Wild in dieser rauen Landschaft. Wir versorgen unsere Tiere. Wir lagern häufig an diesem geschütztem Platz hier, da die Steppe eine Mulde bildet. Wenn die Tiere das Gras dieses Orts abgeweidet haben, ziehen wir im Sommer weiter hoch in Richtung der Berge und im Winter führt unser Weg in die tiefer liegenden Täler. Wenn die Tage kurz werden, kann eine große Kälte das Land erfassen.

Später heirate ich eine liebe Frau. Mein Vater hat sie für mich ausgewählt. Sie schenkt Kindern das Leben. Unsere Sippe und die Tradition regeln unser Dasein.

»Du, Tante, du sagst, ich soll dir helfen und nachfolgen. An einem Tag, es wird gerade Abend, bin ich bei dir. Du hast ein Ritual für die Mutter Erde, den Vater Himmel, für die Bäche, für die Berge, für den Wind durchgeführt. Ich habe deine Geister gesehen. Ich weiß von ihnen.«

Da erkenne ich: Ich muss gehen! In die dunkle Nacht breche ich auf. Der Bachlauf weist mir den Weg, als wollte ich die Quelle finden. Das Gelände wird steiler und ich steige immer höher und folge dem Geräusch des Wassers. Die ganze Nacht schreite ich voran und komme, als der Morgen dämmert, an einen Berghang, an dem Bäume stehen. Ich schöpfe Wasser aus dem Bach, wasche mein Gesicht, trinke einige Schlucke, danke den Geistern des Wassers und spüre an diesem Ort: Zwei geistige Begleiter leisten mir Gesellschaft. Ein wenig Furcht erfasst mich. Diese Geister sind mir fremd, auch wenn mir bewusst ist: Es sind meine Geister, nicht die meiner Tante.

Als die Morgensonne schräg auf den Hang fällt, erkenne ich vor mir, kaum fünfzig Meter entfernt, ein Blinken zwischen den Ästen eines Baums. Ich weiß, dort soll ich hingehen und es ist, als führten mich dabei, als hätten sie mich an ihre Hände genommen, die beiden Geister. Es scheint mir, als wären sie zwei junge Frauen, deren Schönheit ich nun erkenne, und meine Furcht schwindet. Ihre Freude, als sie mich zu diesem Blinken führen, wird offenbar. Hier kann ich finden, was ich suche und benötige. An diesem Eibenbaum nicht weit vom Bach, der nun steil den Berg hinabfließt, hängt ein Metallspiegel. Mir ist bewusst, dass dies mein Schamanenspiegel sein wird.

Ich stehe vor der Eibe, verneige mich tief, gehe auf die Knie und mein Kopf berührt die Erde. So verharre ich eine ganze Weile, drehe mich dann um und blicke in die Richtung, in welche dieser Spiegel schaut. Mein Blick verfolgt den Lauf des Bachs, betrachtet die alten Bäume, das Gras, die Weite, den Wind, die Berge und Hügel. Ich erkenne den Weg, den ich hierher gegangen bin.

Tiefe Ehrfurcht packt mich. Mein Körper zittert. Am liebsten würde ich diesen Metallspiegel am Eibenbaum hängen lassen. Doch ich weiß, dies wird nicht möglich sein! Ich nähere mich langsam und mit Vorsicht, kann mich im Widerschein des Metalls erkennen – schrecke ein wenig davor zurück! Denn in mir lastet die große Frage: Bin ich bereit? Kann ich, was mir hier übergeben wird, auch in meinem Leben wahrhaftig erfüllen?

Ich verneige mich vor dem Vater Himmel und spüre, wie schwer meine Füße auf der Mutter Erde stehen.

Meine beiden Geister vernehme ich, wie sie ernst und fordernd zu mir sagen: »Nimm an diesen Metallspiegel!«

Ich zögere! Noch können meine Hände nicht nach dem Spiegel greifen. Ich erkenne mich in seinem Widerschein und weiß: Ich muss mich mit mir versöhnen, mit dem, was ich bin, mit meinen Wünschen und Ängsten. Oh Himmel, oh großer Schöpfer! Welch Augenblick! Es ist mir, als verlöre ich das Bewusstsein. Ich weiß nicht, ob ich noch vor der Eibe stehe.
Meine Seele wird von den Geistern in den Himmel getragen. Ich begegne dir, Wind. Ich nähere mich dir, Sonne. Euch, ihr Sterne.

Es ist ein Stern, der weit hinter der Sonne liegt, zu dem ich gelangen möchte. Meine Seele verlässt diesen Erdenkreis und sie reist zurück zu ihrem Ursprung. Welche Reise, welche Größe! Tief berührt mich das Geschehen!

Hier treffe ich meine Heimat, jenen Stern, dem ich verbunden bin, der mich auf die Erde geschickt hat. Hier bei diesem Stern verweile ich. Doch es bleibt mir unfassbar, wem ich dort begegne.

Eine Antwort auf meine mich im Innersten bewegende Frage wird vernehmbar: »Nimm sie an, deine Aufgabe auf dieser Erde! Nimm sie an, auch wenn du unvollkommen bist, denn du erhältst sie, um dich zu entwickeln, um dich zu erfahren und um den Menschen Helfer zu sein. Sieh diesen Metallspiegel als Ausdruck von dir, der dich dir zeigt und als Ausdruck, dass du den Menschen dienst, damit sie sich erkennen können.«

Meine Gewissheit kehrt zurück. Doch was mir jetzt hier begegnet, was hier zu mir spricht, kann ich nicht begreifen. Aber ich spüre: Es ist wahr!

Zurück in meinem Körper, stehe ich vor der Eibe. Meine geistigen Begleiterinnen sind bei mir. Größer und stärker als zuvor spüre ich mich und doch zögere ich. Ich sehe mich im Widerschein des Metalls und weiß, dass es mich verzerrt und dass ich mich nie so erkennen kann, wie ich wahrhaft bin. Trotzdem soll ich dies lernen.

Die Sonne steht nun hoch am Himmel. Es ist Mittagszeit. Ich setzte mich auf den Boden und lehne mit dem Rücken an die Eibe – schaue in das Tal, in die Weite, schließe die Augen.

Meine Seele reist über dieses Land, dieses schöne Land, über die Hügel bis zu den Jurten meiner Sippe; ich erkenne meine Tante; sie begrüßt mich freudig.

»Ja«, sagt sie, »das ist deine Reise, das ist dein Weg.«

Verbunden bin ich mit ihr – voller Liebe fühle ich mich. Gemeinsam erreichen wir den Ort, an dem sie zu Anfang meines Lebens meine Nachgeburt der Erde übergeben hat.

Die Erde spricht zu mir: »Du bist auch mein Sohn. Wenn du nun in die Aufgabe des Schamanen eintrittst, wenn du die Körper der

Menschen heilst, dann dienst du mir bei meiner Begegnung mit dem Vater Himmel, mit den Sternen, mit der Sonne und mit dem Mond. Das sollst du wissen: Du musst tief mit mir verbunden bleiben. Denn ihr Menschen seid Teil der Erde und ich bin Teil von euch. Wir sind in vielem eins. Ich, eure Erde, ich gebäre euch als Menschen und mag eure Seele auch Besucher in dieser Welt sein: Ihr Menschen seid Teil von mir.«

So spricht die Erde an diesem Ort, an dem ihr die Plazenta übergeben wurde. Schon vor der Geburt war ich durch den Mutterkuchen, der mich nährte, mit ihr verbunden.

»Ja, ich, eure Erde, ich nähre euch. Durch mich lebt ihr. Schaut auf eure Tiere, die Pferde, die Yakbüffel, wie sie der Erde entwachsen. Ihr lebt von ihren Körpern. So seid ihr Mensch und Teil von mir, der Erde. So liebe ich euch, wie ich mich selbst liebe. Ihr sollt auch wissen, ihr seid nicht frei, sondern Diener.«

Die letzten Sätze stimmen mich nachdenklich. Sie sind wahr! Das hat Konsequenzen. Neben mir spüre ich meine Tante. Sie blickt ernst. Es ist mir, als würde sie zustimmend nicken. Furcht und Ehrerbietung empfinde ich. Ein wenig bedrohlich scheint mir die Erde. Denn sie ist es, die uns dem Sterben und der Geburt aussetzt. Es ist die Erde, die uns dazu bringt, essen, atmen und trinken zu müssen. Es ist die Erde, die Krankheiten und Verletzungen kennt. Ich spüre ein wenig Angst, denke an den Stern und weiß, dass meine Seele hierher geschickt wurde und dass ihr diese Erdenwelt fremd ist. Es regt sich ein Impuls, die Welt wieder verlassen zu wollen. Mir ist, als schaue die Erde voller Sorge bei diesem Gedanken und hielte mich zugleich mit ungeheurer Festigkeit bei sich Ich kann nicht gehen!

»Ich bin eure Erde«, sagt sie. »Ich bin Teil von euch Menschen und ihr seid Teil von mir. So dient ihr mir und seid nicht frei!«

Meine Tante wendet sich mir zu: »Erschrick nicht, mein Sohn, erschrick nicht, mein Freund. Frei zu sein klingt schöner, als es ist. Denn wärst du frei, wie wolltest du lernen und wachsen, wenn du nur dir folgst? Du bliebst, wer du bist. Schau, die Erde lässt dich wachsen, in jeder Hinsicht, nicht nur deinen Körper. Du entwickelst dich dank der Erde.«

Meine Tante zögert kurz. Dann spricht sie weiter. »*Du magst sagen:* ›*Ich wollte das gar nicht.*‹ *Ja, du hast keine Wahl. Das ist wahr! Aber es ist dein Weg, denn als du bei deinem Heimatstern warst, hast du verstanden, dass du hierher geschickt wurdest. Du hast erfahren, es geht nicht um deinen Willen. Vielleicht kannst du spüren: Wenn dein Wille der Wille des großen Schöpfers ist, dann bist du frei.*«

Ich weiß, meine Tante hat recht. Es ist noch ein weiter Weg, bis mein Wille der Wille des Schöpfers ist. Doch nun wächst die Gewissheit in mir: Schamane zu sein, heißt auch, den eigenen Willen zu wandeln, sodass er der Wille des Schöpfers wird und er dadurch aus mir handelt.

»*Ich danke dir, Erde, du stellst mich vor große Herausforderungen und weißt auch, ich zögere, sie anzunehmen. Ich erkenne, diesen Weg zu beschreiten, kann sehr schwierig für mich werden. Ich werde mich dagegen wehren. Aber ich danke dir, Erde.*«

Die Nacht ist hereingebrochen. Meine Seele kehrt ein in der Jurte meiner Frau und meiner Kinder. Meine Frau befindet sich im Innenraum. Sie macht sich keine Sorgen. Sie weiß in diesem Augenblick, dass ich bei ihr bin. Sie ist eine kluge, feinsinnige Frau und ich spüre große Dankbarkeit, dass sie bei mir lebt. Gelassen sitzt sie an ihrem Platz. Ein Licht brennt. Sie unterstützt mich.

Meine Seele reist weiter. Sie sieht die dunklen Schatten der Tiere auf der Weide – die schönen Pferde, die Menschen, die Lichter. Meine Tante im Blick haltend entferne ich mich. Die Jurten werden kleiner und sind bald nicht mehr zu erkennen.

Nun weilt mein Bewusstsein wieder bei der Eibe. Dort sitze ich angelehnt an den Stamm und schaue in das Tal. Die Nacht bricht herein. Ich schlafe bei dieser Eibe und träume von dem Baum – fühle mich mit ihm verbunden. Er spricht zu mir: »*Wie du bin ich Leben, Teil der Erde, strebe zum Himmel.*«

Meine Seele ruht sich aus. Meinem Körper ist kalt.

So bitte ich: »*Ihr lieben Geister, die ihr um mich seid: Wärmt meinen Körper, gebt ihm Kraft!*«

Die Augen öffnen sich kurz und betrachten die Sterne. Es fröstelt den Körper. Die Hände greifen nach der Decke und hüllen ihn wärmend ein. Der Mensch schläft.

Der Morgen bricht an. Ein klarer Morgen. Ich bin mir dessen, was ich gesehen habe, bewusst: Meine Reise zu dem Stern, meine Reise zu der Erde. Ich bin müde und erschöpft und würde am liebsten nicht mehr weiterschreiten auf meinem Weg. Doch noch liegt vieles vor mir, was es zu erfahren und zu tun gibt. Die Aufgabe beginnt jetzt.

Richard wurde seines Erlebens im Zustand der Trance gewahr. Aber noch war er nicht in sein Tagesbewusstsein zurückgekehrt. Trotzdem, er wollte das Erfahrene verstehen und einordnen.

»In welche Zeit schaue ich?«, fragte er.

»Es ist eine alte Zeit. Doch das spielt keine Rolle«, lautete die Antwort.

»Zu welcher Sippe und zu welchem Stamm gehört dieser Mensch?«

»Es handelt sich um einen mongolischen Stamm. Aber auch das ist ohne Bedeutung.«

»Wie lautet der Name des Menschen, dessen Leben ich geschaut habe?«

»Sein Name ist ›Große Seele‹ «.

Richard freute sich, diesen Namen zu hören. Er fühlte sich derart erschöpft, als könnte er nie mehr aus der Trance aufwachen und versank wieder tief in die Welt seiner Erinnerung.

Er war wieder der Schamane.

Als mein Körper an diesem Ort bei der Eibe mit dem Metallspiegel aufwacht, merke ich, dass die Sonne bereits hoch am Himmel steht. Ich gehe die wenigen Schritte zum Bach und beuge mich zum Wasser, wasche meine Hände, mein Gesicht, benetze meine Haare, trinke.

»Dank euch Geistern, dass ich erleben darf, wie schön das Wasser ist!«, spreche ich. »Du großer Geist des Baches, deine

Klarheit ist überwältigend. Ich danke dir, Erde, dass ich das Wasser erfahren kann – es stellt einen ungeheuren Reichtum dar.«

Ich spüre die Sonnenstrahlen.

»Erde, ich empfinde die Wärme meiner Heimat durch dich, sonst wüsste ich nicht davon.«

Ich fühle mich mit der Erde und ihrer Forderung, ihr zu dienen, versöhnt, anders als während meines Erlebens in der Nacht. Ich sehe den Metallspiegel in der Sonne glänzen und nun nehme ich ihn an mich, halte ihn in meinen Händen, an mein Herz, meine Stirn. Er ist kalt. Seine Kälte durchströmt meinen Kopf und dies scheint voller Erfüllung. Es ist, als strahlte der Metallspiegel in meinen Kopf. Ich halte ihn vor meinen Bauch. Dort höre ich ein Grummeln.

So ist das, sage ich mir, und schiebe ihn unter mein Oberkleid. Er liegt auf meinem Bauch. Ich verneige mich vor der Eibe, gehe auf die Knie und nehme Abschied von ihr.

Mein Weg führt mich weiter. Die Beine tragen mich in Richtung Berggipfel. Nach einer Weile setze ich mich auf einen Stein. Die Sonne scheint. Meine Seele möchte fliegen. Ich danke der Erde und nun spüre ich, es ist Zeit, mich zurückzubegeben – durch die Nacht zu unserer kleinen Siedlung. Meine Frau empfängt mich und reicht mir warme Stutenmilch zu trinken.

Ich besuche meine Tante. Sie führt mich in den Innenraum ihrer Jurte, legt ihre rechte Hand auf meine Stirn, schlägt mit der linken die Trommel und spricht: »Wie schön, mein Sohn ›Große Seele‹, dass du da bist. Wie schön, mein Sohn, dass ich dich als meinen Nachfolger weiß. Sieh diese Schlange!«

Ich sehe eine sehr große gräulich-grüne Schlange vor meinem geistigen Auge.

»Diese Schlange, mein Sohn, wird dir Kraft verleihen – große Kraft. Immer wenn die Menschen deine Hilfe für ihre Heilung brauchen, rufe die Schlange.«

Mein Körper erzittert, Schauer laufen mir über den Rücken. Ich sehe die Schlange. Ich sehe ihre Kraft.

»Das ist dein Tier, mein Sohn«, sagt meine Tante. »Das ist die Schlange, die immer helfen wird.«

Ich weiß nicht, wie lange ich mich bei meiner Tante aufhalte. Unsere Seelen reisen in die Ferne. Ich nehme die Schlange als meinen großen Helfer und Freund in mich auf und erkenne bereits an diesem Tag, wie sehr sie heilen kann. Doch die Kraft der Schlange heilt nicht jeden Menschen und jede Krankheit, sondern es sind die Krankheiten, die durch Zerstörung von Gewebe gekennzeichnet sind und einen Wandel erfordern. Die Schlange steht an der Schwelle zum Tod. Es sind Krankheiten im Inneren des Menschen, mit Wut, mit Zerstörung verbunden, die eine große Veränderung verlangen. In der Steppe sitzend sehe ich mich mit der Schlange ins Gespräch vertieft.

Später kommen die Menschen mit ihren Krankheiten zu mir, wenn ihr Blut stockt, weil es zu dick oder zu dünn ist, wenn sie verletzt sind und die Wunde nicht heilen will, wenn sie Neid in sich spüren. Ich kann ihnen helfen, rufe die Schlange und andere Geister.

Jetzt liege ich aufgebahrt auf dem Lager und auch die Schlange befindet sich bei mir. Es gilt, mich von dieser Existenz zu verabschieden, von meiner Frau, den Kindern, Geschwistern und all den Menschen, die mir in Freundschaft im Erdendasein verbunden waren. Ich höre draußen den Schamanen tanzen, trommeln und singen – mein Herz erfüllt Freude. Es ist ein schöner Tag!

Ich werde weiter bei euch sein durch ihn, den Heiler, der draußen tanzt und singt, mich aber auch näher bei meinem Stern, den ich nicht verstehe, der aber meine Herkunft ist, aufhalten. Ich werde diese Erde ein wenig vermissen, in Ehren halten und wiederkommen. Doch nun verabschiede ich mich von euch Menschen, danke euch und begebe mich auf den Weg, der jetzt meine Aufgabe ist – eine Reise in eine andere Welt. Es bleiben Bindungen, noch immer bin ich Teil, aber doch nicht mehr auf dieser Erde.

So danke ich und möchte euch noch fragen, Mutter Erde, großer Schöpfer, Vater Himmel: »Könnt ihr mir sagen, was ich noch zu lernen habe?«

»Begrenze dich nicht, mein Sohn«, spricht die Erde. »Begrenze dich nicht. Verstehe, dass ich auf dieser Erde die Grenzen setze.«

»Sei, wer du bist. Du bist immer mein Sohn«, spricht der große Schöpfer. »Du bist immer mein Sohn und somit Teil von mir. Gehe nun weiter und lerne. Lerne dich zu erkennen.«
So gehe ich weiter, weiter, immer weiter.

Richard öffnete wieder die Augen. Er war aus der Trance erwacht und betrachtete die majestätische Landschaft. Sein Herz war erfüllt. Freude! Freude auf der Welt zu sein! Freude darüber, dass er all das erleben durfte. Er ließ seinen Oberkörper aus der Sitzhaltung sacht auf die Erde gleiten, lag entspannt auf dem warmen Boden und schaute zum Himmel.

Dort in der Ferne gibt es einen Stern, der meine Heimat ist. Weit, weit im All. Welche wunderbare Vorstellung!

Richard fühlte sich aufgehoben, der Heimat nah. Hier auf der Erde, die er warm an seinem Rücken spürte, hier lebte er und erfuhr die Schönheit der Welt.

Er dachte an den Schamanenspiegel. Wie lange wird er dort an der Eibe gehangen haben? Welcher Schamane hatte ihn zuvor besessen? Er hatte davon gehört, dass Schamanenspiegel vererbt werden und nach dem Tod ihres Besitzers in der Natur auf ihren Finder warten.

Im Spiegel kann der Mensch sich selbst erkennen und damit die Welt. Der Schamanenspiegel hilft seinem Besitzer, sich auf seine eigenen Kräfte zu konzentrieren, kam ihm in den Sinn.

Was er zur Freiheit vernommen hatte, erfüllte seine Gedanken.

Wenn der Mensch wirkliche Freiheit hätte, was würde dann dabei herauskommen? Jedenfalls etwas ganz anderes, als wenn die Gegebenheiten der Erde ihm Begrenzungen setzen. Und wie die Tante dem angehenden Schamanen mitgeteilt hat, wahrscheinlich würde nichts Gutes aus dieser Freiheit erwachsen. Doch einen eigenen Willen hat der Mensch; ein Wille, in dem seine Interessen, Wünsche und Ängste ihren Ausdruck finden, der gebunden ist an seine Erfahrungen und Erkenntnisse. Aber das Schicksal und das Weltgeschehen gehorchen diesem Willen nicht. Diese unterwerfen den Menschen einem Reifungsprozess, den er freiwillig nie antreten würde.

Richards Denken stockte. Derart viel hatte er heute erlebt. Er musste sich bewusst konzentrieren, seine Gedanken zu ordnen.

Das irdische Dasein bedeutet Trennung vom Ursprung, was einen eigenen Willen voraussetzt. Die Erde ermöglicht auch, dass Lebewesen ganz eigenständig erscheinen, indem sie sich für einen längeren Zeitraum aus dauerhafter Materie bilden und von der Umwelt abgrenzen. Hieran entsteht ein Bewusstsein der Individualität. Wenn die geistige Welt in den Hintergrund tritt, dann versteht sich der Mensch als eigenständiges Individuum. Der Bestand seines materiellen Körpers beschreibt einen Anfang und ein Ende seiner Existenz.

Richard war zufrieden!

So ist also die Welt, sagte er sich. Die Sehnsucht nach der Freiheit wird bleiben. Natürlich trägt es sich am materiellen Körper und den irdischen Gesetzen schwer.

Doch im Augenblick fühlte er sich versöhnt damit. Ihm fiel sein Traum »Die Reifeprüfung« ein, den er vor einigen Tagen in sein Gedankenbuch geschrieben hatte. Ja, wenn er an die Rückschau in das Schamanenleben dachte, dann hatte er die Reifeprüfung bereits abgelegt. Sie lag hinter ihm. Es gab nichts mehr vorzubereiten, sondern allein sich dessen bewusst zu werden und es anzunehmen, was in ihm lag.

Richard fröstelte ein wenig im Wind, als er seinen Tagtraum in sein Tagebuch notierte. Er beschloss, vom Gipfel abzusteigen und lud sich den Rucksack auf den Rücken. Mit einem Mal fühlte er eine große Schwäche. Er war tief erschöpft! Im Tal wollte er sich einen geschützten Lagerplatz für die Nacht suchen. Nun spürte er auch wieder Hunger. Er musste sich kurz hinsetzen. Es war, als ob sein Körper nicht mehr ausreichend mit Blut versorgt würde. Er fühlte seinen Puls. Langsam, sehr langsam schlug sein Herz.

Es ist zu viel, was ich hier durchmache, dachte er sich. Zu viel!

Es dauerte eine gute Weile, bis er weiter den Hang hinunter-gehen konnte. Die Wadenmuskeln schmerzten.

Unten im Tal an einem Waldrand schlug er sein Lager auf. Ein kleines Rinnsal, das aus dem Wald floss, versorgte ihn mit Wasser. Er begann, auf einer Baumrinde zu kauen. Nein, das schmeckte nicht gut und machte auch nicht satt, aber das Kauen beruhigte. Er lag auf seinem Schlafsack und träumte vor sich hin, unfähig sich zu erheben oder irgendeine Tätigkeit zu unternehmen. Als die Nacht hereinbrach, verkroch er sich in den Schlafsack. Hier war es schön warm. Bald fiel er in einen leichten Schlaf voller Träume. Des Öfteren wachte er auf und sah den klaren Sternenhimmel über sich. Der Mond war noch nicht aufgegangen.

Wieder war er erwacht. Es schien ihm, als sei jemand bei seinem Lager. Er bewegte nur die Augen. Sein Körper blieb absolut ruhig liegen. Da erkannte er in Richtung des Waldrands eine dunkle Silhouette und sah zwei leuchtende Augen, keine drei Meter von sich entfernt.

Der Wolf hatte sich an seinen Lagerplatz herangeschlichen. Richards Herz klopfte. Er versuchte, seinen Atem zu kontrollieren. Der Körper schrie nach Sauerstoff, doch er wollte weiter ruhig atmen, um das aufmerksame Tier nicht zu verscheuchen. Es gelang ihm, sich etwas zu beruhigen. Lange schaute er zu den beiden Augen. Sie bewegten sich nicht. Wie er verharrte sein Gegenüber und beobachtete das Geschehen.

»Behalte deinen Mut, Richard! Vertraue der Natur. Sei du selbst! Wie oft habe ich über viele Tage keine Nahrung gefunden. Doch ich musste immer wieder neu zur Jagd ansetzen. Auch wenn der Magen knurrt. Ich musste all meine Kraft sammeln, mich ruhig anschleichen und dann voller Energie auf die Beute stürzen. Häufig war dies vergeblich. Die Beute hat mich zu früh entdeckt, ist in wilden Sprüngen geflohen, war schneller und ausdauernder als ich. Das darf mich nicht entmutigen. Am nächsten Tag muss ich aufs Neue jagen. Die Erde hat zu dir gesprochen. Das sind keine unterhaltsamen Geschichten, die sie erzählt. Es ist Realität! Wir Lebewesen sind ihren Gesetzen und unserer Bestimmung unterworfen. Folge deiner Berufung, Richard, und lass dich nicht aufhalten.«

Richard lauschte den Worten des Wolfes, die er in seinem Inneren vernahm. Sie waren ihm Antwort auf viele Fragen.

»Richard, wir sind Brüder. Wir sollen uns begegnen. Ich werde dir helfen, deinen Weg zu finden. Vertraue meiner Kraft. Nimm dir deinen Platz in dieser Welt!«

Weiterhin verharrten der Wolf und Richard regungslos. Ihre Blicke waren aufeinander gerichtet. Richard wusste, dass das empfindsame Tier ihn viel besser wahrnahm als er ihn. Es roch und hörte ihn auf feinste Weise; spürte seinen Herzschlag und seinen Atem; kannte seine Empfindungen und diese ließen ihn hier an diesem Ort bleiben.

»Mein schöner Freund«, sprach Richard in Gedanken zu ihm. »Ich danke dir für deine Unterstützung, für deine klugen Worte, dafür, dass es dich gibt. Ja, ich will mich auf meine Bestimmung besinnen. Du kluges Tier, ich bin auf der Suche – hier an diesem Ort.«

Richard schien es, als würde die dunkle Silhouette etwas näher zu ihm herankommen. Er fühlte sich vertraut mit seinem Begleiter und war sich sicher, dass dieser das spürte.

»Wie soll mein Weg durch diese Steppe und Berge weitergehen, grauer Geselle?«

»Folge dem Tal zwischen diesen Hügeln und achte, was dir in der Natur begegnet. Die Natur ist voller Weisheit. Jedes Lebewesen ist voller Weisheit.«

Ganz leise sprach Richard nun: »Danke, danke, mein Wolf.«

Da sah er, wie die Silhouette sich entfernte. Die hellen Augen wandelten sich zu kleinen Punkten, die hin und wieder aufblitzten. Dann verschwanden sie im Dunkel des Waldes. Das kluge Tier hatte sich in den Schutz der Bäume begeben. Richard schaute ihm nach, dann legte er sich auf den Rücken und betrachtete die Sterne. Ohne dass er es merkte, übermannte ihn der Schlaf.

Dritter Tag – Die Schlange

Die ersten Sonnenstrahlen wärmten Richard angenehm, als er die Augen öffnete. Die nächtliche Begegnung mit dem Wolf blieb gegenwärtig. Dieses schöne Tier forderte ihn heraus und Richards Verstand konnte nicht fassen, was dies bedeutete.

Auf dem Rücken liegend betrachtete er den Himmel und spürte, wie müde er war. Hunger meldete sich.

Was mag noch alles während dieser Wanderung geschehen? Ich liege hier in der Wildnis in meinem Schlafsack, weitab von jeder Zivilisation – ohne Nahrung. Wie soll das weitergehen?, fragte er sich.

Großer Respekt vor der Natur erfasste ihn und er konnte fast zusehen, wie dieser Respekt sich in Angst wandelte. Eine ganz besondere Angst, die er noch nie zuvor in dieser Art gespürt hatte: die Angst zu sterben!

Ich spüre den Tod. Ja, ich werde ihn eines Tages erleben. Das ist unvermeidbar!

Seine Gefühle flogen wild durcheinander. Er sah sich bereits verhungert in der Steppe liegen.

Was macht dann der Wolf? Ist er in diesem Augenblick auch noch mein Freund?, fragte er sich.

Tiefer Zweifel, ja Verzweiflung packte ihn. Wie gelähmt ruhte er in seinem Schlafsack. Er meinte, nie wieder aufstehen zu können!

Wie lange er so gelegen hatte, er wusste es nicht. Allmählich beruhigte sich seine Stimmung und ging in Schicksalsergebenheit über.

Es wird kommen, wie es kommt. Jetzt ist es zu spät für eine Korrektur, sprach er zu sich. Irgendwie muss ich meinen Weg zurück zu den Menschen finden.

Er wendete seinen Blick nach rechts. Dort meinte er, ein Geräusch, ein leises Rascheln vernommen zu haben. Kaum einen Meter von ihm entfernt lag eine rotbraune, fast orangefarbene Schlange mit dunkelbraunen Flecken und Querstreifen. Sie war gute siebzig Zentimeter lang. Die Schlange züngelte in seine

Richtung. Langsam schob sie ihren Körper rückwärts in das höhere Gras. Dabei blieb ihr Kopf leicht angehoben.

Richard erstarrte. Sein Atem ging flach. Doch er war sich sicher, wenn er sich ruhig verhielt, würde er von dem Reptil nichts zu befürchten haben. Sich ganz zu entspannen gelang ihm jedoch nicht. Er beobachtete, wie die Schlange sich von ihm weg, doch mit der Aufmerksamkeit auf ihn gerichtet, durch das hohe Gras auf eine freie steinige Fläche schlängelte und in der Sonne liegen blieb. Sein Blick ruhte auf dem Tier. Ein leichter Wind kam von der Seite. Die Schlange schien Richard nicht mehr zu beachten, doch er konnte seinen Blick nicht von ihr abwenden.

Vielleicht ist sie noch kühl von der Nacht und nicht im Vollbesitz ihrer Kräfte. Ich habe sie durch meine Bewegung im Schlafsack aufgeschreckt, dachte er.

Weiterhin betrachtete Richard das Tier, wie es sich völlig reglos sonnte. Es war schön. Es saugte die Wärme des Lichts geradezu auf.

Die Schlange ist der Begleiter und Helfer des Schamanen gewesen, dessen Leben ich gestern geschaut habe, dachte Richard. Sprich zu mir, heiliges Tier!

Das Bild der Schlange verschwamm vor seinen Augen. Er fühlte sich als Freund dieses Reptils – zugleich aber auch winzig angesichts der großen Kraft, mit der er nun in Verbindung stand. Eine wahrhaft schöpferische Kraft!

Vor seinem geistigen Auge erkannte er dicht vor sich einen großen Schlangenkopf, der das gesamte Blickfeld einnahm und sich interessiert an ihn wandte.

Dann wandelte sich die Perspektive. Er sah sich als kleinen Punkt ganz allein in einer großen Ebene – in ihrer Ausdehnung viel weiter als der Blick reicht – sitzen. Die große Schlange schaute auf ihn herab. Die Zeit verging.

Wieder änderte sich das Geschehen. Seine Aufmerksamkeit kehrte zu dem im Schlafsack liegenden Körper zurück. In seiner Vorstellung schaute ihn die Schlange, die sich vor ihm in der Sonne erwärmte, respektvoll an und begann zu sprechen.

Die Schlange

»Die großen Kräfte, von denen ich nun berichte, bestimmen über euch Menschen, was immer ihr auch macht. Betrachtet das mit Achtung und Aufmerksamkeit.«

Das Bild der großen Schlange taucht wieder auf und ich weiß, dass sie mich von nun an begleitet. Ich will ihr Fragen stellen, doch sie lässt mich nicht zu Wort kommen.

»Du brauchst keine Fragen zu stellen. Doch wenn du möchtest, kannst du es versuchen. Ich, die Schlange, erlaube euch Menschen, eine Vorstellung von euch zu haben, als wäret ihr etwas Eigenständiges«, sagt sie.

Ich verstehe, was sie meint: Unsere Eigenständigkeit ist Illusion.

Ich antworte ihr: »Ich kann nur in dieser Weise denken. Mein Denken erlischt, wenn alles eins ist und es gibt nichts mehr, worüber oder wozu ich denken kann.«

»Denken bedeutet schöpfen. Du schöpfst deine Welt«, antwortet mir die große Schlange. »Doch spüre kurz, wie es ist, wenn es dich nicht gibt, sondern nur das Ganze. Spüre, wie du aufgehoben bist in Ewigkeit, wie du Liebe bist und spüre die Vollkommenheit.«

Ich spüre. Worte fehlen. Die Gedanken sind verschwunden. Es gibt mich nicht mehr!

»So, dann komme wieder in deine Idee der Eigenständigkeit. Gedanken und Worte existieren ebenso wie du. Jedenfalls bist du davon überzeugt. Ich will auch davon ausgehen.«

»Ich bin wieder da! Du auch?«, frage ich die große Schlange.

»Ja, ich auch.«

»Voller Tatendrang und wissbegierig betrachte ich das Geschehen. Ich möchte diese Welt verstehen, auch wenn alles nur eine Vorstellung von mir ist.«

»Ja«, stimmt mir die Schlange zu.

Ich fühle mich akzeptiert und aufgehoben bei der Schlangenkraft. Das anfängliche Gefühl möglicher Bedrohung ist gewichen. Neben mir erkenne ich die kleine Schlange. Mit ihrem dreieckigen

Kopf schaut sie mich neugierig an. Sie möchte nun das Gespräch mit mir fortsetzen.

»Nichts soll bleiben, wie es ist. Strebe zur Erkenntnis«, meint sie.

»Warum?«

»Weil diese Welt zu diesem Zweck erschaffen wurde.«

»Wer hat sie erschaffen?«

»Das weiß ich nicht. Diese Erkenntnis kann ich euch nicht geben!«

»Was ist der Sinn?«

»Zu erleben, was nicht ist. Erfahrung. Einsicht.«

»Wie kann das sein?«

»Was nicht ist, ist schwer zu erfahren. Diese Welt macht es möglich. Am Ende der Erfahrung steht immer die Einsicht, dass es anders ist als angenommen. Nichts ist, wie es das Erleben auf dieser Welt zeigt.«

»Sehr eigentümlich.«

»Eben! Auf dieser Welt erlebt ihr, wie es nicht ist.«

»Das verstehe ich nicht.«

»Erkenntnis zeigt gleichzeitig mit dem, wie es nicht ist, wie es ist. Es scheidet immer mehr aus, was nicht ist und was ihr zuvor für richtig und wahr gehalten habt.«

»Ist das nicht ein wenig kompliziert? Bitte gib mir ein Beispiel.«

»Gut. Gehen wir von meinem Gift aus. Es kann einen Menschen töten. Der Mensch hängt an seinem irdischen Dasein. Er will leben. Er meint und fühlt tief in sich, dass durch die Wirkung des Gifts und durch den Tod sein Leben vorbei sei.

Das Sterben führt ihn dann zur Wahrnehmung, nach dem Tod weiterhin zu existieren. In ihm entsteht die neue Einsicht, dass zu sterben heißt zu sein. Die alte Feststellung, dass sterben nicht zu sein bedeutet, verliert immer mehr an Geltung.

Zunehmend schenkt das vielfache Sterben in den irdischen Existenzen fortlaufender Inkarnationen die Erfahrung, sich nach dem Tod sogar in einem klareren Zustand zu befinden als zuvor im irdischen Dasein, das eher traumartig war.

Das Bewusstsein aus dem irdischen Sein, mit dem Sterben sei die Existenz beendet und das Bewusstsein, nach dem Tod weiter zu existieren, bestehen gleichzeitig. Wie der Inhalt zweier Gläser, der von einem Glas in das andere geschüttet wird, geht die Erkenntnis des Nichtseins durch den Tod über in die Erkenntnis des Seins durch den Tod.

So ist dein Leben in dieser Welt. Und das eben Gesagte ist ein Gleichnis für das gesamte irdische Geschehen.

Ein anderes Beispiel: Ist ein Mensch durch einen anderen verletzt worden, so denkt er, dass dieser ihn hasst. Doch im Geschehen wird er immer mehr zur Einsicht geführt, dass dieser Hass nicht existiert, sondern dass es Liebe des anderen ist. Der Hass ist nur seine Vorstellung.«

»Kann ich das verstehen?«

Ich bin ein wenig ratlos angesichts der Ausführungen der Schlange. Sie spricht tatsächlich so, als wäre nichts wirklich wahr und alles anders, als ich mir dies vorstelle. Doch zugleich ist mir bewusst, dass die Schlange sehr klug ist und besser als ich in der Lage, scheinbare Widersprüche zu versöhnen.

»Die Welt ist so, dass du sie in kleinen Teilen verstehen kannst«, antwortet sie mir. »Ein wenig Wasser der Erkenntnis wird in das andere Glas gefüllt. Ein wenig. Wäre es mehr, du wärst nicht mehr Teil dieser Welt.«

»Und die Schlange steht dafür, dass dieser Wandel möglich ist?«

»Ja, die Schlange steht dafür. Aber sie ist nur eine von vielen Ausdrucksformen.«

Ich sehe die kleine Schlange zu meinen Füßen. Ein schönes Tier. Sie hebt ihren Kopf, öffnet weit ihren Rachen. Die Giftzähne glänzen weiß. Sie lächelt mich ein wenig listig, wie mir scheint, an. Der Kopf wiegt hin und her. Ein gleichförmiges Zischen kommt aus ihrem Mund. Sie nähert sich immer mehr meinem Gesicht.

Mir laufen kalte Schauer über den Körper. Sie züngelt, lächelt über meine Angst, scheint von ihrer Wirkung zu wissen und spricht zu mir: »Bleibe ruhig, mein Freund. Lass dich von mir berühren und wisse zugleich: Ein Biss von mir und es ist dein Ende.«

Was sie sagt, beunruhigt mich. Sie kommt ganz dicht an mein Gesicht. Lautlos schlängelt sie sich an meinem Körper hoch. Ich spüre es kaum.

»Du riechst gut, mein Freund. Erfülle deine Aufgabe. Noch ist es nicht Zeit für dich, diese Welt zu verlassen. Das sollst du wissen. Noch birgt sie viele Geheimnisse für dich, die du ein wenig lüften kannst. Ich bin bei dir.«

Ihre Zunge berührt mein Gesicht. Ich denke, dieses Leben auf der Erde dient nur der Vorbereitung tieferer Einsicht nach dem Tod. Ihre Zähne berühren leicht meine Wange.

»Ich bleibe bei dir.«

Sie umschlingt meinen Brustkorb und schaut mir in die Augen.

»Bleibe in der Illusion dieser Welt«, höre ich sie sprechen.

Die Schlange fühlt sich kühl an. Weiter laufen Schauer über meinen Körper. Sie hält mich umschlungen.

»Keine Angst. Wenn du mich akzeptieren kannst, wenn ich so bei dir sein kann, dann ist es vorbei mit der Angst.«

Doch ich spüre Angst und Unruhe. Mehr Unruhe als Angst. Mehr Bedrohung. Es ist bedrohlich, die Schlange so dicht neben mir zu wissen.

»Kannst du mir bei den Aufgaben helfen?«, frage ich sie.

»Ja. Ich kann. Ich helfe dir, dass du keine Angst vor ihnen hast. Nimm sie an.«

»Du beengst mich nicht auf meinem Weg?«

»Nein. Die Enge hängt an dir. Ich helfe dir, sie zu überwinden.«

»Aber ich spüre dich als Beengung.«

»Das vergeht, sobald du den Wandel akzeptierst. Deine Berufung beinhaltet die Bereitschaft zu einem großen Wandel. Die alte Haut fällt ab, wenn die neue vollkommen gewachsen ist. Denk daran! Arbeite an der neuen und beschäftige dich nicht mit dem Verlieren der alten.«

Die Schlange lächelt mich an – immer noch listig und wissend, aber auch sehr freundlich. Sie wirkt zufrieden und schmiegt ihren Kopf an mich, sodass er auf meiner Schulter am Hals zu ruhen kommt.

»Es ist schön mit dir. Ich liebe dich sehr. Du bist ein schöner, starker Mann. Du trägst mich. Du ehrst mich.«

Ich werde ruhiger. Doch ist auf die Schlange Verlass?

»Ja, sogar sehr. Ich verlasse dich nicht«, antwortet sie meinem Gedanken.

Sie schmiegt sich noch mehr an mich und scheint meine innere Unruhe ein wenig zu genießen.

»Sorge dich nicht. Ich bin ja bei dir.«

»War das Schlangenironie?«

»Ja.«

Sie schlängelt sich um meinen Hals. Nicht so angenehm, denke ich.

»Doch, für mich ist das sehr angenehm.«

Die Schlange schaut mich an – ihrer Macht bewusst, aber noch mehr liebevoll.

»Isst du, was du liebst?«, frage ich sie.

»Auch. Aber nicht immer. Ich bin ja kein Vielfraß, sondern eine Schlange.«

Sehr schlagfertig, meine Gesprächspartnerin. Irgendwie liebe ich sie auch. Sie ist schön, sie ist anschmiegsam und sie ist bedrohlich. So ist sie!

»Ja.«

Sie grinst. Sie lächelt. Sie schaut mich verliebt an.

»Ja, mein Mann. Ja.«

Sie legt den Kopf auf meine Schulter. Sie genießt es, bei mir zu sein.

Dann plötzlich: Die Schlange schreckt hoch. Sie richtet ihren Oberkörper auf. Sie lässt meinen Hals frei und schaut nach Nordwesten. Es scheint, als höre sie ein Kommen.

»Hörst du es?«, fragt sie mich.

»Nein, was?«

»Siehst du nicht, wie die große Kraft, der ich angehöre, zu uns zieht? Eine wunderbare Kraft. Dort kommt sie.«

Die große Schlange schaut wohlwollend auf uns herab.

Meine kleine Begleiterin hört gebannt und voller Ehrerbietung, was die große Schlange zu sagen hat.

»Ich bin euch dankbar, dass ihr euch auf diese Weise nähert – voller Respekt. Ich bin euch dankbar für den Blick, den ihr auf mich werft. Achtet mich und die Menschen, deren Aufgabe ich in diesem Leben stelle. Achtet mich in diesen Menschen. Schaut nicht auf sie herab, als wärt ihr besser. Betrachtet die Menschen und damit auch mich liebevoll. Das führt zum Heil für sie und euch.«

Meine Schlange ist bei mir. Wir haben uns aneinander gewöhnt. Wir sind uns vertraut und kommen wieder ins Gespräch.

»Das Neue entsteht aus dem Alten. So ist das. Trotzdem kann es in seinem Ausdruck vollkommen anders sein«, verkündet meine Gefährtin mit ein wenig Pathos in der Stimme.

»Gilt das ganz besonders für den Wandel durch die Schlangen- kraft?«

»Ja, ganz besonders, mein Lieber.«

Sie freut sich immer daran, mich ein wenig zu irritieren. Ich soll nicht so recht wissen, woran ich bin. Meint sie nun ernst, was sie sagt – oder spielt sie mit mir? Das ist schwer zu durchschauen. Was bewegt sie? Jedenfalls ist sie telepathisch begabt. Ich muss meine Gedanken nicht aussprechen. Sie versteht sie auch so.

»Ja, ja. Das Leben ist ein nettes Spiel, man lernt sehr viel. Und ist man brav, man manches darf. Und ist man es nicht, lockt doch das Licht. Übrigens, Licht ist nicht so mein Ding. Wärme aber schon.«

»Bei dir weiß ich nie recht, woran ich bin ...«

»Brauchst du ja auch nicht. Du sollst mich nicht beurteilen. Du sollst mich nicht einengen. Ich gehöre dir nicht, sondern ich bin dein Partner in einem Spiel. Ich habe frei gewählt. Bitte beachte das!«

Meine Gesprächspartnerin ist richtig ernst geworden. Allmählich finde ich zu ihrem Wesen Zugang.

»Ja, ja, du darfst mich verstehen. Das ist okay. Aber du sollst mich nicht beurteilen! Das möchte ich nicht!«

»Wer bist du denn? Du tust so wissend und geheimnisvoll. Weißt du denn tatsächlich so viel?«

»Es gibt große Prinzipien des Erdenlebens. Wer darüber weiß, ist weise. Eines der Prinzipien ist: Es ist alles anders, als es scheint!

Denn die äußere Erscheinung, die Form, ist bereits Produkt einer Reaktion auf das Eigentliche. Die äußere Form zeigt uns, wie ihr Inhalt – das eigentliche Wesen – der Welt begegnet. Sie ist das Ergebnis dieser Begegnung. Sie ist nicht Ausdruck des Wesens. Da lasst ihr euch sehr oft täuschen, weil ihr Wesen und Begegnungsreaktion verwechselt.«

»Gut. Das klingt logisch. Kannst du mir das an einem Beispiel erklären?«

»Gerne. Mein Wesen ist nicht bedrohlich. Es erscheint euch nur so. Bedrohlich zu sein, entstammt der Begegnungsreaktion. Mein Wesen ist Wandel. Wandel ist nie bedrohlich. Wandel ist Leben in der Fülle. Bedrohlich erscheint er allein durch eine bestimmte Wahrnehmung – eine Reaktion auf die Begegnung mit dem Wandel. Bedrohlichkeit ist auch nicht im Geringsten eine Eigenschaft des Wandels! Verstehst du das?«

»Ja, das ist vollkommen einsichtig.«

»Dann ist es gut.«

Die kleine Schlange blickt ernst. Nun ist das Gespräch zwischen uns kein Spiel mehr.

»Mein Wesen ist auch nicht Beengung, nicht Wut, nicht Eifersucht, nicht Hinterlist noch Zwiespältigkeit.«

»Du meinst, all diese Eigenschaften kommen nur als Reaktion auf dein Wesen zum Ausdruck?«

»Genau! Auch in meiner eigenen Reaktion. Das müsst ihr auch beachten. Doch ihr sollt mich nicht danach beurteilen!«

»Das ist aber ganz schön schwierig. Erzähle mir von deinem Wesen. Wer bist du wirklich?«

»Zuerst: Auch ich muss mit meinem Wesen klarkommen. Auch ich kann es nicht so einfach verwirklichen. Da geht es mir wie allen Geschöpfen. Auch ich weiß nicht genau, wer ich im Kern bin. Doch ich will versuchen, dir mehr zu erzählen.«

Meine Gefährtin ist weiterhin sehr ernst. Sie fühlt sich von mir akzeptiert.

»Dann höre mir gut zu: Wandel ist ein sehr allgemeiner Begriff. Alles ist Wandel. Was ist das Besondere an mir? Ich weiß, dass es den Wandel eigentlich überhaupt nicht gibt. So ist das! Ich bin der

Wandel, der weiß, dass er nur eine Illusion ist. Ich bin der Wandel, der danach strebt, darin erkannt zu werden, dass es ihn nicht gibt. Ich führe den Wandel wie ein Theaterstück auf. Der Wandel ist nur eine Aufführung, eine Inszenierung, um ihn zu erleben und nach dieser Erfahrung zu erkennen, dass es ihn nicht gibt. Über die Aufführung des Stücks ›Wandel‹ schaffen wir Bewusstsein, durch meine Kraft schaffen wir Bewusstsein über die wahre Natur dieser Welt. So stehe ich zwischen den Welten. Auch für mich ist das schwierig.«

Ich staune: »Was du sagst, ist wirklich beindruckend!«

»Genau. So ist es!«

Für mich ist logisch, was die Schlange sagt. Alles ist bereits, wenn wir Menschen es bemerken. So gibt es in dieser Sichtweise keinen Wandel. Es gibt auf unserer Erde aber die Erfahrung des Wandels, weil wir die Dinge nacheinander wahrnehmen. Und diese Erfahrung führt am Ende zur Erkenntnis, dass alles schon ist. Ich denke an die Schlange, wenn sie ein Lebewesen verschlingt. In Wahrheit hat hierdurch nichts aufgehört zu sein und nichts Neues hat begonnen. Sondern wir erkennen eine Form des Lebens nach einer anderen, die es beide immer gibt und gegeben hat. Wir erleben tatsächlich eine Aufführung, die uns die Erfahrung des Wandels vermittelt.

»Das ist wirklich eine große Sache, die du da schilderst. Was bedeutet das für uns Menschen?«, frage ich sie.

»Eigentlich nicht viel. Denn diese Worte ändern nichts. Entweder es ist so oder eben nicht. Das ändert nichts daran, dass du auf dem Weg deines Erlebens in dieser Welt bist. Erst wenn die Erfahrung dich auch diese Einsicht gelehrt hat, ist es gut. Du erkennst die Welt immer nach deinem Verständnis. Nur in einer Hinsicht ändern diese Gedanken über die Realität etwas: Urteile nicht vorschnell! Denn es kann ganz anders sein, als du meinst. Erlebe die Welt aus der Haltung, dass alles mit Aufmerksamkeit zu betrachten ist. Du musst ernst nehmen, was geschieht, sonst kommst du nicht zu Erkenntnis.«

»Danke, Schlange.«

Die Schlange schaut stolz, als sie meine Worte der Anerkennung vernimmt.

»Weil wir als wahr nehmen müssen, wie unser Weg ist, lebe ich mein Leben als Schlange. Ich verursache den Wandel in der Begegnung mit anderen Lebewesen. Und in diesem Augenblick ist es völlig gleichgültig, ob es sich um eine Aufführung handelt oder nicht. Mein Thema ist die tiefgreifende Veränderung. Andere Lebewesen sehen das als bedrohlich an. Sie wehren sich dagegen. Die Kraft der Umgestaltung drückt.«

»Jetzt habe ich viel besser verstanden, um was es geht. Es gibt das Wesen. Es gibt seinen Ausdruck. Es gibt die Reaktion auf seinen Ausdruck. All das führt auf dem Weg weiter. Du sagst, letztlich ist auch der Wandel nicht. Du empfiehlst uns Menschen eine Haltung der Achtsamkeit. Doch erst die Erfahrung schenkt uns Erkenntnis.«

»So ist es, mein Freund.«

Die Schlange schaut wieder etwas listig.

»Das war jetzt eine ganze Menge zu verdauen.«

»Genau. Verdauen! Das ist auch ein Ausdruck von mir. Ich helfe euch zu verdauen, was ihr erfahren habt. Erst danach kann es weitergehen.«

»Du bist echt ein tolles Wesen.«

»Nicht wahr! Das hättest du nicht gedacht.«

»Ich hatte keine rechte Vorstellung von dir.«

»Ich gebe dir einen Rat. Freunde dich gut mit mir an. Ich sage das nicht allein aus Eigennutz, weil ich gerne bei dir bin. Ich sage das, weil ich weiß, wie schwierig das Dasein ist, wenn ein Mensch mich ablehnt. Dann hat er nur noch an wenigen Dingen Freude. Wer die Veränderung ablehnt, dem geht es schlecht damit! Ihr seid in diesem Spiel nicht wichtig und habt doch allergrößte Bedeutung.«

Wieder schaut die Schlange ernst. Was sie jetzt sagt, kommt aus ihrem tiefsten Wesen.

»Freundet euch mit dem Wandel und der Achtsamkeit an. Du kennst den Begriff ›Kundalini‹. Wie eine Schlange, die sich aufrichtet, entfaltet sich diese Kraft vom Becken zum Haupt. Richte

mich in dir auf. Achte mich! Die Begegnung mit dem Leben wird voller Freude sein. So gehst du aufrecht durch das Sein und erfährst es in seiner Fülle.«

Meine Schlange hat sich um meinen Körper gelegt. Zu meinen Füßen sind viele kleine, offensichtlich noch junge Schlangen. Sie sind etwas dunkler als die Ausgewachsene.

»Sind das deine Kinder?«

»Auch. Aber ebenso andere Schlangenkinder.«

»Um was geht es?«

»Darum, dass wir in große Gemeinschaften eingebunden sind, die uns bestimmen.«

»Dich auch?«

»Ja, ich bin Teil und Ausdruck der Schlangenkraft. Ich habe auch individuelle Züge, die mich von anderen Schlangen – auch von denen meiner Art – unterscheiden. Aber das ist nicht wichtig. Wichtig ist, dass ich der Schlangenkraft angehöre; zuerst zu meiner Art, dann zu den Giftschlangen und schließlich zu allen Schlangen.«

»Was bedeutet das für deinen Ausdruck?«

»Frage besser danach, was es für euch Menschen bedeutet.«

»Ich frage.«

»Bestimmte Menschengruppen können besonders unter meiner Kraft stehen. Jeder Mensch gehört immer einer Gruppe an.«

»Und was sind das für Menschengruppen, die unter deiner Kraft stehen?«

»Sie nehmen die Dinge auseinander. Sie zerstören den Zusammenhalt und die Bindung. Dieses Verhalten entspringt einer Geisteshaltung, einem besonderen Bewusstsein über den Wandel. Es kann Menschheitsepochen geben, die stärker von der Schlangenkraft und damit von diesem Verhalten geprägt sind als andere.«

»Das ist noch sehr abstrakt.«

»Meine Kraft ist die der Veränderung, genährt vom Zweifel, gesteuert vom Zwiespalt, drückend und nach Erkenntnis suchend. Fällt dir etwas zu dieser Schilderung ein?«

»Ja, eine Haltung, die zur modernen Wissenschaft gehört, die unsere Kultur prägt. Sie sezieren und zerteilen, sie zerlegen und zweifeln. Sie zerstören und wollen erkennen.«

»Denk noch weiter. Der innere Druck, der diese Menschen bewegt. Die Rolle, welche die Sexualität in ihrem Leben spielt. Sie ist ihnen von ungeheurer Anziehung und zugleich größter Verdammnis. Die Menschen machen sich gegenseitig zu Objekten von Trieben und Lebensdurst. Auch hierin zeigt sich meine Kraft.«

Noch nie zuvor habe ich das so gesehen. Die Schlangenkraft zeigt uns die Welt als Objekte, die wir verändern. In uns Menschen ist ein ungeheurer Drang, alles, was ist, zu manipulieren. Dafür will erforscht sein, was existiert.

»Berichte mir noch mehr darüber, du weise Gefährtin. «

»Die Kraft der Schlange hat Epochen geprägt. So auch eure. Eure Wissenschaft schafft Veränderung und Erkenntnis. Doch sie ist in Teilen auch krank in dem Sinne, dass sie den Impuls zu Erkenntnis in die reine Zerstörung lenkt. Es wird seziert, bis das Ganze verschwindet. Wie kleine Kinder, die Spielsachen auseinandernehmen, bis sie kaputt sind. Doch das Ganze gibt es dann in ihrem Bewusstsein nicht mehr und niemand weiß etwas darüber.«

»Können Menschengemeinschaften, also Kollektive, auch erkranken? Gibt es Krankheiten der Gemeinschaft?«

»Aber sicher doch! Ebenso, wenn nicht sogar stärker als Krankheiten bei Individuen. Die Gemeinschaft hat ihre Ziele und Aufgaben. Sie ist auf ihrem schwierigen Weg und jeder Mensch, der ihr angehört, wird mit einbezogen.«

»Und was hat das mit der Schlangenkraft zu tun?«

»Die Menschengemeinschaft hat ihre eigenen Themen, die unabhängig von den einzelnen Individuen sind. Kriege sind Ausdruck hiervon. Auch hierbei spielt die Schlangenkraft eine Rolle. Kriege sind große Wandler und sie bescheren Erkenntnis – nicht nur für den einzelnen Menschen, sondern eben für die Gemeinschaft.«

»Ich habe Folgendes verstanden: Menschengemeinschaften wie Familien, Sippen, Völker haben ihre eigenen Entwicklungswege, Ziele und Krankheiten. Die Schlangenkraft ist für die Entwicklung von Menschengemeinschaften von großer Bedeutung. Sie kann ganze Epochen entscheidend prägen. Das gilt auch für das Zeitalter der Wissenschaft. Ist es das, was du meinst?«

»Ja, du hast es ganz richtig gesagt: das Zeitalter der Wissenschaft. Denn als letzte Begründung gilt in diesem Zeitalter die Aussage der Wissenschaft. Nicht mehr wie in anderen Zeiten liefern Glaubensüberzeugungen und die Aussagen religiöser Schriften die letzte Begründung, sondern die Erkenntnis der Wissenschaft. Dieses Zeitalter sucht die Veränderung, denn nie ist eine Erkenntnis endgültig. Hier wirkt die Schlangenkraft. Eure Wissenschaft zerlegt das Ganze in Details. Die Details werden isoliert und untersucht. Das Ganze ist hierdurch nicht mehr erkennbar.«

»Die Schlangenkraft ist schwer zu leben?«

»Ja, so ist es.«

»Und es bleiben immer der Zweifel und die Zwiespältigkeit?«

»Ja, so ist es.«

»Nie gibt es endgültige Antworten, weil der Wandel das nicht kennt?«

»Ja, so ist es.«

»Und doch führt die Schlangenkraft am Ende zur Einsicht, dass alles bereits ist und alles eins ist?«

»Genau. Darum geht es.«

»Das war aber zuvor schon bekannt.«

»Ja und nein. Es muss in vielfältiger Weise erkannt werden. Es muss erkannt werden, dass das Gegenteil nicht stimmt. Dem dient die Epoche der Wissenschaft. Die Erkenntnis des Details wird am Ende zeigen, was das Ganze ist und dass es das Detail überhaupt nicht gibt.«

»So eine Antwort war ja zu erwarten.«

Mit der Schlange zu sprechen raubt einem wirklich die letzte Gewissheit. Allmählich macht mich die Unterhaltung etwas nervös.

»Es mag zwiespältig klingen, das heißt, es schafft immer auch die Gegenlage, um Erkenntnis zu erlangen, lehrt am Ende aber, dass es keine Zwiespältigkeit gibt, weil alles eins ist. Ihr habt das Paradies verlassen, um das Paradies zu finden.«

»Ich verstehe.«

»Wie im Kleinen, so im Großen.«

»Ja.«

»Wie oben, so unten.«

»Ja.«

»Wie im Detail, so im Ganzen.«

»Ja.«

»Es ist nicht leicht und es ist zu leben.«

»Ja.«

Ich spüre, wie in mir wieder Frieden einkehrt. Auch wenn alles anders sein mag, als ich denke. Die Welt ist schön und voller Geheimisse. Die Schlange hat meine ganze Zuneigung. Ich streichle sanft ihren Kopf.

»Du bist der Wegweiser zum Paradies, damit wir zurückfinden. Diese Erkenntnis kann uns nie wieder genommen werden. Wir sind geliebt und aufgehoben. Das müssen wir selbst entdecken.«

»Ja.«

»Du bist eine ganz wichtige Kraft, damit wir das herausfinden.«

»Gut. Lass deine Gedanken sich beruhigen. Sei ganz gelassen. Alles ist gut. Der Wandel geschieht. Ganz sicher. Und du bist gut aufgehoben. Sei achtsam. Beachte auch den Zwiespalt. Ehre ihn. Ohne ihn wäre Erkenntnis nicht möglich. Sei wach, aber auch geduldig. Die Schlangenkraft ist immer bei dir.«

Richard öffnete die Augen. Immer noch sonnte sich die Schlange reglos im Gras. Er spürte Schmerzen, die wie ein leichter Metallhelm seinen Kopf umklammerten.

Was war denn das?, fragte er sich. Da hat die Schlange ja einen ganzen Schwall an Erkenntnissen mit wunderbaren Widersprüchen auf mich abgeladen. Ganz schön redselig, so eine Schlange.

Seine Gedanken flogen.

Die Welt kann bedrohlich sein und schön. Den Menschen mag es mit großem inneren Druck nach Wandel verlangen und zugleich existiert eine tiefe Angst vor solch einer Entwicklung.

Richard betrachtete die Schlange, die sich völlig bewegungslos sonnte.

Was derart friedlich scheint, schlägt ganz unerwartet in Unfrieden um, dachte er. Wie ein Blitz aus heiterem Himmel wird der Biss der Schlange gesetzt. Unausweichliche Veränderung! Und sobald der Wandel eintreten darf, herrscht große Erleichterung. Plötzlich, schnell, kraftvoll und unwiederbringlich ist etwas vorbei. Eine neue Epoche beginnt!

So lautlos wie möglich nahm Richard sein Gedankenbuch zur Hand und begann zu schreiben.

Die Schlangenkraft

Schlangenkraft in dir erwacht,
zum ganzen Menschen sie dich macht.
Höre, was die Schlange sagt,
wenn sie flüsternd sich dir naht.

Ich bin ein Teil in deinem Leben,
lass dein Herz tief nach mir streben.
Liebe mich und auch das Wandeln,
denk an mich bei allem Handeln.

Wollen wir die Wahrheit kennen?
Kannst den Irrtum du benennen?
Ist das Schicksal auf der Welt?
Die Schlange uns im Dasein hält.

Dieses Gedicht geschrieben zu haben erlöste ihn von einem starken inneren Druck. Dann notierte er das gesamte Geschehen der Begegnung mit der Schlange.

Erschöpft legte er sich zurück. Wie ein Reptil nahm er die Wärme der Sonnenstrahlen in sich auf und schlief ein.

Als Richard wieder erwachte, war es bereits Mittagszeit. Die Schlange, die sich auf dem Stein gesonnt hatte, lag dort nicht mehr. Er kochte einen Tee, wusch sich, packte den Rucksack und marschierte weiter in die Richtung, die ihm der Wolf gewiesen hatte. Das Tal ging leicht bergab. Er plante nicht mehr den Ablauf des Tages. Was geschah, würde sich finden.

Kurz dachte er an Ana Maria. Vielleicht waren wir beide noch nicht reif für die Liebe?

Doch es schien ihm nicht der richtige Augenblick dafür, diese Gedanken zu vertiefen. Der Wolf kam ihm in den Sinn. Welche ursprüngliche Kraft, welcher Mut gingen von ihm aus!

Dieses Tier hat Zugang zur Quelle, aus der sich das Leben speist. Wahrer Mut, eine wirkliche Bejahung des Daseins ist nur möglich, wenn eine feste Verbindung zu den eigenen Wurzeln besteht, ging es Richard durch den Kopf. Hieraus ergibt sich der Sinn der eigenen Existenz – die Freude am Sein.

Sein Blick betrachtete die Landschaft, als suchte er Halt und Kraft in der Natur.

So klar der Wolf in seinem Ausdruck ist, so widersprüchlich erscheint die Schlange, überlegte er.

Sie hat uns fest im Griff und hat uns veranlasst, das Paradies zu verlassen. Dieses besondere Tier fordert unseren Wandel und setzt uns hierbei dem Zwiespalt und Zweifel aus. Denn das ist der Motor für unsere Suche nach Veränderung. Wenn wir das Paradies verlassen, treten wir in die Illusion der Eigenständigkeit. Unsere Gedanken schöpfen eine Welt, die wir für die Realität halten. Diese gilt es dann zu erfahren, um zur Einsicht zu gelangen, dass es sie nicht wirklich gibt. Wie kompliziert doch das Menschenleben ist!

Richard musste sein Denken sich beruhigen lassen. Was er durch die Schlange erfahren hatte, war voller Widersprüchlichkeit und verwirrte ihn. Er zwang sich, das Gehörte ganz diszipliniert zu betrachten.

Die Menschheit, zumindest die moderne westliche Kultur, lebt komplett in tiefer Widersprüchlichkeit. Was Wahrheit und Realität ist, wird durch den im Augenblick gültigen Kenntnisstand der Wissenschaft bestimmt und verbleibt damit immer zweifelhaft. Denn jede heutige Wahrheit wissenschaftlicher Erkenntnis kann der Irrtum des Morgen sein.

Hat die Wissenschaft nicht ganz sicher und in fester Überzeugung angenommen, Zeit würde an sich und gleichförmig, ohne jede Beziehung auf irgendeinen äußeren Gegenstand, fließen? Dies stellte sich jedoch mit den Erkenntnissen der Relativitätstheorie von Einstein als grundlegend falsch heraus. Der Begriff der absoluten Zeit musste aufgegeben werden. Vielmehr galt nun, dass Beobachter, die sich relativ zueinander bewegen, zeitliche Abläufe unterschiedlich erleben. Die Vorstellung von der Welt ist damit eine völlig andere geworden. So verhält es sich mit den großen und auch kleinen Erkenntnissen der Wissenschaft. Sie sind dem fortwährenden Wandel unterworfen, überlegte er.

Gleichmäßig marschierte Richard vorwärts, während er zu ordnen versuchte, was er durch die Schlange erfahren hatte.

Wie will der moderne Mensch in solch einer Welt einen Sinn finden?, fragte er sich. Er verliert sich in Details scheinbarer Gewissheit, was die innere Leere nur unzureichend überdecken kann. Er hat sich in eine Gegenlage zum Weltgeschehen begeben, die ihn vereinzelt und ängstigt. Er sollte wieder seine Heimat finden, in der er sich aufgehoben fühlt. Doch zugleich verhindert seine Vorstellung von der Wirklichkeit genau dies. Denn er glaubt an seine Realität. Auf diese Tragik hat mich die Schlange verwiesen.

Richard war von Weisheit dieses Tieres tief beeindruckt! Er spürte die Schlange immer noch in seiner Nähe und eng mit ihm verbunden. Voller Stolz raunte sie ihm zu: »Bleibe in Verbindung mit mir und nimm den Wandel an. Er ist voller Wahrheit.«

»Danke, Schlange«, sagte Richard.

Ja, er wollte versuchen, so wie sie, in beiden Welten zu Hause zu sein: aufgehoben in der Ganzheit und suchend in der Welt des Wandels. Auf diese Weise bildete sich Bewusstsein.

Richard dachte an seine Zeit an der Universität. Nach dem Abitur hatte er in Tübingen ein Studium der evangelischen Theologie aufgenommen und ab dem vierten Semester noch ein Jahr in Berlin fortgesetzt.

Hat dies nicht genau diese Fragen zum Thema gehabt, denen ich jetzt hier mitten in der Wildnis begegne? Versucht Religion nicht, eine unumstößliche Wahrheit zu erlangen? Die Theologie als Wissenschaft relativiert genau dieses Bemühen? Die Menschen, die in festen Glaubenssätzen und Dogmen einer Religion die Welt begründet sehen, vermeiden sie den grundlegenden Zweifel?, fragte er sich. Es existiert für sie ein fester Grund des Glaubens.

Das eigene Handeln kann sich an diesen Gewissheiten ausrichten, vor ihnen begründet werden und erlangt auf diese Weise Sinn.

Wieder ließ er seine Gedanken für einen Augenblick ruhen.

Doch die Schlange kann auch darauf verweisen, dass sich die Menschen durch Gedanken ihre Götter selbst erschaffen, eben weil sie eigenständig denken können und über einen Willen verfügen, überlegte er. Sie erschaffen sich ihre Götter in der Gestalt, die ihren Vorstellungen und Interessen entspricht.

Richard atmete tief aus. Noch hatten seine Überlegungen keinen Abschluss gefunden.

Er erinnerte sich an Menschen, denen er begegnet war, die vollkommen überzeugt von ihrer Glaubenssicht gewesen waren. Nichts hatte sie in ihrer Weltsicht erschüttern können. Kein Argument, kein Gefühl!

Warum ist das so, fragte er sich. Lässt sich nicht in der Art, wie sie ihre Wahrheit verteidigen und dabei sogar den Einsatz von Macht und Gewalt rechtfertigen, deutlich erkennen, dass die Menschen selbst nicht dem vertrauen, was sie als Gewissheit ansehen? Denn wären sie sich wahrhaft sicher, fehlte die Angst und Not, ihrer Überzeugung unbedingt Geltung zu verschaffen.

Er fühlte sich ein wenig leichter. Der Sturm des Denkens flaute ab.

Wer in der Kraft der Schlange in diese Welt der Gegensätze geschickt wird, kann dem Zwiespalt seiner Existenz nicht entkommen. Und doch, überlegte Richard, gibt es möglicherweise eine Wahrheit im Wandel und hinter der Unfähigkeit menschlichen Erkennens. Auch darauf hat die Schlange verwiesen. Die spirituelle Suche ist für das Heil des Menschen wichtig!

Er marschierte weiter voran. Rhythmisch setzte er Schritt vor Schritt. Gleichmut erfasste ihn. Links standen die Bäume des Waldes. Er folgte dem Lauf des Tals.

Nach gut drei Stunden des Wanderns entdeckte er Reifenspuren im Gras. Er betrachtete sie lange. Wie ein Trapper im Wilden Westen versuchte er, seine Rückschlüsse zu ziehen. Offensichtlich waren die Spuren noch nicht allzu alt. Er wollte ihnen folgen. Doch in welche Richtung? Richard meinte, den Abdruck des Profils deuten zu können und folgte in die von ihm vermutete Fahrtrichtung.

Eine weitere Stunde war vergangen, als er in der Ferne ein Fahrzeug neben einer Art Hütte erkannte. Sein Schritt beschleunigte sich ein wenig und beim Näherkommen wurde erkennbar, dass es sich um Bienenstöcke handelte, die auf einem Sockel standen. Er sah jemanden dort arbeiten.

Aus gut zehn Metern Entfernung grüßte er den mit der Honigernte beschäftigten Mann, der sein Kommen nicht bemerkt hatte. Dieser erwiderte den Gruß freundlich und schaute verwundert auf den fremden Besucher. Richard konnte das Alter des Imkers nur grob schätzen. Zwischen 40 und 60 Jahre alt musste er sein. Sein Gesicht hatte ein stark mongolisches Aussehen. Es erinnerte Richard an Darstellungen von alten Indianerhäuptlingen aus Nordamerika, die er einmal als Postkarten in einem Naturkundemuseum erworben hatte. Auffällig war, was beim ersten Lächeln sofort sichtbar wurde: welch schlechte Zähne der Imker hatte.

Der Mann hatte eine Honigschleuder dabei. Richard sah ihm zu, wie er die Wabenrahmen einspannte und dann durch kräftiges Drehen an einer Kurbel schleuderte, sodass der Honig an den Rand des Gefäßes flog. Er hatte viel zu tun und wollte seine Arbeit noch vor Einbruch der Dunkelheit abschließen.

Doch höflich und gastfreundlich, wie die Menschen in Kirgistan sind, nahm er sich Zeit für Richard. Der Imker staunte, in dieser Einöde auf einen Wanderer zu treffen – zudem noch auf einen Menschen, der offensichtlich aus Westeuropa stammte und einen eigentümlichen Rucksack geschultert hatte. Er lud Richard zu einem Imbiss ein, packte ein großes Stück Fladenbrot aus, schnitt einige dicke Streifen ab, reichte Richard einen Löffel und eine Blechdose mit Honig und forderte ihn auf, sich zu bedienen.

Der Honig, das Brot, Richard erschien das Geschehen unwirklich.

Köstlich, dachte er, welch paradiesischer Leckerbissen wird mir hier gereicht!

Er kaute intensiv und schluckte nur kleine Portionen. Nach dem Fasten der vergangenen Tage mussten sich Geschmacksempfinden und Magen erst allmählich an das Essen gewöhnen. Er griff zu seiner Wasserflasche und spülte den Nahrungsbrei hinunter. Gut, dass er bereits auf dem Boden Platz genommen hatte, denn leichter Schwindel packte ihn angesichts des süßen Geschmacks.

Schweigend saßen sie im Gras. Der Imker hatte mit wenigen Bissen sein von Honig tropfendes Brot aufgegessen und leckte sich nun die Finger ab. Richard lächelte. Er versuchte zu erklären, dass er seit mehreren Tagen in der Wildnis unterwegs war. Sein Gesprächspartner meinte, dass keine Autostunde von hier entfernt ein Dorf sei. Dabei wies er dorthin, wo die Reifenspuren sich ihren Weg durch die Natur gebahnt hatten und deutete auf seinen alten Lada. Er fragte Richard, ob er ihn mit in die Ortschaft nehmen sollte. Richard antwortete nicht sofort. Dieses Angebot schien ihm eine verlockende Idee. Er schaute auf den Honig, spürte den Geschmack im Mund. Doch dann sah er vor seinem geistigen Auge den Wolf und er wusste, sein Weg führte noch weiter. Er bedankte sich für das Angebot und erklärte mit Gesten und Worten, dass er den Fußmarsch fortsetzen werde. Dabei zeigte er nach Nordwesten genau in die andere Richtung als die, die zum Dorf führen sollte.

Nach der kurzen Pause setzte der Kirgise seine Arbeit fort. Richard ging ihm dabei zur Hand. Er half, Dosen mit Honig zu füllen, verschloss diese sorgfältig und packte sie in eine bereitstehende Kiste. Währenddessen fuhr der Imker fort, die Wabenrahmen zu schleudern und den Bienenstock zu versorgen. Noch gut eine Stunde arbeiteten sie fleißig. Dann packte der Mann den Honig und seine Gerätschaften in das Fahrzeug.

Richard und der Kirgise hatten in dieser kurzen Zeit Freundschaft geschlossen. Freundlich bot der Mann ihm das halbe Brot an, das noch übrig war, und schenkte ihm eine Honigwabe. Für Richard waren dies außerordentliche Gaben. Er bedankte sich mehrfach und holte aus seinem Rucksack das kleine Taschenmesser, das er als Reserve für einen Notfall dabei hatte, um es seinem neuen Freund zu überreichen. Die Stimmung hatte etwas

Feierliches erhalten. Dann gab der Imker Richard die Hand, setzte sich in den alten Lada und fuhr davon.

Richard schaute dem dunkelgrünen Fahrzeug hinterher. Immer kleiner wurde es. Das Motorengeräusch ließ sich kaum noch vernehmen. Ruhe trat ein! Er war wieder alleine mit der Natur, den Bienen und seinen Erinnerungen. Die Sonne stand weit unten am Horizont und würde bald untergehen.

Er spürte Einsamkeit und ein wenig Trauer. Dieses Empfinden umhüllte ihn angenehm. Es fühlte sich vertraut an. Ja, er war wieder alleine mit sich. Er dachte an die Todesangst, die er kurz vor der Begegnung mit der Schlange gespürt hatte. Dies war ihm ein neues, überraschendes und kaum fassbares Gefühl gewesen. Ein Gefühl, das die Erkenntnis barg, sterblich zu sein und eines Tages dem Tod ins Auge zu schauen. Wenn er genau nachspürte, dann war es eigentlich weniger Angst ... eher die überwältigende Feststellung, etwas absolut Gültigem begegnet zu sein.

Das Honigbrot sättigte. Wärme und Lebenskraft spendete es ihm.

Der Imker hat fleißig seine Arbeit getan. Freundlich und redlich ist er mir begegnet. Zusammen haben wir schnell und umsichtig den Honig gewonnen. Jeder erledigte die Aufgabe, die er leisten konnte. All dies ging Richard durch den Kopf. Jetzt war er alleine. Ja, er sehnte sich nach Gemeinschaft, doch die Einsamkeit hatte auch ihre schönen Seiten.

Niemand kann mich verletzen und enttäuschen. Es gibt keinen Neid und keine Missgunst, dachte er.

Richard kam sich mit der Honigwabe und dem Brot in seinem Rucksack reich beschenkt vor. Im letzten Dämmerlicht sammelte er am Hang hinter dem Bienenstock einige trockene Äste der Fichten, die hier wuchsen, und entzündete ein kleines Feuer für einen Tee. Er süßte ihn mit einem Stückchen Honigwabe.

Kann es Schöneres geben?, fragte er sich.

Die leichte Traurigkeit hüllte ihn weiterhin wie ein weiches Tuch ein, als er im Schlafsack lag, den Himmel betrachtete und langsam in den Schlaf glitt.

Noch einmal dachte er an die Ursprünglichkeit des Wolfs, der seinen Platz im Leben kennt und einnimmt. Die Schlange, die ihm so eindringlich vermittelt hatte, welcher Zwiespalt der Erkenntnis des Menschen zugrunde liegt.

Der Mensch muss sich aus der Heimat der Ganzheit ausschließen und in das Bewusstsein der Individualität fallen. Dazu dient die Vertreibung aus dem Paradies. Dies ist die einzige Möglichkeit, um zu erkennen. Und es fordert einen hohen Preis!, dachte er.

Die Biene kam ihm in den Sinn. Er hatte ihren Honig genossen, dessen Süße ihm fast unwirklich erschien. Sie leistet ihre Arbeit für die Gemeinschaft. Über allem steht die Sicherung ihres Staats, sprach er zu sich.

Auch Ana Maria kam ihm in den Sinn. Wie wird es ihr gehen? Fehle ich ihr?

Bei dem Gedanken verspürte er plötzlich einen großen Appetit auf Honig. Er konnte nicht umhin, mit der Hand in den Rucksack zu greifen, die Honigwabe auszupacken und ein gutes Stück abzubeißen. Genüsslich kaute er das Wabenstück.

Wie köstlich süß ist doch der Honig – sicher schlecht für meine Zähne, aber so wohlig für den Magen! Schläfrig spuckte er die Reste Wachs aus und überließ sich der Müdigkeit.

In der zweiten Nachthälfte schien der Mond fast in seiner vollen Größe. Es fehlten nur noch wenige Nächte bis zum Vollmond. Er meinte auch das Heulen der Wölfe zu hören.

Vierter Tag - die Biene und der Wacholder

Am Morgen begrüßte ihn das Summen der Bienen. Es freute Richard, diese kleinen Insekten zu hören, denn er hatte in der Nacht von ihnen geträumt. Er nahm sein Gedanken- und Traumbuch zur Hand, um die noch frischen Erinnerungen zu notieren.

Die Begegnung mit der Biene

Ich sitze auf einer Wiese. Rote, gelbe, blaue und weiße Blüten schmücken das grüne Gras. Die Sonne steht hoch am Zenit. Eine leichte Brise bewegt die Halme. Ich betrachte eine schöne blaue Blume, als sich eine Biene dort niederlässt. Tiefe Sympathie verbindet mich mit ihr. Mit ihren großen Facettenaugen schaut sie mich intensiv an und beginnt zu sprechen.

»Richard, du liebst Ana Maria, du denkst an sie, während du hier auf dieser schönen Wiese sitzt. Aber zugleich bist du alleine. Warum?«

»Ich weiß es nicht. Ich denke, die Zeit ist noch nicht reif für unsere Liebe. Ich bin noch nicht reif dafür.«

»Dann beantworte mir eine Frage, Richard. Möchtest du Ana Maria etwas geben?«

Die Frage der Biene erstaunt mich. Ich weiß nicht, was ich darauf antworten soll. Zugleich bin ich mir sicher, dass dies die entscheidende Frage ist.

»Lass dir Zeit, Richard. Du sollst die Wahrheit antworten. Schau in dein Inneres. Was sagt dein Herz? Was sagen deine Wünsche? Welches sind deine Ängste?«

Die Augen der kleinen Biene ruhen auf mir. Sie meint es aufrichtig. Sie möchte, dass ich meine Aufgabe erfülle. Ihr ganzer Ausdruck strahlt Ehrlichkeit und Verlässlichkeit aus. Ich spüre tief in mein Inneres. Klarheit stellt sich ein.

»Liebe Biene, danke, dass du mir diese Frage gestellt hast. Ja, du hast recht. Es ist die wichtigste Frage, die es gibt! Nun sehe ich es mit aller Deutlichkeit. Das Wesentliche in mir sagt: Ana Maria, ich möchte mit dir zusammen sein, damit ich dir geben kann. Warum habe ich das zuvor nicht gewusst, Biene?«

»Wenn dem so ist, Richard, und ich weiß, dass du die Wahrheit sprichst, dann könnt ihr gemeinsam glücklich sein. Denn für das Glück bedarf es dieser Haltung. Wenn du geben möchtest, aus der Tiefe deines Herzens, kann deine Liebe eine Gemeinsamkeit voller Harmonie erschaffen. Jede Gemeinschaft, die Glück gebiert, bedarf des Gebens. Richard, ich weiß, wovon ich spreche. Wir Bienen bilden eine Gemeinschaft, in der jede von uns ihre Aufgabe darin erkennt, zu geben. Das zu können, ja zu dürfen, erfüllt uns mit Glück. Dieses Verlangen in uns führt unsere Gemeinschaft zur Vollkommenheit. Verstehst du, was ich dir sage, Richard?«

Wenn die Biene so spricht, wirkt ihr Ausdruck immer auch ein wenig geschäftig. Es gibt etwas zu erledigen und sie packt dies mit großer Ernsthaftigkeit an. Auf die Biene ist Verlass!

»Du kluge Biene, ich verstehe dich sehr gut. Ich habe in mich hineingehört und erkannt: Wenn ich benötige, dass Ana Maria mir meine Ängste nimmt und Wünsche erfüllt, dann wird unser Zusammensein mich nicht glücklich machen. Natürlich darf ich auf diese Weise verlangen, es ist nicht falsch, aber das Zusammensein mit Ana Maria bedeutet mir dann nicht Glück. Ich werde mich traurig fühlen oder nicht gewürdigt; ich werde voller Ärger und Wut sein, nicht zu erhalten, dessen ich bedarf. Auch das zu durchleben ist wichtig, auch dies bedeutet nicht, es gäbe keine Liebe zwischen Ana Maria und mir, aber es ist ein schwieriger Prozess. Was du Biene weißt und mir zeigst, ist dies: Wenn in mir das Verlangen zu geben erwacht – in jeder Begegnung mit Ana Maria –, dann gewinnt unser Zusammensein an Harmonie und Erfüllung.«

Die Biene scheint sich über das Gesagte zu freuen. Ein leichtes Lächeln wird erkennbar. Ihre Flügel bewegen sich aufgeregt in der Luft. Leicht tanzt sie auf der Blume hin und her. Ich habe sie sehr gerne.

»Ja, Richard, das kannst du von mir lernen. Dies ist meine Lebenshaltung und entspringt meinem Wesen. Ich möchte dich aber noch auf Weiteres hinweisen. Ana Maria ist eine Frau und du bist ein Mann. Beachte, Richard, eure Weiblichkeit und Männlichkeit in eine Begegnung einzubringen, ruht ganz tief in euch Menschen! Auf wundervolle Weise könnt ihr euch ergänzen.

Derart verhält es sich auch bei uns Bienen. Wir übernehmen entsprechend unserer Eigenart die Aufgabe der Brutpflege, das Sammeln von Nektar und Pollen, die Verteidigung unseres Zuhauses oder als Drohne die Befruchtung der Königin. Unsere Königin legt die Eier, damit unser Volk fortlebt. So bringen wir uns ein, erhaben über jeden Zweifel und Zwiespalt! Es macht uns glücklich, dies zu tun!«

Nun schaut die Biene voller Ernst. Sie möchte, dass ich verstehe und einsehe, was sie mir mitteilt. Noch immer sitzt sie auf der blauen Blüte. Ihr gelblich-brauner Körper hebt sich in wunderbarer Harmonie von dem Hintergrund ab.

Ich weiß, dass ich sie bei der Arbeit unterbreche, stellt fast einen Frevel dar, und ich möchte die Zeit nutzen, die sie sich nimmt, mir ihre Welt und damit ein großes Prinzip der Wirklichkeit zu erklären.

»Wir Bienen sind von ganz unterschiedlicher Art. Es gibt Arten, die alleine ihr Leben führen. Es gibt viele verschiedene Formen der Gemeinschaft, die Bienen bilden. Ich gehöre zu den Honigbienen, die in Staaten leben. Wir leben die Gemeinsamkeit und dienen ihr unbedingt. Mit unserem Gift verteidigen wir uns und unser Volk. Wie ein Schock wirkt unser Stich auf euch Menschen, denn ganz plötzlich geht die Welt der Harmonie in die des Kampfes über. Durch das Gift wird euch Menschen schlagartig klar, dass es die Aggression und den Kampf um das Überleben gibt. Ihr erkennt, dass eurer Suche nach Harmonie Grenzen gesetzt sind. Die heile Welt bricht zusammen! Deshalb hilft euch auch meine Kraft, wenn ihr in solche Lebenssituationen kommt.«

In diesem Augenblick wache ich das erste Mal in dieser Nacht auf. Der Mond scheint hell und ich meine, das Heulen der Wölfe zu hören. Was die Biene mir zuletzt mitgeteilt hat, verursacht eine große Unruhe in mir, die sich nur allmählich verliert. Ich denke an Kinder, deren Familie zerbricht, deren Kindheit durch ein schlimmes Geschehen ein jähes Ende findet. Sie verlieren ihre Unschuld.

Doch ich will weiter hören, was die Biene zu sagen hat; möchte den Augenblick nutzen, in dem ich ihr begegne. So schließe ich die

Augen und das Bild der kleinen Biene auf der blauen Blüte wird wieder gegenwärtig.

»Richard, auch du gehörst einem Volk an und lebst in einem Staat. Auch für euch Menschen gilt: Volk und Staat werden nur dann in Harmonie sein, wenn jeder seinen Beitrag leistet. Ist dies nicht der Fall, dann seid ihr in Streit verstrickt, fühlt euch ausgenutzt, kämpft um Macht, benutzt Gewalt.«

»Liebe Biene, aber warum ist dies so, dass die Menschen sich derart in einem Gegeneinander befinden? Warum möchten sie nicht geben?«

Ich betrachte ihre kleine Gestalt. Wie viel Energie steckt in ihr! Sie weiß, was sie will.

»Die Menschen fühlen sich der Welt ausgeliefert und nicht aufgehoben. Sie haben Angst!«

An dieser Stelle stockt mein Traum. Ich wälze mich in meinem Schlafsack hin und her. Der Schlaf ist leicht. Die Unruhe, aus der Idee des Stichs der Biene geboren, erfasst mich wieder. Es ist immer das gleiche Prinzip, denke ich. Ob Streit, ob Krieg, die Menschen haben Angst, nicht zu erhalten, was sie meinen, so unbedingt zu benötigen. Zu geben scheint ihnen unmöglich angesichts des Mangels, den sie empfinden. Wie klug doch diese Biene ist! Sie weiß über das Zusammenleben in Harmonie. Aber alle in der Gemeinschaft müssen hierzu bereit sein. Niemand darf sich ausschließen oder ausgeschlossen werden.

Ich liege auf dem Bauch und spüre unter mir die Erde. Wie hatte sie in meiner Schau auf das Schamanenleben zu mir gesprochen? Wir haben auch ihr zu dienen. Mein Körper ruht schwer. Von der Erde scheint mir in einem langsamen Rhythmus ein leichtes Pulsieren auszugehen. Dies schenkt mir Gelassenheit und das Gefühl, aufgehoben zu sein. Ich spüre, die Erde versorgt mich mit Lebenskraft. Der Schlaf kehrt zurück. Mein Traum setzt sich fort.

»Liebe Biene, lass uns wieder über Ana Maria sprechen. Ja, ich will ihr geben. Ich fühle mich nun viel reifer dafür. Warum lässt uns die Liebe dies nicht immer tun?«

»Richard, ihr Menschen wollt euch entwickeln. Ihr wollt erkennen. Das ist eure Art. Wir Bienen leben unsere Art.«

»Ich verstehe, was du mir sagen willst: Wir Menschen fühlen uns getrennt und auf uns alleine gestellt. Wir verstehen uns als Individuen. Du verstehst dich als Biene eingebettet in dein Volk, wie jede andere Biene auch.«

»Ja, genau so ist es. Deshalb, wenn ihr euch liebt, Ana Maria und du, heißt das nicht unbedingt, dass ihr in Harmonie miteinander lebt. Aber es existiert eine große Weisheit in eurem Zusammensein: Ihr möchtet, wenn ihr euch liebt, füreinander da sein. Ihr gebt euer Leben. Ihr seid bereit, euch von dem Menschen, den ihr liebt, verletzen zu lassen und zu leiden. Eure Seele ist bereit dazu, sich hierfür hinzugeben. Doch du, Richard, du möchtest Ana Maria ganz bewusst deine Liebe schenken. Das ist dein wichtigstes Anliegen. Sie soll nicht deine Ängste beruhigen und Wünsche erfüllen. Du hast Glück, Richard!«

Jetzt sitzt die Biene ganz ruhig auf ihrer blauen Blume. Sie weiß sich vollkommen im Einklang mit ihren Mitteilungen. Hier kennt sie keinen Zweifel.

Meine Gedanken schauen auf uns Menschen. Wir suchen Anerkennung. Wir wollen als nützlich angesehen werden! Auch ich. Was die Biene sagt, ist voller Weisheit.

Ich habe immer die Frau gesucht, der ich Liebe geben möchte. Jetzt ist mir dies bewusst geworden. Nicht eine Frau, die meine Augenblicke der Leere füllt, die mir eine Familie schenkt, die mir gehört. Wie vielfältig und unterschiedlich kann aber das Verlangen von uns Menschen sein und die Idee, dies würde Glück bedeuten.

Mit den Gedanken an Ana Maria dämmere ich ein. Wieder scheint es mir, als heule der Wolf in der Ferne.

Während des Einschlafens erkenne ich noch eine große Biene, wie sie fürsorglich nach mir schaut und mich beschützt. Sie spricht nicht, aber ihr Blick ruht liebevoll auf mir.

Richard hatte seinen Traum notiert und schaute zufrieden auf das Geschriebene. Sein Blick ging zum Bienenhaus. Emsig flogen die kleinen Tiere ein und aus. Ein Faulpelz war er, gemessen an dem Fleiß der Bienen, die ohne Unterlass ihre Aufgabe erfüllten. Er genoss den Augenblick der Muße. Eine ganze Weile blieb er im Schlafsack liegen und erwärmte sich in der Sonne.

Als er aufstand und seine Hose anzog, fiel ihm in aller Deutlichkeit auf, wie sehr diese um die Hüften schlotterte. Er hatte einige Kilo abgenommen. Kein Wunder – angesichts der Kilometer, die er jeden Tag zurückgelegt hatte und dem gleichzeitigen Fasten. Er beschloss, heute einen Ruhetag einzulegen und den Bienen bei der Arbeit zuzuschauen. Auch ein richtiges Frühstück wollte er sich gönnen. Leider gab es keinen Bach in der Nähe des Bienenstocks, sodass er im Laufe des Tages doch noch einen kleinen Ausflug würde machen müssen. Als er an das Wort »Ausflug« dachte, freute ihn die Idee, hier wie die Bienen über das Land zu streifen und nach Wasser zu suchen.

Richard sammelte einige trockene Äste. Für einen Tee reichte der Wasservorrat in seinen Flaschen. An einem Stock röstete er ein Stück Brot. Genüsslich aß er dies mit Honig von der Wabe. Noch immer war ihm das Essen ungewohnt. Lange kaute er den süßen Nahrungsbrei, bevor er ihn hinunterschluckte. Er meinte zu spüren, wie der Honig seinen Körper belebte und wärmte. Er aß nicht allzu viel, denn das Essen strengte ihn an, sondern legte sich zurück ins Gras und schaute in den blauen Himmel.

Da begegnete ihm wieder die große Biene, die er am Ende seines Traums gesehen hatte, und sie begann, zu ihm zu sprechen.

Die Weisheit der Biene

»Richard, der Weg, den wir Bienen gehen, ist von großer Weisheit. Willst du mehr darüber wissen?«

»Sehr gerne, Biene. Schon jetzt gehört dir meine Achtung!«

»Unsere Aufgabe besteht darin, unserem Volk und der Schöpfung zu dienen. Eine bedeutende Aufgabe, die wir mit größter Gewissenhaftigkeit erfüllen. Durch das Bestäuben der Blüten sichern wir das Gedeihen im Pflanzen-, Tier- und Menschenreich.«

»Und ihr verteidigt euch mit Abschreckung, Stachel und Gift?«

»Ja. Wir erfüllen unsere Aufgabe. Wir kennen keinen Zweifel. Unsere Welt kennt allein das richtige Handeln. Mit unserem Leben stehen wir dafür ein und bekämpfen jeden Feind.«

»Wir Menschen können auch auf diese Weise handeln. Wir kämpfen für das, was wir als richtig empfinden. Wir setzen uns für unsere Familie, unser Volk oder unseren Staat ein.«

»Richtig. Auch ihr handelt so. Doch, Richard, ihr seid keine Bienen. Die Schöpfung hat euch mit der Fähigkeit des Irrtums ausgestattet. Das kennen wir Bienen nicht.«

»Du meinst, wir können uns für eine Illusion, für etwas Falsches einsetzen. Wir müssen dann lernen, dies zu erkennen. Wir sind dazu bestimmt, uns zu wandeln und zu entwickeln.«

»So ist es. Ihr Menschen kommt bei eurem Fühlen, Denken und Handeln an Punkte des Zweifelns, der Enttäuschung und der Umkehr. Dann verhaltet ihr euch so, als wärt ihr von einer Biene gestochen worden. Ihr geratet in Unruhe, seid erregt, voller Wut, verliert die Kontrolle und möchtet davonlaufen. Die richtige Ordnung erscheint euch verletzt.«

»Aber genauso seid doch ihr, wenn jemand eurer Tun stört.«

»Richtig! So sind auch wir. Aber wir kennen nicht den Irrtum. Wir kennen keine Individualität. Wir sollen uns nicht als einzelnes Lebewesen entwickeln und wandeln. Die Biene hat ihre Aufgabe erhalten und diese erfüllt sie.«

»Das hätten wir Menschen auch sehr gerne. Wir wollen auch in eine Gemeinschaft eingebettet sein und unseren Beitrag zum Ganzen und Höheren leisten. Warum fällt uns das so schwer?«

»Den Bienenweg zu gehen ist für euch Menschen eine große Herausforderung. Ihr müsst lernen, dass sich der Mensch immer in Illusion und Irrtum befindet. Euer Dienen kann immer auch ein ›falsches‹ Dienen sein. Denn ihr lernt durch euer Handeln und erkennt im Rückblick das ›Falsche‹. Doch ich möchte euch auch trösten. Genau dies, das ›Falsche‹ zu tun und zu erkennen, ist euer Weg des Dienens. Euer Weg geht immer über das Leid. Er ist schmerzhaft und fordernd, aber dadurch auch richtig.«

Eine kurze Pause tritt ein. Das Wesentliche ist gesagt. Dann spricht die Biene weiter.

»Wir alle, auch ihr Menschen, sind Ausdruck des Lebens. Das ist das Ganze und Höchste. Es bestimmt uns vollkommen. Ihm dienen wir! Jeder auf seine Art. Ihm sind wir vollkommen zugehörig. Das müsst ihr lernen zu verstehen – jeden Augenblick zu spüren. Dann erfahrt ihr vollkommene Erfüllung. Das ist Glück! Wir Bienen zeigen euch Menschen diese Wahrheit.«

»Ich verstehe dich, Biene. Ich achte dich. Ich sehe die Heiligkeit deiner Worte. Den Bienenweg zu gehen bringt hohen Ertrag. Er bedeutet, der Schöpfung zu dienen. Es schmerzt, sich verlassen und einsam zu fühlen. Wir wollen doch immer die Trennung überwinden. Du sagst, wir sind nie wahrhaftig getrennt, sondern immer nur in unserer Vorstellung.«

»Eure Vorstellung schafft die Position der ›richtigen‹ Einordnung in die Gemeinschaft und des ›richtigen‹ Dienens. Diese entwickelt ihr immer weiter, bis ihr euch als die Schöpfung selbst versteht. Doch zuvor sprengt ihr überkommene Ordnungen und durchlebt tiefe Konflikte.«

»Ich danke dir, Biene. Ich werde dich ehren. Wir Menschen sollen dienen und nach dem Höchsten suchen. Das ist unser Weg.«

Die große Biene schaut mich freundlich an. Sie ist zufrieden. Das ist ihr Beitrag zur Schöpfung. Langsam verliert sich ihr Bild. Ich sehe wieder den blauen Himmel.

Richard drehte sich auf den Bauch. Bewegt von der Weisheit der Biene notierte er das Gespräch.

Die Geschichte von der Flussfahrt, die er in sein Gedankenbuch geschrieben hatte, fiel ihm ein.

Der Weg führt von der Quelle zur Mündung. Das Leben trägt mich, erfordert aber auch meine Mitarbeit. Am Ufer liegen die Stationen mit ihren Aufgaben und Themen. Nun bin ich bei den Bienen gestrandet, überlegte er. Das Leben ist ein Weg zu sich selbst! Hilft der eigene Wille dabei, sein Ziel zu erreichen? Das Paddeln im Fluss scheint mir ein Gleichnis für diesen Willen. Wenn der Mensch mit dem Strom paddelt, geht es zügig voran. Er kann aber auch gegen den Wasserlauf sein Glück versuchen.

Richard hatte viel erlebt in den letzten Tagen. Es war ihm selbstverständlich geworden, mit der Natur zu sprechen und ihre Weisheit zu vernehmen.

Die Natur ist Leben wie ich. Ich paddle mitten im Strom. Vor nicht allzu langer Zeit hätte ich es als völlig fantastisch angesehen, was mir auf dieser Reise begegnet. Doch jetzt habe ich es selbst erfahren.

Vollkommen im Einklang mit diesem Erleben fühlte er sich.

Wohin will mich der Wolf noch führen? Ist die Schlange zufrieden, wie ich den Wandel annehme? Hat die Eibe meine alten Wunden geheilt?

Das Blau des Himmels strahlte.

Was liegt dort hinter dem Blau, fragte er sich. Ist dort mein Ursprung?

Richard dachte an sein Leben in Berlin. Er war in diese Stadt gezogen, um sein Studium der evangelischen Theologie fortzusetzen. Eigentlich, das musste er sich eingestehen, wusste er bereits zu dieser Zeit: Er würde es nicht abschließen. Schon im ersten Semester in Berlin hatte er parallel zum Studieren in einer kleinen Zimmerei gearbeitet und dort später eine Ausbildung angefangen. Er hatte erkannt: Theologe würde er nie sein wollen und auch nicht Pfarrer. Warum hatte er dann überhaupt mit dem Studium begonnen?

Bereits während seiner letzten zwei Schuljahre vor dem Abitur hatte sich in ihm die feste Überzeugung entwickelt, Theologie studieren zu wollen. Alle seine Freunde waren erstaunt, wie er auf eine derartige Idee kam. Ihm jedoch schien es ein Ausweg aus einer Sinnlosigkeit, eine Antwort auf seine Suche, auch wenn ihm nicht bewusst war, dass er dies derart empfand. Er hoffte, in der Religion etwas finden zu können, dass ihm Gewissheit schenkte, ihm Wahrheit sein würde.

Später nach Aufnahme des Studiums hatte sich seine Haltung verändert. Ja, es gab die Wahrheiten und Antworten in der Theologie und im Studium der Heiligen Schriften. Aber eben auch viele Behauptungen und Weltkonstruktionen, die er niemals vertreten wollte. Aus Büchern, seien sie auch noch so voller Wahrheit, konnte ein Mensch nicht weise werden, hatte er am Ende erkannt.

Aufgewachsen war er in einem kleinen Dorf im Schwäbischen. Seit seiner Kindheit stand sein Vater dieser Gemeinde als Bürgermeister vor. Die Menschen, die in diesem Ort wohnten, schauten auf seine Familie. Er fühlte sich in der Pflicht, einen guten Eindruck zu hinterlassen, auch wenn er innerlich gegen die Enge des Dorflebens rebellierte. Da war das Studium der Theologie ein Ausweg aus diesen Widersprüchen. Er musste sich nicht mit seinem Vater überwerfen, weil er einer brotlosen Sinnsuche folgte, er konnte die Sorgen seiner Mutter berücksichtigen sowie zum Ansehen der Familie beitragen und doch etwas ganz anderes suchen: Spiritualität, geistige Weite!

Ja, wie eine Biene habe ich meine Aufgabe und Anerkennung in der Gemeinschaft gesucht, sagte er sich.

Der Vormittag verging. Die Sonne stand hoch am Himmel. Richard aß ein weiteres Stück Brot und beschloss, die Umgebung zu erkunden. Insbesondere musste er Wasser finden. Er betrachtete die Landschaft, suchte nach Einschnitten zwischen den Bergen, die einen Wasserlauf vermuten ließen und machte sich dann auf in Richtung des Fichtenwäldchens oberhalb des Bienenstocks. Wie angenehm war es, ohne die Last des Rucksacks den Hang hinaufzusteigen. Er beobachtete, wie Grashüpfer seinen Schritten auswichen, roch an Blumen und hörte auf den Gesang der Vögel.

Viele Gedanken gingen ihm durch den Kopf, als er den Hang hochstieg. Er wollte sich kurz ins Gras setzen und diese in seinem Tagebuch notieren. Das Gras empfing ihn warm; sein Blick erkannte den Bienenstock unter sich. Er nahm sein Buch zur Hand, das er mit in die Umhängetasche zu den Wasserflaschen gepackt hatte, und begann zu schreiben.

Der Beitrag zum Ganzen

Welches Bedürfnis ruht im Menschen, seinen Teil beizutragen!
Schau auf die Biene. Es ist ihr Bestimmung. Doch kennen wir
Menschen nicht Gleiches?

Wollen nicht die Menschen als Mann und Frau ihren Beitrag leisten
zum Fortbestand ihrer Familie, des Volkes und der Menschheit? Ist
nicht diese Idee tief in der Bestimmung des Menschen, in seinem
Geschlecht verankert?

Bedürfen wir nicht dieser Bestätigung vor uns selbst und vor
unseren Mitmenschen? Leisten wir nicht hierfür unsere tägliche
Arbeit, ob in der Familie oder zum Gelderwerb? Sucht nicht ein
jeder seinen Platz in der Gemeinschaft?

All diese Fragen, ich möchte sie bejahen. Doch wer bestimmt, ob
es der rechte Beitrag ist?
Die Moral, die Gesetze, die Konvention und Tradition – doch nicht
allein, auch unser Inneres ist von Bedeutung.

Was schenkt unserem Dasein Sinn? Wir möchten ihn spüren!
Der Mensch erarbeitet, was er zum Leben benötigt, und auch
darüber hinaus. Der Mensch bringt auch seine Gedanken in die
irdische Existenz. Er schöpft aus dem Unbewussten und trägt
Erkenntnis in die Welt.

Wie bei der Biene liegt es in der Art des Menschen, einen Beitrag
zum Ganzen zu leisten. Je klarer er in seinem Denken und Handeln
ist, je tiefer er aus sich schöpft, desto größer ist der Ertrag.

Was ist das Ganze? Mehr als wir denken! Mehr als die Menschheit.
Wir suchen das Höhere. Diesem sind wir immer zugehörig. Davon
getrennt zu sein ist unsere Illusion.

Richard schlug das Buch zu. Er suchte einen Platz für sein Leben
und er zweifelte, welches der richtige sei.

Natürlich gibt es mehr als unsere Individualität, überlegte er. Deutlich ist dies daran zu sehen, wie sehr Familie einen Wert in jeder Gesellschaft darstellt. Wir Menschen beziehen einen Großteil unseres Lebenssinns aus dem, was wir zur Gemeinschaft beitragen. Da sind wir ganz Biene.

Er betrachtete die Landschaft.

Es geht nicht allein um einen materiellen Beitrag zur Gemeinschaft. Nein, es geht immer auch um Erkenntnis – für die Menschheit.

Er saß am Hang und genoss sein Hiersein. Er fühlte sich berührt und spürte, wie dieses Gefühl der Sterblichkeit, das ihn bereits vor der Begegnung mit der Schlange ergriffen hatte, in ihm erwachte. Noch einmal öffnete er sein Buch.

Sterblichkeit

Welch eigentümliches, welch besonderes Gefühl zu erfahren, sterblich zu sein! Ich kann sterben – jeden Augenblick! Kühl und endgültig fühlt es sich an. Diese Welt zu verlassen scheint absurd und wahr zugleich. Es ist möglich und doch nicht.
Angst? Nicht allein!

Festhalten und Verlassen. Ernst und Leichtigkeit. Das Sterben verbindet die Pole.

Die Schlange und Biene behaupten eine Wahrheit: Wir Menschen gehören zu einem Ganzen und können dies nicht erkennen, da wir unsere eigene Welt bauen. Erst, wenn wir Vollkommenheit erreicht haben, in die Erleuchtung aufgewacht sind, schauen wir die Wahrheit.

Er schloss die Augen und ließ sich von seinen Empfindungen tragen.

Zeit verging. Sein Magen knurrte. Er spürte Durst und wollte weiter den Hang hinauf – in Richtung des Einschnitts zwischen den Hügeln. Dahinter lagen die weißen Berge, die heute, da es diesig war, nur undeutlich zu erkennen waren.

Zwischen Fichten und Wacholderbüschen schlängelte sich ein kleiner Bach den Hang hinab. Richard zog seine Kleider aus und schöpfte Wasser mit der hohlen Hand, um seinen gesamten Körper damit zu benetzen. Er füllte die Wasserflaschen und goss sich den Inhalt über den Kopf. Wie ein kleines Kind erfreute ihn das kühle Nass. Zwischendurch stillte er seinen Durst. Dann verschloss er die gefüllten Flaschen und setzte sich neben einen Wacholder. Mit seinen Zweigen schien der Busch ihn zu begrüßen. Ganz menschlich wirkte seine Gestalt.

Richard wandte sich an den Wacholder: »Du grüner Baum, der Schamane hat deine Zweige in das Feuer gehalten. Wer bist du, dass der Rauch deiner Nadeln dem Ritual des Schamanen dient?«

Er schaute wie gebannt auf den Baum und wartete. Er wusste, er konnte mit ihm sprechen und der Wacholder würde ihm Antwort geben.

Der Wacholder

»Mir genügt das zum Leben Notwendige. Ich verfolge nicht die Idee der Expansion. Was über das notwendige Maß einfachen Lebens hinausgeht, das nehme ich nicht in meine Existenz.

So liegt meine Heilkraft für euch Menschen in der Reinigung des Lebens und Organismus von dem nicht Notwendigen, dem Zuviel. Was das Lebewesen auszeichnet, bleibt.

Klare, einfache Gefühle entspringen meiner Kraft. Nichts Verdrehtes und Übertriebenes ist mir eigen.

Ich diene den Lebenden und Verstorbenen. Was sie in ihrem Erdendasein an unnötigen und übertriebenen Gefühlen entwickelt haben, kann mit meiner Hilfe auf das Wesentliche zurückgeführt werden.

Zum Beispiel: Der Mensch, der vielfältige Ängste vor dem Jenseits, der Strafe Gottes, dem Wirken des Satans entwickelt hat, kann, wenn er sich nach seinem Tod in meiner Kraft aufhält, diese Ängste verlieren. Er versteht, dass sie keine reale Basis haben. Bei mir lernt er ein einfaches Leben kennen. Der Anspruch, zu seiner Existenz gehöre eine großartige Bedeutung, jedes seiner Gefühle sei vor Gott und dem Satan von Gewicht, verliert sich, wenn er erkennt, wie ich mein Dasein führe. Ich bin ihm Beispiel. Seine unnötigen, aufgeblähten Gefühle fallen in sich zusammen.«

»Auf diese Weise dienst du den Schamanen?«, frage ich den Wacholder – mehr um das Gehörte zu bestätigen als in Erwartung einer anderslautenden Antwort.

Ich frage weiter: »Warum besitzen die Menschen solche übertriebenen Gefühle?«

»Diese aufgeblasenen Gefühle dienen dazu, das Wesentliche im Leben nicht wahrnehmen zu müssen. Der Mensch verhindert seine Entwicklung, indem er Gefühle aufbaut, die ihm eine falsche Bedeutung vormachen. Er ist von der Anwesenheit der aufgebauschten Gefühle, zum Beispiel seiner Ängste vor dem Jüngsten Gericht, wie berauscht. Seine von ihm entwickelte Angst vor der Strafe Gottes verleiht allem Tun eine große Bedeutung. In jedem Augenblick steht er vor der Entscheidung, falsch oder richtig zu handeln. Der Sinn des Kosmos ist scheinbar an sein Handeln gebunden.«

Ich nicke mit dem Kopf.

»In Wahrheit aber vermeidet er es, seinen tatsächlich möglichen Entwicklungsweg zu gehen. Er kann sich nicht die Erlaubnis geben zu wachsen. Dann müsste er beispielsweise akzeptieren, dass ihm seine Eltern als Kind nur geringe Beachtung geschenkt haben und wie sehr er darunter gelitten hat. Er müsste den Schmerz darüber wahrnehmen und darauf schauen, wer er jenseits dieses Schmerzes ist. Stattdessen übertönt er den Schmerz und schafft sich Gefühle, die seinem Handeln höchste Bedeutung vor Gott und dem Satan geben und ihm große Furcht bereiten. Damit drückt er auch indirekt seine Angst vor dem Schmerz aus, der in ihm wohnt, und stellt sich scheinbar dem Wesentlichen, nämlich Gott.«

»Wacholder, was du da berichtest, klingt, wenn es mir auch nicht immer leicht fällt, dir zu folgen, überzeugend. Für mich sprichst du von christlicher Gläubigkeit. Diese hat mich in meinem Leben zutiefst beschäftigt. Deshalb kann ich dein Anliegen gut verstehen. Doch es muss kein christlicher Glaube sein, der Basis

für diese übertriebenen Gefühle ist. Der Überschwang der Gefühle kann in vielfältiger Weise Ausdruck finden.«

Ich warte nicht auf eine Bestätigung meiner Gedanken durch den Wacholder, sondern frage weiter: *»Du meinst, deine Hilfe ist im Augenblick des Todes von besonderer Bedeutung?«*

»Wenn die Seele mit dieser Last der übertriebenen Gefühle den verstorbenen Körper verliert, ist sie voller Erwartung, dass Großes geschehen muss. Sie ist noch an extreme Ängste und Wünsche gebunden. Darüber findet sie keinen Weg, den irdischen Raum zu verlassen, da die gegebenen Möglichkeiten ihren Vorstellungen nicht entsprechen. Sie irrt durch die Welt und mag versuchen, als Geist nach dem Tod Menschen von ihrer Bedeutung zu überzeugen. Sie will in ihren Gefühlen wahrgenommen werden und keinesfalls den zugrundeliegenden Schmerz erkennen. Es ist ihr tiefe Befriedigung, wenn Menschen durch ihre Anwesenheit erschrecken und sich ängstigen. Dieser Seele bin ich Hilfe. Wenn sie in meine Kraft tritt, lernt sie zu erkennen, was wesentlich ist. Läuterung geschieht. Das Übertriebene darf sie verlassen. Sie gelangt zur Erkenntnis ihres wahren Wertes.«

»Wenn deine Zweige geräuchert werden, Wacholder, so wie der Schamane es gemacht hat, dann hilft dies den Verstorbenen, ihren Weg weiterzugehen, und reinigt die Lebenden von Übertreibungen. Verstehe ich dich richtig?«

»Ja! In dem von mir benannten Beispiel des christlichen Glaubens könnt ihr das Wesentliche meiner Hilfe erkennen. Jeder Mensch hat Anteile übertriebener, falscher und verdeckender Gefühle. Ich kann jedem Menschen entweder nach seinem Tod oder während der irdischen Existenz helfen. Während des Erdendaseins reinige ich den Körper, ›entwässere‹, was materiell Ausdruck einer Gefühlsreinigung ist. Blase, Niere und das Blut sind dabei die Bezugspunkte.«

»Du hilfreicher Wacholder, deine Kraft ist den weisen Menschen bekannt?«

»Die Menschen kennen meine reinigende Kraft seit alters her. Weisen Frauen und Männern, Heilern und Schamanen war und ist sie bekannt. Den Lebenden und Toten kann auf diese Weise

geholfen werden. Orte und Gebäude, an die Seelen mit ihren falschen Gefühlen gebunden sind, können durch meine Kraft, zum Beispiel durch den Rauch von frischen Zweigen, gereinigt werden. Die hier gebundenen Seelen durchlaufen einen Prozess der Läuterung.«

Gebannt lausche ich den Worten.

»Bei Heilungsritualen ist es von großer Hilfe, wenn die Menschen, die Heilung suchen, sich zuvor von falschen Erwartungen und einer angenommenen übertriebenen Bedeutung ihrer selbst lösen, damit das Wesentliche – die wirkliche Not und Krankheit – im Mittelpunkt der Heilung steht.«

Vor meinem geistigen Auge erkenne ich eine weite Landschaft, Heide, Steppe – dazwischen stehen ab und an Wacholderbüsche und -bäume. Ziegen, Schafen, Rindern ist der Wacholder mit seinen Nadeln zu stachlig. Kein verlockendes, saftiges Grün für die Tiere.

»So überlebe ich in Anspruchslosigkeit. Ich nehme meinen Platz im Licht, der mir offensteht. Ich lehre Bescheidenheit und Ehrlichkeit. So viele Gefühle, die der Mensch entwickelt hat, um zu vermeiden, wahrhaftig auf das Geschehene zu schauen, sind an die Verstorbenen gebunden. Gefühle, die euch Menschen weg von euch selbst in eine andere Realität führen, die ihr geschaffen habt, um nicht wahrzunehmen, was tatsächlich war. Wie wollt ihr wachsen, wenn ihr euren Wurzeln entflieht?«

»Erzähl mir noch mehr, Wacholder.«

»Um diese aufgeblähten Gefühle bilden sich Gedanken, die euch vom Geschehenen trennen. Götter und Geister, die allein der Notwendigkeit entspringen, dass eure übertriebenen Gefühle in der Gedankenwelt einen Bezug benötigen, gelangen in die Welt. Diese Götter und Geister erklären eine Welt, in der die aufgeblähten Gefühle eine Heimat haben. Zum Beispiel ist die Welt voller Teufel, die euch vielfältig drangsalieren. Oder voller Götter, die euch Heil versprechen. All das gibt euch Bedeutung! Darauf wollt ihr nicht verzichten und verteidigt mit Vehemenz und unbarmherzig eure Sicht gegenüber anders denkenden Menschen. Die Angst, dieses

selbstkonstruierte Gefühls- und Gedankengebäude zu verlieren, ist groß, denn ihr wollt nicht eurem Schmerz begegnen.«

Welche Wahrheit diese einfache Pflanze spricht! Wir Menschen suchen Bedeutung. Hat nicht auch die Biene immer wieder betont, dass wir Menschen Anerkennung für unseren Beitrag zur Gemeinschaft suchen! Was ist, wenn uns dies nicht gelingt? Der Wacholder sagt, übertriebene Gefühle, die uns Wichtigkeit verleihen, können das Empfinden eines Mangels übertönen.

Der Wacholderbusch steht auf der Lichtung. Er benötigt Licht. In der Dämmerung des Waldes kann er nicht gedeihen. Die Verbindung zum Licht erlaubt ihm seine Klarheit. Diese Verbindung ermöglicht er den Lebenden und den Verstorbenen. Im Licht verliert sich das Übertriebene und Falsche. Vor ihm kann es nicht bestehen! Nur im Schatten entwickeln sich die aufgeblähten Gefühle. Denn es soll im Dunkeln verbleiben, was schmerzhaft geschehen ist.

»Was ist mit dem Schmerz, Wacholder? Wie kann er ertragen werden?«

»In dem Augenblick, in dem das Wesen sich selbst erkennt, verliert der Schmerz seine Grundlage. Er ist entstanden, weil der Mensch meinte, ihm würde etwas geraubt; er dürfe und könne sich nicht entwickeln; er sei existenziell bedroht. Erkennt er sein Wesen, dann erkennt er auch, dass dies nicht bedroht ist. Das Wesen bleibt immer bestehen! Hierdurch vergeht der Schmerz. Der Mensch stirbt, wird krank, leidet, ist verletzt, vergeht! Das Wesen ist!«

»Wie kommt es zu diesem Beruhigungsprozess, Wacholder?«

»Unter meinem Einfluss weichen die starken Gefühle, die sich entwickelt haben, um das Wirkliche zu verbergen. Ich kenne keine Resonanz zu diesen Gefühlen. Mein Wesen kennt allein die Bescheidenheit. Die aufgeblähten Gefühle bedürfen jedoch der Resonanz, da sie nicht von einer Quelle der Wahrheit genährt werden. Sie versiegen bei der Begegnung mit mir.«

»Und was ist mit den Gedanken?«

»In diesem Reinigungsprozess korrigieren sich auch die Gedanken. Denn diese dienen dazu, den Gefühlen eine Erklärung zu geben. Die Lage klärt sich Schritt für Schritt. Hat die Energie der *aufgebauschten Gefühle sich gemindert, sind sie in sich zusammengefallen und die Gedankengebäude unnötig geworden, ist es möglich, auf den Schmerz zu schauen. Zugleich wird nun auch erfahrbar, dass die eigene Bedeutung nicht abgenommen hat, nur weil der Mensch seine übertriebenen Gefühle und das diese erklärende Gedankengebäude verloren hat. Vielmehr hat er den Bezug zu sich selbst gestärkt und ein größeres Eigenbewusstsein gewonnen. Denn die Bedeutung des Menschen entspringt seinem Wesen und nicht den Äußerlichkeiten!«*

»Gilt das, was du sagst, auch für die Gedanken, die allgemein anerkannte Überzeugung sind? Scheinbare Gewissheiten, an denen kein Zweifel möglich scheint?«

»Auch kollektive Ängste, genährt von starken, übertriebenen Gefühlen mit ihren erklärenden Ideologien, existieren. Zum Beispiel im Mittelalter in Europa: die kollektive Angst vor dem Fegefeuer und der Verdammnis und ein entsprechendes Weltverständnis mit Hölle und Teufeln. Die gesamte Gesellschaft wollte damit vermeiden, die wirklichen Ursachen des Schmerzes, der nicht sein sollte, zu sehen.«

»Und wo lagen nach deinem Verständnis die wirklichen Ursachen?«

»Im Christentum, bei der Kirche. Die christliche Kirche hat mit Vehemenz und Grausamkeit ihre Weltsicht behauptet, gerade weil die Angst derart groß war. Sie hat die Menschen ihres Bezugs zu den Ahnen, Geistern, Göttern, Kräften und Mächten beraubt, die ihnen zuvor die Sicherheit gaben, in der Welt aufgehoben und angenommen zu sein. Sie hat ihnen als große Last übergeben, allein und getrennt, abgeschnitten von den geistigen Wurzeln, dieses Menschenleben führen zu müssen. Zuvor fühlten sie sich in einer von Wesen bevölkerten Welt aufgehoben. Mit der Lehre der christlichen Kirche war ihnen diese verboten. Sie wurden von ihr getrennt und somit ihrer Bedeutung und Heimat beraubt.«

Das sind starke Worte, denke ich. Doch ich möchte nicht darüber rechten. Es ist die Sicht des Wacholders, der sich mit der Geisterwelt verbunden weiß.

»Du wirst recht haben, Wacholder, dass der Zwang zum kirchlichen Christentum die Menschen ihrer Verankerung in eine Welt der Kräfte, Geister und Götter beraubt hat. Mit der Verehrung der Heiligen und der Apostel wollten sie einen Teil der vielfältigen, den Menschen umgebenden Geistwesen retten. Doch nun, Wacholder, der du so vertraut mit der Seelenwelt bist, kannst du mir ein wenig zur menschlichen Seele berichten?«

»Gerne, Richard. Die Seele, das Wesen sind Begriffe, die nicht verständlich machen können, was dies ist. Hierfür ursächlich ist, dass der Mensch und auch die Verstorbenen immer gebunden sind. Sie tragen mit sich, was sie erlebt haben. Wie Nahrung, die verdaut sein will, hat sich der Mensch Erfahrung aufgeladen. Seine Gefühle und Gedanken beschreiben die Beziehung zu dem Erlebten und geben diesem seine Qualität. Die Seele, die ihr Menschen kennt, ist immer an Erfahrungen gebunden. Ihr beschäftigt euch mit dem Aufgenommenen. Was die Erfahrung trägt, wird auf diese Weise nicht erkennbar. Die Seele ist schlicht und einfach! Merke dir das, Richard. Mehr kann ich dir nicht mitteilen.«

»Ist die Wirklichkeit grundsätzlich viel einfacher, als wir denken? Bringen wir Menschen durch unsere Gefühle und Gedanken erst die Vielfalt und Farbigkeit hervor?«

»Der Kosmos zeichnet sich durch allergrößte Schlichtheit aus. Er ist so einfach wie das Licht. Doch sobald dieses in seinen unzähligen Farben erscheint, wird es in seinem Kern unkenntlich. Dem Menschen allerdings sind die bunten Bilder zur Bewältigung seines Daseins wichtig. Denn hier drückt sich aus, was er erlebt hat: Aspekte des Ganzen. Doch zur Weiterentwicklung des Menschen ist es auch notwendig, dass solche Gedankengebäude zusammenstürzen.«

»Und aus diesen Aspekten der Welt, die der Mensch durch Erfahrungen gewinnt und die ihm die Welt als ein großes Puzzle erscheinen lassen, formuliert er dann auch seine Moral?«

»Ja. Es existieren hoch aufgeladene Gefühle darüber, wie der Mensch das Geschehen erleben darf. Was muss er als richtig ansehen? Was muss er als falsch ansehen? In der Kultur bilden sich aus den Emotionen Lebensregeln. Diese geben der Kultur Struktur *und finden bei den Menschen Anerkennung. Sie schaffen eine Lebenswelt, in der der Schmerz einer Kontrolle unterliegen kann.«*

»Wacholder, aber auch du hast eine Vorstellung von gut und schlecht!«

»Ich bin ein Lebewesen und existiere in dieser Welt der Polarität. Die Tugenden der Bescheidenheit, Ehrlichkeit und Einsicht werden durch mich gefördert! Selbstbezogenheit, Hab- und Geltungssucht, Unehrlichkeit, Hinterlist, von solchen Eigenschaften befreie ich euch Menschen. Falsche Bedeutung, die ihr euch gebt. Überzogene Forderungen an das Leben und damit an die Natur und Mitmenschen, die ihr erhebt. Der Drang, mehr zu scheinen, ob körperlich oder geistig. Das Hadern, verbunden mit dem Gefühl, es geschähe einem ein Unrecht. Angeberei und Prunksucht. All dies zerfällt zu nichts unter meiner Kraft. Ihr werdet, wer ihr seid!

Dann bedarf es auch nicht mehr des Streits, denn ihr sucht nicht mehr nach falscher Anerkennung und Bereicherung. Der Mensch, der zu sich selbst Zugang besitzt, benötigt nicht die Bestätigung und Anerkennung von Äußerlichkeiten. Er geht seinen Weg in Gewissheit. Ich bin für Menschen, deren Aufgabe es ist, spirituelle und religiöse Riten auszuführen und andere auf der Suche nach sich selbst zu begleiten, eine große Hilfe.«

»So sind wir wieder beim Schamanen, der deine Hilfe herbei- ruft. Ich danke dir für das Gesagte. Ich werde es in Ehren halten.«

»Richard, du bist auf deinem Weg. Doch schreite in Bescheidenheit voran. Deine Seele will Wahrhaftigkeit. Ich danke auch dir, dass du dieses Gespräch gesucht hast. Ihr Menschen müsst mich suchen, wollt ihr die Hilfe meiner Kraft.«

Richard wusste, dass hiermit die Unterhaltung ihr Ende gefunden hatte. Er betrachtete den Baum, wie er ein wenig einsam an seinem Platz stand, während er selbst das Erlebte notierte. Ein Gedicht formte sich in seinem Kopf.

Wacholder auf der Heide

Der Wacholder auf der Heide
mit Zweigen, die bewahren.
Er möchte, dass ich bleibe,
um Neues zu erfahren.

Er ruft mit seinen Armen,
verweile du bei mir,
ich möchte dich nur warnen
vor der Verführung hier.

Die Weisheit deiner Ahnen
aus meinem Wesen spricht.
Die Weisheit der Schamanen
an deine Seele ich richt'.

Der Mensch hat viele Gaben,
Kraft und großen Mut.
Du sollst auch solche haben,
zu mehren Hab und Gut.

Doch bedenke bei dem Tun,
nur das ist wirklich dein,
lässt dich ganz in dir ruhn',
was glänzt im Inneren rein.

Ja, so war der Wacholder. Richard spürte großes Vertrauen in seine reinigende Kraft. Von dieser wollte er sich leiten lassen. Das, was er auf dieser Reise erlebte, wie leicht konnte es ihn dazu verführen, seine Gefühle und Gedanken aufzublasen; sich selbst mehr Bedeutung zu geben, als es der Wahrheit entsprach. Er gehörte zur Natur, die eine große Intelligenz und Weisheit auszeichnet. Voller Dankbarkeit schlug sein Herz, dass es ihm vergönnt war, dies zu erleben.

Sein Blick ging ins Tal, dorthin, wo die Bienen lebten. Der Wolf und die Schlange wurden ihm gegenwärtig – die Eibe. Allem Leben wohnt Gott inne.

Als er dies dachte, erfasste ihn ein Schreck.

Was hat der Wacholder über das Christentum gesagt? Hat dieses tatsächlich den Menschen ihre Heimat in einer lebendigen Welt der Götter und Geister geraubt? Vielfach ist die Christianisierung mit Gewalt durchgesetzt worden. Da hat der Wacholder recht, sagte er sich. Alte Bräuche sind bekämpft worden. Schamanen, Heiler, weise Frauen und Männer wurden verfolgt und starben durch Waffengewalt – überall in der Welt. Hierfür hat mir der Wacholder die Augen geöffnet. Ich will meine Gedanken hierzu aufschreiben.

Verlorene Welt der Geister

Seit alters her fühlen sich Menschen als Teil einer Welt, die von Geistern, Göttern, Mächten und Kräften belebt ist. Diese Wesen gestalten zusammen mit ihnen das Geschehen. Wie die Menschen verfolgen sie Ziele, haben Interessen und einen Willen, können Wünsche und Ängste besitzen. Die Menschen leben im Austausch mit den geistigen Wesen, die sich hilfreich, gleichgültig oder feindselig verhalten.

Im Laufe der letzten Menschheitsepochen erfolgte eine Trennung: Die geistigen Wesen werden nicht mehr wahrgenommen, nicht mehr als Wirklichkeit gespürt und anerkannt. Die Menschen besitzen keinen Zugang mehr zu ihnen.

In Europa verlief dieser Trennungsprozess parallel mit der Verbreitung des Christentums. Mit dem Christentum werden ein Gott und ein Vertreter dieses Gottes, Christus, zur alleinigen geistigen Wirklichkeit. Die Menschen verlieren ihren Zugang zu anderen Wesen und ihrer Welt.

Dies verschafft den Menschen mehr Individualität und Eigenständigkeit. Bedrohungen durch Hexerei, böse Geister, Verfluchung und Ähnliches verlieren an Bedeutung. Die Angst davor schwindet. Dies ist angenehm, wenn es sich um unnötige Ängste handelt, die das Leben belasten. Zugleich verlieren die Menschen aber auch den Zugang zu und den Austausch mit den Wesen, die ihrer

Entwicklung dienen. Insbesondere verlieren sie eine Heimat. Die Welt wird leer! Das Christentum kann diese Lücke nur dann füllen, wenn die Menschen in der Lage sind, eine wahrhaftig geistige Beziehung zu einem christlichen Gott aufzubauen. Ansonsten bleibt ihnen nichts. Der Verlust der Einbindung in eine geistige Welt bereitet große Furcht. Die Erdenbewohner fühlen sich verlassen und einsam. Die Angst wird verdrängt; sie soll nicht sein und wird auf das Christentum projiziert. So erhält diese Religion eine Erweiterung. Entsprechend der Angst und Bedrohung wird eine Welt der Hölle ausgemalt. Die Gefühle von Angst und Verlorenheit finden nun in drastischen, grausamen und unbarmherzigen Höllenfantasien Ausdruck.

Auch die Vertreter der christlichen Kirche unterliegen diesen Ängsten und Höllenfantasien. Gerade diejenigen, die keinen Zugang zu Christus finden können, verfolgen die Fantasien von Fegefeuer und Verdammung mit großem Nachdruck. Liegt keine persönliche Erfahrung des Spirituellen vor, muss ein Dogma den Boden für ihr Weltverständnis bilden. Ihre Gefühlswelt und Gedanken möchten Ausdruck finden. Dies kann durch Verfolgung Andersdenkender, Ungläubiger, Ketzer mit den dazugehörigen Opfern geschehen.

Solche Dogmen werden unbarmherzig verteidigt, da ihr Verlust als persönlicher Verlust einer Lebensberechtigung erlebt wird. Ohne das Dogma existiert nichts mehr. Die wahrhaften Gründe für Angst, Schmerz und Verlorenheit dürfen nicht sein, sie können nicht angeschaut und nicht bewältigt werden. Sie werden auf Hölle und Teufel, Verdammung und Ausgrenzung bezogen.

Im Verlauf der Menschheitsentwicklung bringt die Idee der Weltbeherrschung, der Stellung des Menschen als unabhängiger, freier Beherrscher Entlastung für die Ängste vor der Abspaltung und Einsamkeit in der Welt. Diese Idee schafft einen neuen Boden im Gefühls- und Gedankengebäude. Hierauf lässt sich das Erdendasein begründen. Natürlich muss auch diese Idee mit

großem Nachdruck, insbesondere eben dem Nachweis von Herr-
schaft und Beherrschung, erhalten werden.

Das Wacholderwesen hilft, solche dogmatischen, überzogenen
Gefühle der Angst zu lösen. Denn diese dienen dazu, den
eigentlichen Schmerz nicht zu sehen. Sind diese Gefühle bereinigt,
dann brechen auch die Ideologien zusammen und der Mensch
kann auf sein Wesen schauen. Er kann erkennen, dass er Teil einer
geistigen Welt ist.

Welche Erleichterung ist es, die geistige Welt in ihrer Vielfalt zu
entdecken und sich darin aufgehoben zu fühlen, dachte Richard.
Wie groß ist die Freude, mit den Pflanzen und Tieren sprechen zu
können.

Er fühlte sich frei! Ein tiefes Gefühl der Zufriedenheit durchströmte ihn. Er schaute in den diesigen Himmel, in das Tal, zu den
Bergen. Er betrachtete den Wacholderbaum – wie schön war all
das! Das Lied »Die Gedanken sind frei« kam ihm in den Sinn und
laut sang er die Strophen. Mit einem Stock dirigierte er zugleich
ein erdachtes Orchester. Ja, das Leben hatte einen Sinn. Sein
Leben hatte einen Sinn!

Er erhob sich und machte sich auf den Weg zurück zum Bienenhaus. Immer schneller trugen ihn seine Beine. Er rannte den Hang
hinab – voller Glück. Die Schuhe versanken sanft im weichen
Grasboden. Die vollen Wasserflaschen klapperten in der kleinen
Umhängetasche. Er liebte die Natur, die Luft und die Sonne. Er
liebte diese Erde!

In dieser Stimmung der Freude erreichte er sein Lager beim
Bienenhaus und setzte sich ins Gras. Das Summen der Bienen
drang zu seinen Ohren.

Mit lauter Stimme sprach er zu den Bienen: »Wie fleißig ihr seid
– immer emsig bei der Arbeit!«

Richard kaute ein Stück Honigwabe, sammelte Holz und
entzündete ein Feuer. Er nahm sein Gedankenbuch zur Hand und
las die Geschichte von der Reifeprüfung. Seine Seele hatte bereits
erfahren, was er nun erneut betrachtete. Das sagte ihm dieser

Traum. Er war bei sich angekommen. Er wollte notieren, wie nun seine Vorstellung zur Seele war.

Die Seele

Der Wacholder meint, wir Menschen können nicht wissen, was die »Seele« ist. Wie wahr und weise! Doch dieser Begriff ist in aller Munde.

Die Seele hat keine Eigenschaften, so verstehe ich den Wacholder. Sie ist ewig und zeitlos, schlicht und einfach wie Licht. In der Seele ruht die höchste Schöpfung. Sie kennt keinen Ort und keine Zeit – aber sie kann Erfahrungen des Menschseins tragen. So wie sie uns Menschen begegnet, ist sie immer an Erfahrungen gebunden.

Die an Erfahrungen gebundene Seele kann »Wesen« genannt werden. Das Wesen bildet den Kern des Menschen und trägt mit sich, was an Bewusstsein entwickelt wurde. Es ist an die Aufgaben gebunden, die es zu bewältigen gilt. Im Wesen ruht die Bestimmung.

Das »Ich« ist das, als was der Mensch sich versteht. Es gehört in Ort und Zeit. Hiermit identifiziert sich der Mensch im Augenblick.

Der Mensch besteht aus vielen Körpern – physisch und geistig. Zum Menschen gehören »Seele«, »Wesen« und »Ich«.

Nun gibt es keine Übereinkunft und wird sie auch nie geben, was Menschen unter »Seele«, »Wesen« und »Ich« verstehen. Doch für mich mag es von Hilfe sein, sie auf diese Weise zu unterscheiden. Vielleicht verstehe ich eines Tages noch mehr.

Die Sonne stand tief. Richard beobachtete, wie sie sich immer weiter dem Horizont näherte, den Himmel in rotes Licht und dann in die Dämmerung tauchte. Die Sterne erschienen am Himmel und er freute sich auf den Schlaf. Kurz kam ihm noch Ana Maria in den Sinn und dann schlummerte er ein.

Er träumte vom Schamanen. Dieser sprach zu ihm.

»Richard, die Menschen benutzen viele Begriffe, um die grundlegenden Gegebenheiten des Seins zu benennen. Doch niemand kennt wahrhaft das, was sie beschreiben sollen. Es geht um eine geistige Welt. Wir sprechen auch von dem Geist. Dieser mag sich als Idee oder Gedanke zeigen. Er gestaltet diese Welt und bringt zum Ausdruck, was dem Wesen innewohnt.«

»Wie auch in diesem Traum?«, fragte Richard.

»Ja, wie in diesem Traum, da ich zu dir spreche!«

»Und geistig ist all das, was Ordnung, Zusammenhänge sowie Verbindungen erschafft und somit die Welt erklärt, gestaltet und bewegt? Also auch unsere Gefühle und unser Wille?«

»So ist es. Doch jetzt erhole dich. Begriffe sind nicht von Bedeutung, sondern eine Station, um deinen Weg zu verstehen. Wichtig ist das Leben, das es wie ein helles Feuer brennt. Bleibe neugierig und offen dafür, was es dir zeigt. Vieles hast du erfahren.«

Erschöpft schlief Richard weiter.

Fünfter Tag – der Priester in Ägypten

Die Nacht verlief ruhig und erholsam. Richard hatte Zeit. Er wollte noch einmal hoch zum Bach und zu dem Wacholderstrauch gehen. Nachdem er ein wenig Brot gefrühstückt und mehrere Tassen Tee getrunken hatte, machte er sich an den Anstieg. Hier war er gestern nach der Begegnung mit dem Wacholder voller Freude hinabgelaufen.

Sein Körper hatte sich daran gewöhnt, den ganzen Tag gleichmäßig Schritt vor Schritt zu setzen und die Hänge hinauf- und hinabzusteigen – immer geführt vom Wolf. Sein Blick streifte über das Gras. Er drehte sich um und schaute in alle Himmelsrichtungen. Seinen grauen Begleiter konnte er nicht entdecken. Ein wenig enttäuschte ihn das. So sehr hatte er sich daran gewöhnt, dass ihm in den Erscheinungen der Natur das Schicksal begegnete. Doch im Augenblick blieb er auf sich allein gestellt.

Intensiv musterte sein Blick den Boden, während er weiterging. Lauerte hier im Gras irgendwo eine Schlange? Richard erblickte Grashüpfer und andere Insekten. Auch Schmetterlinge flogen vorbei. Eine Schlange zeigte sich nicht. Alles sei anders, als es scheint, hatte die Schlange gesprochen. Wirklich alles? Waren seine Unterhaltung mit dem Wacholder und sein Traum von der Biene nicht wahr gewesen?

Die Schlange würde wahrscheinlich sagen, dass dies alles einzelne Sichtweisen unter vielen möglichen sind, ging es ihm durch den Kopf. Doch ich habe bei diesen Begegnungen ein wenig Wahrheit in das Glas der Erkenntnis geschüttet und fühle mich näher an dem, was wirklich ist. Allem Leben wohnt ein geistiges Wesen inne!, brachte er seine Gedanken zu einem Abschluss.

Dass Richard mit Pflanzen sprechen konnte, hatte er zum ersten Mal im Gespräch mit der Eibe erlebt und von ihrer Fähigkeit zur Heilung alter vernarbter Wunden erfahren. Sie konnte helfen, dass sich das Leben erneuerte. Dank ihrer Unterstützung fühlte er sich offen und bereit, dem Leben zu begegnen. Ganz auf sich gestellt erklomm er diesen Hang, und er vermisste keine Gesellschaft.

Richard erreichte seinen gestrigen Rastplatz und setzte sich beim Wacholder in das Gras, begrüßte den Strauch und es schien ihm, als würde ihm dieser freundlich antworten. Er schaute auf die vergangenen Tage. Am Anfang hatte die Begegnung mit dem Schamanen gestanden. Er fühlte eine große Liebe für diesen alten Mann, der ihm die Türen zur geistigen Welt geöffnet hatte.

Schamane zu sein erfordert, sich ganz in den Dienst der Schöpfung zu stellen, den Menschen zu helfen und hierfür keine Anstrengung zu scheuen. Der eigene Wille muss sich einem höheren unterordnen. Ein solches Leben birgt ein hartes Ringen in sich, sprach er zu sich selbst. Es ist viel schwieriger, als die meisten Menschen meinen: Wünsche, Ängste, Ärger, Wut, Machtstreben ... müssen in einer mühsamen Auseinandersetzung geklärt und in den Hintergrund gestellt werden.

Seine Seele fühlte sich tief mit dem großen Heiler verbunden. Es schien ihm, als würde dieser, voller Wohlwollen auf ihn schauend, neben ihm sitzen.

»Du hast deine Aufgaben zu meiner Zufriedenheit gelöst«, meinte Richard ihn sprechen zu hören.

Es freute ihn, dass die Verständigung in der geistigen Welt ganz ohne Sprachkenntnisse auskommt. Natürlich war es schön, einen Menschen aus Fleisch und Blut neben sich zu haben, doch war er bei der Begegnung mit dem großen Heiler auch schmerzhaft an die Grenzen seiner Russischkenntnisse gestoßen. Jetzt, in der Welt der Gedanken, gestaltete sich der Austausch einfacher.

»Du hast recht: Schamane zu sein erfordert größte Hingabe. Rufe den Wolf, damit er dir Mut schenkt.«

Richard sprach laut: »Großer grauer Wolf, Geschöpf der Natur. Deine Ausdauer, dein Lebenswille, deine Kraft sind einzigartig! Sei bei mir. Sei mir Freund und Gefährte! Du streifst durch den Wald und die Steppe, kennst die Natur wie kaum ein anderes Wesen. Du bist klug, du bist vorsichtig und doch voller Vertrauen in die Welt.«

Wie gerne hätte Richard den Wolf im Gras auftauchen gesehen! Doch so sehr seine Augen ihn auch suchten, er zeigte sich nicht.

»Richard, du spürst sein Vertrauen in die Welt«, vernahm er die Stimme des Heilers in seinem Geiste. »Dieses Vertrauen benötigst du. Denn noch hast du dein Ziel nicht erreicht und der Wolf wird dich weiter führen. Er hilft dir, wenn du ihn rufst. Du sollst lernen. Ich werde dich hierbei unterstützen.«

Richard freute sich über diesen inneren Dialog. Aber es kamen auch leichte Zweifel auf und er fragte sich, ob er durch Erschöpfung, Hunger und Einsamkeit bereits in eine Welt der Täuschung eingetaucht war. Doch dann spürte er die Luft, das Gras, die Erde mit all ihren Lebewesen in solcher Klarheit und Schönheit, dass ihm diese Zweifel falsch schienen. Er wollte ehrlich erfahren, was sich ihm zeigte.

Wieder vernahm er die Stimme des Schamanen. Dieses Mal klang sie überaus eindringlich, fast befehlend. Er musste sich an ihre Anweisung halten.

»Richard, schau auf ein Leben in Ägypten! Dort hat deine Seele viel über die Welt der Götter und geistigen Kräfte gelernt. Schau, was Freiheit und Pflicht bedeuten!«

Es war Richard, als nähme der Heiler ihn bei der Hand und führte ihn in eine andere Zeit. Er spürte die Unterstützung seines Begleiters. Er meinte, sie flögen gemeinsam in Richtung des blauen Himmels. Immer weiter ...

Ägypten – dem Richtigen dienen

Ich sehe ein großes Tor – ein weißer Bogen aus Stein. Meine Seele zögert. Doch der Begleiter, der mich hierher geführt hat, spricht mir Mut zu.

Bereit, mich auf das, was mir nun begegnen mag, einzulassen, schwebe ich durch das Tor. Wohin führt der Weg?, spreche ich zu mir selbst. Noch kann ich dies nicht erkennen. Die reine Freude der Freiheit spüre ich in mir. Welch schönes Gefühl!

»Um was geht es? Was soll ich verstehen und lernen?«, frage ich den Begleiter.

»Pflicht!«, lautet die Antwort. »Du wirst erfahren, wie sehr du an die Pflicht gebunden bist.«

Eingenommen von diesem auf mich überwältigend wirkenden Thema – Pflicht! – stürzt mein Wesen herab auf die Erde in die Dunkelheit, und große Finsternis umschließt mich. Mir scheint, als befände ich mich in einer Gruft, als sei ich eine Mumie. Über mir könnte ein Gebäude, eine Pyramide stehen. Schwere Erdenlast liegt auf dem Grabgewölbe.

Ich weiß: Diese Mumie gehört zu einen früheren Leben von mir.

Die Dunkelheit einer tief in die Erde eingemauerten Kammer umgibt mich. Dieser Ort kann nicht verlassen werden. Um mich herum befinden sich weitere Mumien – präparierte Menschenkörper, eingewickelt in Stoffbahnen.

»Was bedeutet das?« Fast flehentlich entweichen mir diese Worte.

Mühsam versuche ich, mich zu orientieren. Atemlos möchte ich verstehen.

»Man hat die Menschenkörper präpariert und ihre Organe entnommen. Sie wurden mit Säften eingerieben, mit Stoffbahnen umwickelt und in schwere Sarkophage gelegt«, höre ich den Gefährten, der mich hierher geführt hat, sprechen, während ich immer tiefer in das Erleben an diesem Ort eintauche.

Ich erkenne: Die Seelen verbleiben wie gebannt an diesen Ort. Auch mein geistiges Wesen hat die Bindung zu dem mumifizierten Körper nie ganz gelöst. Ihm fehlt die Freiheit! Dadurch stehe ich, Richard, heute noch im Bann dieses Geschehens aus alten Tagen.

Weiter versuche ich zu verstehen, was sich hier zugetragen hat.

Mein Körper aus dieser Zeit, der jetzt hier als Mumie liegt, wurde aufgeschnitten, auseinandergenommen, in Extrakte getränkt, wieder zusammengesetzt, zugenäht, mit Bandagen aus Stoff umwickelt und in den Sarkophag gelegt. Mein Wesen muss hier bei diesem einbalsamierten Leib, der nicht vergehen soll, bleiben. Welche Düsternis, welche Bedrängung, welche Enge! Das macht mir Angst; die Freiheit fehlt!

Ich fühle mich verlassen und einsam!

»Warum wurde mein Leichnam auf diese Weise präpariert? Kann ich hierauf eine Antwort erhalten?«, frage ich.

»Du bist ein Hoher Priester und um dich sind weitere Priester bestattet. Nach der heutigen Zeitrechnung befinden wir uns ungefähr im Jahr 1000 vor Christi Geburt«, spricht mein Begleiter.

»Ich möchte mehr dazu erfahren!«

»Ihr wurdet hier begraben, um eure Pflicht zu tun!«

»Welche Pflicht?«

»Die Pflicht, dem König, dem Pharao zu dienen! Deshalb wirst du hier auch noch nach deinem Tod festgehalten. Du sollst ihm auch nach deinem Ableben dienen.«

Festgehalten für eine lange Zeit; meine Seele kann die Freiheit nicht spüren; sie kann nicht lernen und nicht erfahren, was dieses Leben bedeutet. Solange ihr dies nicht möglich ist, bleibt sie gebunden, ist nicht frei für Neues!

Eine große Tragödie! Ein enges dunkles Verlies. Mein Wesen muss bei dieser Mumie bleiben. Man hat den Leib konserviert, um mich an diesem Ort zu halten. Welche ungeheure Tragik!

Ich sehe einen schwarzen Stein, Obsidian, den man anstelle meines Herzens in den Körper gelegt hat, und dieser bannt mein Wesen hier in das ummauerte Verlies. Der Stein in meinem Körper bedeutet: Du darfst diese Welt, das Irdische, deinen Körper auch nach deinem Tod nicht verlassen. Das Jenseits bleibt dir verschlossen, wenn dein Herz fehlt. Du bist verurteilt, in dieser Bedrückung zu verharren. Denn nur wenn sich mein Herz im Körper befindet, kann der Weg ins Jenseits angetreten werden. Derart wurde es uns gelehrt. So war unsere Gewissheit und Religion. Doch man hat mein Herz nicht in den Körper zurückgelegt, sondern an seine Stelle einen Obsidian.

Aus dieser Lage scheint es kein Entrinnen zu geben. Wie ist es dazu gekommen? Ich möchte auf das Leben schauen, das dieser Priester geführt hat und in sein irdisches Dasein treten.

In einem Tempel sitze ich auf einem Thron. Weitere Priester leben an diesem Ort. Es bestehen unterschiedliche Interessen und Machtansprüche. Unsere Welt kennt unzählige Intrigen.

Mir fällt es schwer, Hinterlist, Machtstreben und Doppelspiele zu verstehen. Zu dieser Art des Denkens und Handelns habe ich keinen Zugang. Mein Empfinden und meine Orientierung im Leben sind vollkommen anders.

In meinem Herzen tobt ein tiefer Widerspruch: Ich lebe für die Verbindung zu den Göttern. Diese suche ich. Sie zu halten ist unsere Aufgabe als Priester. Das dient den Menschen – hilft ihnen im irdischen Dasein. In meine Existenz wird aber noch ein ganz anderer Auftrag gebracht: Die Verbindung zu den Göttern hat dem Pharao und seinem Hofstaat zu dienen, damit er in Pracht und Anerkennung leben kann. Mein Zugang zu den Göttern soll ihnen zu Nutzen sein.

Es verursacht in mir einen großen Konflikt, vor derart gegensätzlichen Anforderungen zu stehen, die sich nicht beide zugleich erfüllen lassen. Ich fühle mich einsam. Ich möchte nur für die Verbindung zu den Göttern leben.

»Wie hat sich dieser Konflikt in der irdischen Existenz gezeigt?«, frage ich.

Ein neues Bild taucht auf. Ich sitze auf meinem thronartigen Stuhl, unter mir befinden sich Bedienstete und Priester, und ich werde zu ihnen sprechen.

»Ihr, die ihr euch hier in diesem Tempel aufhaltet, ich, euer Hoher Priester, verkündige euch.«

Während ich spreche, weiß ich, ich soll die Worte nicht benutzen, wie sie aus meinem Herzen kommen, sondern es soll Ausdruck finden, dass diese Menschen dem Hofstaat und dem Pharao zu dienen haben. Meine Gedanken sind in Verwirrung! Ich versuche, aufrecht und ehrlich zu leben und sage doch in diesem Augenblick nicht, was mir Wahrheit ist. Das schmerzt! Mein Herz wird krank darüber.

»Lass mich noch weiter in die Vergangenheit schauen«, bitte ich.

Ich sehe meine Mutter, meine Geburt, meinen Vater, einen Priester von hohem Rang. Um uns befinden sich Bedienstete. Eine Amme, die ich sehr liebe und die mir viel Liebe schenkt, hält mich in den Armen. Mein Vater schaut voller Stolz auf mich. Er genießt großes Ansehen, ist mir Vorbild und soll mir dies sein.

Ich werde älter.

Ich lerne, ritze mit einem Stück Holz Schriftzeichen in Lehm. Das Lernen macht mir Freude. Ich kann die Götter erkennen. Sie erscheinen in unterschiedlichster Gestalt. Eng verbunden sind sie mir und ich spreche mit ihnen: »Ihr Götter, ihr Großen, nehmt euren Sohn an.«

Ich lebe in einem großen Gebäude. Es ist hell, aus weißen und gelben Steinquadern gebaut. Alle treten mir hier zuvorkommend entgegen. Vieles gibt es zu lernen. Am wichtigsten ist mir die Begegnung mit den Göttern! Es existieren helle und dunkle Götter. Ich unterhalte mich mit ihnen. Von ihnen weiß ich, dass sie nicht auf uns Menschen schauen, um unseren Willen zu tun. Nein, sie führen uns. Sie freuen sich daran zu sehen, dass wir uns entwickeln!

Für die Götter ist die Entwicklungsfähigkeit das Besondere an den Menschen. Wir werden geboren, wir wachsen, wir lernen, wir sterben und kommen wieder in das irdische Sein, um Neues zu erfahren. Die Götter sind immer! Sie sind, was sie sind und bleiben, was sie sind. Wir Menschen sollen uns wandeln; das möchten die Götter fördern.

Die Götter sind nicht vollkommen. Sie leiten uns auch mit ihren Irrtümern, Wünschen und Ängsten. Das kann ich erkennen, denn von Geburt an habe ich Zugang zu ihnen.

Ich verstehe auch dies: Je mehr wir Menschen wachsen, uns entwickeln und eigenständig werden, desto mehr steht unser Wille ihrem Willen entgegen. Doch wir können ebenso aus eigenem Willen Übereinstimmung mit den Göttern finden und es gehört zu meinen Aufgaben als Priester, dies zu versuchen.

Mit diesen Mächten stehe ich als Mensch, als angehender Priester und später als hochrangiger und Hoher Priester in Verbindung. Ich weiß auch, über diesen Göttern existiert ein Höchstes, das nicht zu fassen und doch von größter Bedeutung ist.

All diese Kräfte möchten, dass wir wachsen, uns entwickeln und selbstständig werden. Auch wenn sie voller Irrtümer und von großer Unterschiedlichkeit sein mögen, geht ihr Streben dahin, die Welt in ihrer ganzen Bedeutung und das Höhere in seiner Wahrheit zu erkennen.

Sie schauen neugierig und voller Interesse auf uns Menschen, wie wir uns wandeln. Denn sie wollen sehen, in welcher Art wir die

Wahrheit des Höheren verstehen, damit auch für sie dieses zu Erkenntnis wird.

So leiten sie uns und zugleich betrachten sie mit angespannter Aufmerksamkeit, was wir von dieser Welt begreifen und entdecken, denn sie selbst sind hierzu nicht in der Lage. Sie sind groß und mächtig in der Gestaltung von Materie, in ihren Gedanken und Ideen, aber sie sind nicht mächtig im Erkennen des Höheren, das sie erschaffen hat, denn sie verharren in ihrer Eigenart. Allein aus dieser Position begegnen sie der Welt und machen ihre Erfahrung. Nur dieser eine Zugang zur Wirklichkeit ist ihnen bekannt. Demgegenüber können wir Menschen aus ganz unterschiedlichen Blickwinkeln betrachten, was uns widerfährt. Wir sterben und werden erneut geboren. Die Götter kennen diesen Prozess der Wandlung nicht. Sie sind darauf angewiesen, durch unsere Entwicklung zu erfahren, wie die Welt beschaffen ist und warum sie erschaffen wurde. Sie führen uns, damit wir wachsen, so wie sie meinen, dass es seine Richtigkeit hat, und lernen zugleich von unserer Einsicht über das Höhere, das auch sie bestimmt. Die Götter verfallen auch unseren Irrtümern, wenn wir für wahr halten, was nicht wahr ist!

Dieses Wissen vermittelt mir meine Lehrzeit und auch, dass falsch sein mag, was ich denke und fühle und verstanden zu haben meine.

»Wie ist mein Leben weitergegangen?«, erkundige ich mich.

Neues Geschehen wird mir gezeigt.

Mein Vater verheiratet mich mit einer sehr schönen Frau. Sie findet meinen Gefallen. Wir haben Kinder. Ich werde Priester und gewinne an Rang und Bedeutung. Denn der Blick der Götter ruht auf mir. Die Menschen sehen, dass ich die Götter kenne. Sie suchen, mein Wissen und meinen Zugang für ihre Zwecke zu nutzen.

Es gibt ein Verhalten der Menschen, das ich nicht verstehe: Sie streben nach materiellen Gütern und Reichtum. Ganz besonders streben sie nach Bewunderung und Anerkennung. Hier unterscheide ich mich von ihnen. Sie versuchen, sich größer zu geben, indem sie Bewunderung und Anerkennung der Menschen um sich gewinnen. Doch darüber geraten sie zugleich in höchste Not, da *sie diese eigene Größe nicht wahrhaftig besitzen, sondern es ist geliehene Bedeutung, die ihnen nicht gehört, die Schein ist und abfällt, die immer wieder erneuert werden muss und nur durch Macht und materiellen Reichtum erhalten werden kann. Das sehen die Menschen nicht und sie wissen nicht, wie sie wirklich Größe erreichen können. Ihnen bleibt verborgen, auf welche Weise sie das Gefühl, wahrhaft zu wachsen, erlangen.*

Deshalb sind sie den Göttern auch nicht nützlich, weil sie ihnen keine Erkenntnis zu dem, was das Höhere ist, schenken können.

Es gibt Kräfte und Mächte, die die Illusionen der Menschen zu ihrem eigenen Irrtum machen und die Menschen in ihrer Verblendung unterstützen. Diese Kräfte kann man dunkel nennen. Die Menschen suchen das vermeintliche Wachstum, das einfach und leicht erscheint. Welch eine Täuschung! Welch ein großer innerer Schmerz!

Die Menschen bauen ein Gebäude des Scheins, das zerfallen muss, weil es kein Fundament hat und eingerissen werden wird! Es wird von den Göttern zerstört, sobald diese erkennen, dass es Illusion ist. Sie fegen mit Wut über die Erde und wollen das Falsche vernichten, denn es ist ihre Aufgabe, das wahre Wachstum zu fördern. Ob Plagen, ob Sintflut ... die Möglichkeiten der Beseitigung sind vielfältig.

In dieser Spannung der Welten und Einflüsse, zwischen dem Wahrhaftigen und dem Schein, führe ich mein Dasein. Es ist schwer, damit zu leben. Aber indem ich mich dem aussetze, kann ich wachsen.

Von meiner Geburt bis zu meiner Zeit als hochrangiger Priester und meinem Tod existieren fortwährend Intrigen, Manipulationen, Täuschungen um mich herum, und sie machen mich einsam und schwermütig. Nur mein Zugang zu den Göttern schenkt mir Halt. Mein Herz leidet! Meine Frau und meine Kinder, die ich sehr liebe, können mir nicht helfen. Die anderen Priester, die hochrangigen Priester, die Hohen Priester, sie befinden sich um mich. Sie leben in Neid! Zugleich suchen sie durch mich die Verbindung zu den Göttern. Sie wissen um meine Beziehung zu ihnen. Die Menschen können mich nicht am Wachsen hindern. Denn die Kräfte wollen mein Fortschreiten. Doch in mir toben heftige Auseinander-setzungen und mein Herz leidet!

So sterbe ich und der Konflikt in mir bleibt auch nach meinem Tod bestehen. Ich kann ihm nicht entkommen.

Mein Leichnam wird präpariert. Es kommt dieser kalte schwarze Stein anstelle meines Herzens in die Brusthöhle, umgeben vom Sarkophag im dunklen Verlies. Meine Seele bleibt auf den Leib, der nicht vergeht, bezogen und weiß nicht, wie ihr Weg weitergehen kann. Sie leidet! Sie möchte verstehen und bewältigen, was sie erfahren hat. Allein sie ist gebannt.

Jetzt auf dieser Reise in die jenseitige Wirklichkeit besuche ich das dunkle Gefängnis. War zuvor meine Seele gebunden an die Pflicht, hier zu verharren und trug diese Pflicht auch in jedes neue irdische Leben, so kann ich sie nun befreien. Ich muss nicht mehr denen dienen, die nach falscher Anerkennung und Macht streben, die mich hierher verbannt haben, damit mein Zugang zu den Göttern ihnen zur Verfügung stehe. Diese Gewissheit ist nun in mir!

Mein Zugang zu den Kräften der Welt sollte den irdisch Mächtigen den Schein der Bedeutung geben. Nun, da ich dies erkannt habe, werde ich mich vom Ort, an dem mein Herz ver-harrte, da ein Stein es ersetzte, verabschieden. Ich darf mich befreien!

Ich weiß, es ist nicht einfach, die Bindung an falsche Pflicht hinter mir zu lassen. Tief in mein Wesen hat sie sich eingegraben. Lange Zeit stand ich in ihrem Bann. Der Schritt, der nun zu tun ist, um mehr Freiheit zu erlangen, fordert Bereitschaft, Offenheit und Vertrauen.

Ich spüre die Verbindung zu meinem Begleiter. Er ermutigt mich. Große Dankbarkeit ist in meinem Herzen!

Ich trenne mich von der Mumie, die mich auf dieser Erde gefangen hält und mir den Weg in die Freiheit versperrt. Ich darf in Freiheit leben! Dies soll geschehen, spreche ich zu mir.

In Gedanken entferne ich den schwarzen Stein aus der Brust des alten, mumifizierten Körpers und der Leib zerfällt zu Staub. Das kostet Kraft, doch: welche große Erleichterung!

Ich strebe weiter, immer weiter. Mein Leichnam gehört der Erde. Ich verneige mich vor dieser Erde.

»Hier, Erde, nimm deinen Leib wieder zurück. Ich danke dir, dass du ihn mir geliehen hast. Er ist deiner, nicht meiner. Er hat mir nie gehört!«, wende ich mich der großen Mutter Erde zu.

Ich beende die Bindung, die Gefühle, die mich derart verpflichtet haben. Nein, diese Pflicht, die mir durch den Stein und meinen Glauben auferlegt wurde, soll nicht mehr sein. Es ist gut so! Die Erfahrung des Lebens als Priester in Ägypten kann nun zu Erkenntnis reifen.

Richard saß auf der Wiese. Er spürte den Schamanen neben sich.

Dieser sprach zu ihm: »Nur weil du dies erlebt und erfahren hast, ist es dir möglich, daran zu wachsen. Deshalb kannst du erkennen und den Wert dieses irdischen Daseins verstehen. Was auf den ersten Blick als Behinderung erscheint, ist beim näheren Hinschauen ein wichtiger Entwicklungsschritt. Dein Bewusstsein weiß nun, was falsche Pflicht bedeuten kann! Der Seelenteil, der im ägyptischen Kerker gefangen war, hat nun zurück zu dir gefunden. Das ist Heilung! Schreib auf, Richard, was du erfahren hast.«

Richard notierte das Erlebte in sein Gedankenbuch. Dabei war ihm bewusst, dass der Schamane die ganze Zeit neben ihm weilte.

»Mein Freund, du hast mich zu dieser irdischen Existenz in alter Zeit begleitet. Ich konnte die Düsternis in der Grabkammer erkennen, an die ich mich gebunden fühlte. Ich danke dir dafür, nun den Schritt in die Freiheit machen zu dürfen«, wandte er sich an den großen Heiler.

»Richard, Freiheit ist unser höchstes Gut. Es entspringt der Erkenntnis. Wenn wir auf das Erfahrene schauen, seine Bedeutung verstehen und auf diese Weise gelernt haben, dann ist ein weiterer Schritt zur Freiheit getan.«

»Kannst du mir noch ein wenig helfen? In diesem Erdendasein in Ägypten gab es vieles zu sehen: das Thema der falschen Verpflichtung, das Wirken der Götter, der eigene Glaube an Vorschriften einer Religion, der irreleitende Respekt vor irdischer

Macht und gesellschaftlichem Ansehen ... Ich weiß, noch bin ich nicht frei von alldem. Was gilt es zu beachten?«

»Ja, es sind viele Themen. Für dich liegt das Wesentliche in der Frage, was deine Pflicht ist. Du hattest dich daran gebunden, dem Ansehen der auf Erden Mächtigen zu dienen. Deine Position als Priester und dein Glaube waren dir Verpflichtung. Nach deinem Tod ist durch die Mumifizierung des Leichnams und die Gabe des Obsidians anstelle des Herzens in deine Brust diese Zugehörigkeit erstarrt.«

Eine kurze Pause entstand.

»Richard, wenn du im irdischen Dasein Erfahrungen zu einem Thema machst, kann die Entwicklung deines Wesens nur dann fortschreiten, wenn du diese Erfahrungen in Erkenntnis wandelst. Dies ist nicht möglich, solange du in einer Bindung verharrst. Um dies besser zu verstehen, wirst du noch mehr schauen. In diesem Augenblick reicht das Gesagte.«

»Freiheit heißt, nicht mehr in Themen des Lebens gefangen zu sein, sondern die damit zusammenhängenden Aufgaben gelöst zu haben? Ist das richtig?«, frage ich.

»Ja. Zur Bewältigung dient insbesondere die Zeit zwischen den Leben. Richard, lass uns auf das Wirken der Götter schauen. Sie sind mächtige Kräfte, die das Leben der Menschen bestimmen. Du hast vernommen, dass sie unsere Entwicklung wünschen. Die Götter existieren in ihrer Eigenart und in dieser verbleiben sie. Sie können sich nicht wie wir Menschen, wie du, Richard, wandeln. Sie sterben nicht und werden nicht neu geboren. Sie bringen zu jeder Zeit ihren Charakter in die Welt und in unsere Existenz – allerdings in vielen Facetten und Variationen. Auch unsere Erkenntnis, die sie aufnehmen, wandelt sie nur im Ausdruck. Trotzdem suchen sie diese. Denn sie wollen wie wir das Höchste erkennen. Die Götter vertreten Eigenschaften, wie die Fruchtbarkeit, die Liebe, das Sterben, den Krieg, das Schicksal, aber auch das Meer, die Luft, die Erde ... – alles, was auf dieser Erde existiert!«

»Das Höchste habe ich im Christentum gesucht. Du sagst, die Götter suchen es ebenso und fördern uns auf unserem Weg der Erkenntnis.«

»Wenn du zu den Göttern reist, dann siehst du, dass sie unsere Entwicklung, wie die aller sterblichen Lebewesen auf dieser Erde, befördern. Sogar den Wandel des Mineralreichs bewirken sie. Hier schließt sich ein Kreis unserer Betrachtung. Im Erdendasein in Ägypten stand die Pflicht im Mittelpunkt. Die Götter möchten, dass das Dienen des Menschen die Wahrheit befördert. Diese liegt im Höchsten. Das zu erkennen ist deine Aufgabe!«

Gedankenverloren erhob sich Richard. Er schulterte seinen Rucksack und schritt weiter den Hang hinauf. Wie in Trance setzte er seine Schritte. Weit flogen seine Gedanken. Der Schamane schien neben ihm mitzuwandern.

Nach dem Tod gilt es zu verarbeiten, was im Leben erfahren wurde. Im Jenseits ist Gelegenheit, darauf zu schauen und das Geschehen besser zu verstehen. Doch wenn die Seele an ein Thema gebunden bleibt wie in Ägypten, dann müssen wohl die Erfahrungen weiterer irdischer Existenzen dem Wesen den Anstoß geben, sich zu wandeln. Solange die Entwicklung an diesem Punkt nicht fortschreiten kann, ist hierzu keine Erkenntnis möglich. Das Thema bleibt unbewältigt, die Seele verharrt und erwirbt erst mit der Lösung Freiheit, fasste er für sich zusammen, was er verstanden hatte.

Zufrieden und dankbar fühlte sich Richard.

»Ich danke dir, Schamane, für die Einweihung in die Geheimnisse des Seins. Alles, was mir begegnet, ist mit den Göttern verbunden und voller Leben. Der Wolf, die Eibe, die Schlange, die Biene und der Wacholder haben zu mir gesprochen. Sie führen uns Menschen – ich habe dies erfahren. Sie wollen meine Entwicklung. Ein wesentlicher Punkt des Wandels liegt im Sterben!«

Richard verneigte sich in Gedanken vor dem großen Heiler.

»Danke, dass du mir versprochen hast, hierzu noch mehr schauen zu dürfen.«

Dann verharrte er einen Augenblick, bevor er weitersprach.

»Eine Frage habe ich noch, großer Schamane«, wandte er sich an seinen Begleiter. »Wenn wir Menschen sterben – ist dieser Augenblick für uns Menschen gleich oder erleben wir dies ganz unterschiedlich?«

»Je bewusster ihr eurer selbst seid, je mehr Freiheit ihr gewonnen habt, weil es euch gelungen ist, wichtige Aufgaben des Menschseins zu bewältigen, desto klarer erlebt ihr den Tod. Je mehr Lösungen ihr bereits während des Erdendaseins für die Herausforderungen eurer Existenz gefunden und Einsicht erworben habt, desto mehr Licht begegnet ihr bei eurem Sterben. Für den einen Menschen ist der Tod wie ein traumloser Schlaf, für den anderen wie ein bewegender Traum, an den er sich beim Aufwachen erinnern kann. Doch die Seele lernt, wie im Traum, die ganze Zeit.«

»Und wenn die Menschen vor dem Eintritt in ein neues Erdendasein stehen, dann wissen sie, was auf sie zukommt? Ist das so, Schamane?«

»Richard! Die Menschen meinen oft, die Zeit im Jenseits zwischen den Erdenleben sei voller Klarheit. Das ist keinesfalls so. Möglicherweise ist Klarheit im Rückblick hinsichtlich einiger Ereignisse im vergangenen Leben entstanden. Dies mag als überwältigend erfahren werden, ist jedoch weit entfernt von Weisheit. Was ich bei meinen Reisen in die jenseitige Welt gesehen habe, ist, dass sich aus der erlangten Einsicht, den unbewältigten Themen, den Ängsten und Wünschen die Bedingungen für das kommende irdische Leben ergeben. Insofern ist das neue Erdendasein auch das für die weitere Entwicklung bestmögliche – zugleich jedoch auch voller Irrtum und Täuschung. Das Menschenwesen besitzt einen eigenen Willen, der dem Kommenden zustimmt. Doch dieser Wille ist unfrei, gebunden an die Unvollkommenheit, solange er vom höheren Willen getrennt und damit eigen ist.«

Ein Moment der Stille trat ein. Dann hörte Richard wieder die inzwischen so vertraute Stimme.

»Für den Schamanen existieren keine Grenzen. Er kann in das Reich der Verstorbenen reisen und auch dort heilsam wirken. Richard, bedenke immer, es geht um das Ganze. Du bist nur ein Aspekt von etwas Größerem. Dein Beitrag zum Höheren, dein Handeln für das Gedeihen der Schöpfung, bemisst den Ertrag deiner irdischen Existenz. Allein dies zählt. Bewusstsein ist nie individuell.«

»Danke«, murmelte Richard. Gleichmäßig berührten seine Füße den weichen Boden.

»Warum glaubt der Mensch an Religionen? In Ägypten war das doch auch eine große Behinderung. Wenn der Priester nicht gemeint hätte, sein Herz müsste im Körper sein, damit er das Jenseits erreichen kann, dann wäre die Entwicklung einfacher gewesen.«

»Im Glauben bildet sich das Bewusstsein ab. Sicher, der Priester befand sich auf einer Stufe, die weiter entwickelt war als die herrschende Religion. Aber dies musste er erst erkennen. Ihm war dies nicht bewusst! So hat sich auch nach seinem Tod dieser Stand der Erkenntnis ausgedrückt. Die Menschen schaffen sich Religionen, weil in ihnen das Wissen ruht, dass die Zeit auf dieser Erde dem Sein im Jenseits dient. Leben ist nicht materiell, aber es findet in der Materie einen Ausdruck. Die irdische Existenz wirkt in die jenseitige nichtmaterielle Welt – die Welt des Lichts. Gerade die ägyptische Kultur war ganz auf das Jenseits ausgerichtet. Hierzu strebten die Menschen. Darum wurde der Priester auch gesucht und anerkannt. Darum sollte er dem Hofstaat und dem Pharao dienen.«

»Schamane, eines möchte ich noch gerne verstehen. Die Götter wollen, dass der Mensch sich entwickelt und Erkenntnis gewinnt. Der Mensch irrt. Er probiert Wege und Lösungen, die sich als falsch und illusionär erweisen. Durch Macht und Herrschaft gibt er sich mehr Bedeutung und fordert größere Anerkennung, als sein Beitrag zum Gedeihen des Ganzen tatsächlich begründet. Die Götter können diesem Irrtum des Menschen mit verfallen. Dies zeigt mir das Leben des Priesters in Ägypten. Handeln dann die Götter, wenn sie der Fehlentwicklung gewahr werden, tatsächlich in der Weise, dass sie den Menschen vernichten und zu einem Neubeginn zwingen?«

»Ja, Richard.«

Es entstand eine kleine Pause.

»Du weißt, dass die Menschen durch Naturkatastrophen, Seuchen, Hungersnöte und Krieg leiden und sterben. Das ist die Realität! Was ist und wachsen wollte, wird zerstört. Ein Neuanfang wird gesetzt. Wir Schamanen versuchen, den Einklang zwischen den Menschen und Mächten herzustellen. Wir reisen zu den Göttern. Wir überbringen den Menschen die Botschaft, was zu ändern ist und wie der Irrtum überwunden werden kann. Wir teilen mit, was die Götter verlangen.«

Wieder stockte die Rede.

»Wir verhandeln auch mit den großen Mächten. Doch unser Wissen und unser Einfluss sind gering. Auch die Götter befinden sich im Wettstreit. Auch sie verkennen ihre Rolle und Bedeutung. Es gibt Zeiten, da vernichten sie uns Menschen ohne Ansehen. Dann müssen wir den Neubeginn wagen und entdecken, was auch dieses Geschehen an Erkenntnis birgt.«

Richard erschrak über das, was er zuletzt vernommen hatte. Doch er wusste, der Schamane hatte recht. Eine Sturmflut, ein Erdbeben, eine Seuche, ein Krieg tötet Menschen ohne Ansehen. Das gehört zur Wirklichkeit.

So ist die Welt des Schamanen, dachte sich Richard. Seine Erfahrungen mit den Geistern, Mächten und Göttern gestalten sie. Er ist in Kontakt mit vielen Wesen, die andere Menschen nicht wahrnehmen.

Richard hatte sich am zweiten Tag seiner Wanderung durch die Wildnis an eine irdische Existenz als schamanischer Heiler erinnert. Von daher wusste er, dass das Handeln des Medizinmanns von Geistwesen unterstützt wird. Er besitzt vertraute Freunde in der Geisterwelt.

Seine Gedanken schweiften weiter. Er dachte an die vergangenen Jahre. Während seines Studiums der Theologie hatte er natürlich auch das Alte Testament gelesen. Er erinnerte sich, was im Buch Exodus steht.

»Der Herr verhärtete das Herz des Pharao, des Königs von Ägypten, sodass er den Israeliten nachjagte, während sie voller Zuversicht weiterzogen ...

Mose aber sagte zum Volk: Fürchtet euch nicht! Bleibt stehen und schaut zu, wie der Herr euch heute rettet ... Der Herr kämpft für euch und ihr könnt ruhig abwarten.

Der Herr sprach zu Mose: Was schreist du zu mir? Sag den Israeliten, sie sollen aufbrechen. Und du heb deinen Stab hoch, streck deine Hand über das Meer, und spalte es, damit die Israeliten auf trockenem Boden in das Meer hinausziehen können. Ich aber will das Herz der Ägypter verhärten, damit sie hinter ihnen hineinziehen. So will ich am Pharao und an seiner ganzen Streitmacht, an seinen Streitwagen und Reitern meine Herrlichkeit erweisen ...

So trieb der Herr die Ägypter mitten ins Meer. Das Wasser kehrte zurück und bedeckte Wagen und Reiter, die ganze Streitmacht des Pharao, die den Israeliten ins Meer nachgezogen war. Nicht ein einziger von ihnen blieb übrig.«

Oft hatte Richard sich gefragt, was dieses Handeln des Herrn bedeuten sollte. Erst verhärtete er das Herz und dann tötete er die Menschen, weil sie sich entsprechend ihrem verhärteten Herz verhielten. In jeder Hinsicht schien ihm dies ungerecht. Und warum diese Umstände? Hätte der Herr die Ägypter nicht auch ohne diese Falle zu stellen töten können?

Gut, so haben die Menschen das Geschehen in früherer Zeit verstanden, sagte er sich. Jedenfalls wird deutlich, wie hier das Wirken der Götter in einer Welt des Irrtums geschildert wird und sie die Menschen führen, die zugleich einen eigenen Willen besitzen. Genau in dieser Weise beschreibt auch der Schamane die Welt und habe ich sie in der Schau auf das ägyptische Leben erfahren, überlegte er. Aber dieser Herr aus dem Buch Exodus entspringt einer anderen Vorstellung von Gott als die, die das Neue Testament beschreibt. Es scheint ein Wettstreit zwischen den Göttern zu herrschen. Sie setzen in ihrem Handeln auf unterschiedliche Menschengruppen, Kulturen und Religionen.

Mit dieser Erkenntnis schob er die Gedanken an die Bibel wieder beiseite.

Ein Herz zu verhärten, es zu Stein werden zu lassen, dies ist mir als zentrales Motiv begegnet, ging es ihm durch den Kopf. Der Mensch muss mit seinem Herzen bei allem, das ihm begegnet, ganz beteiligt sein. Er soll auf sein Herz hören! Ist sein Herz verhärtet, dann schreitet er auf seinem Lebensweg nicht voran.

Ruhe war eingekehrt – Frieden mit dem heutigen Erleben. Zeit verging, bevor neue Gedanken und Erinnerungen auftauchten. Seine Begegnungen mit der Kirche kamen Richard in den Sinn.

Finden nicht in den Kirchen ganz tiefgreifende Auseinandersetzungen um den Glauben statt? Geht es hier nicht genau um das, was ich in der irdischen Existenz des Hohen Priesters gesehen habe? Ist Kirche deshalb wichtig, damit auch bei der Begegnung mit dem Religiösen das falsche Dienen, das Machtstreben und die eigene Erhöhung überwunden werden können?, dachte er.

»Noch eine allerletzte Frage«, wandte er sich dann an den Schamanen. »Warum erlebe ich diese Tage in der Wildnis?«

»Die Antwort musst du selber finden und das Leben wird sie dir geben. Nur so viel: Du sollst zu Ende führen, was du begonnen hast. Deine Seele möchte in diesem Erdendasein vieles, an dem sie noch hängt, beenden und zu Einsicht führen. Sei hierfür bereit!«

Während Richard weitermarschierte – zwischenzeitlich hatte er den Gipfel des Hügels überschritten –, verlor sich der Kontakt zum Schamanen. Der weite Blick auf die Landschaft lag vor ihm. Er fühlte sich aufgehoben auf dieser Erde. Seine Gedanken streiften frei durch die Welt. Er suchte nicht. Er war!

Schließlich erreichte er die Nähe eines kleinen Wäldchens und da meinte er, am Waldrand kurz den Schatten seines so vertrauten, treuen Begleiters zu erkennen. Unbändige Freude erfasste sein Herz. Er hatte seinen Gefährten, den Wolf, vermisst. Richard lenkte seine Schritte zum Wald. Im Windschatten der Bäume wollte er die Nacht verbringen.

Er entzündete ein kleines Feuer, kochte sich einen Tee, aß den Rest des Brots und ruhte, während sich die Sonne immer mehr zum Horizont neigte. All das Erlebte erfüllte sein Denken. Er fühlte sich glücklich. Keine Sorge vor dem kommenden Tag verdunkelte sein Herz.

Er öffnete sein Gedankenbuch. Überlegungen zur Freiheit und zum Irrtum wollte er vor dem Schlafen noch notieren.

Die Freiheit und der Irrtum

Das Leben in Ägypten und die Weisheit des Schamanen haben mich gelehrt, dass Freiheit am Ende der Entwicklung des Menschen steht. Er wandelt sich von einem an Themen gebundenes in ein freies Wesen.

Kommt der Mensch in die Welt, steht er vor Aufgaben, die er zu bewältigen hat, um sein Bewusstsein zu entwickeln. Diese Aufgaben fordern ihn zutiefst. Er verwickelt sich in die Herausforderungen der irdischen Existenz. Gefühle der Wertlosigkeit, der Angst, des Hasses, des Neides, der Wut oder der falschen Pflicht bilden sich und binden ihn solange, bis ein Thema gelöst ist. Ist eine Aufgabe bewältigt, dann ist er frei von dieser und seine Gefühle gehen einen Schritt weiter in Richtung der Liebe.

Menschengruppen, Völker können dem kollektiven Irrtum verfallen und sich an Illusionen binden. Ihre Taten, ihre Geschichte soll größer, edler und bedeutender sein, als sie es tatsächlich war. Die Menschen streben nach Größe und Anerkennung und verherrlichen die Geschichte ihrer Gemeinschaft. Solange diese falsche Vorstellung besteht, solange bleiben sie an ein Thema gebunden und unfrei. Erst die ehrliche Bewältigung schenkt ihnen Freiheit. Unfreiheit bedeutet Schicksal und bestimmt unbedingt und ohne Nachsicht über das Leben der Menschen. Schicksal bindet den Menschen an die Themen, die er zu bewältigen hat. Wie wertvoll ist es, wenn der äußere Freiraum gegeben ist, das Schicksal zu bewältigen, es zu einer Lösung zu führen.

Zugleich, wie sehr spiegelt sich das Bewusstsein in der Unfreiheit der äußeren Bedingungen. Diese Unfreiheit ist die Herausforderung, um sie zu überwinden! Sie begegnet dem Menschen auf jeder Stufe seiner Entwicklung. Nicht nach innerer Freiheit zu streben bedeutet, sich nicht zu wandeln.

Solange der Mensch unfrei ist, ist sein Wille getrennt vom höheren, göttlichen Willen. Er verfolgt die Ziele, an die er gebunden ist.

Noch ein Wort zum Irrtum: Dieser besteht immer und solange, bis der letzte Schritt zur Freiheit getan ist.

Müde legte Richard das Buch beiseite. Mit einem Gebet an Gott und einem Dank an den Schamanen schlief er ein.

Sechster Tag – Der Wolf und die Reise in das Jenseits

Hellwach war Richard, als er auf seine Uhr schaute. 3 Uhr 24 zeigte das Ziffernblatt. Angestrengt versuchte er, sich an den Traum zu erinnern, der immer noch sein Empfinden erfüllte. Es wollte ihm nicht gelingen. Nur Fetzen blieben bewusst.

Der Wind strich kühl über sein Gesicht und der Mond erhellte die Erde.

Ein großer Spiegel ist dieser Mond, dachte er. Mitten in die irdische Nacht spiegelt er das Licht der Sonne. Vielleicht stehen auch Venus, Mars, Saturn oder Jupiter am Himmel? Doch zu wenig weiß ich von der Sternenkunde, um diese erkennen zu können. Unter dem Einfluss der Planeten steht das Leben auf der Erde. In ihnen zeigen sich die großen Götter.

Lange lag Richard auf dem Rücken und schaute in die Weite des Firmaments. Müdigkeit wollte sich nicht einstellen. Er dachte an den Schamanen. Ehrlich teilt er mit, was er in seinem Leben erfahren hat, überlegte Richard und fühlte große Dankbarkeit dafür. Nicht Dogmen und Glaubenssätze bestimmen sein Denken. Auch behauptet er nicht, frei von Irrtum zu sein. Er weiß, wie verschiedenartig sein Erleben von dem anderer Menschen ist. Tiefer als andere lässt er sich von der Welt berühren. Er besitzt die Größe, dies zu ertragen.

Richard schien, als fordere der Schamane ihn auf, seinen treuen Begleiter, den Wolf, zu rufen.

»Mein Freund, mein treuer Freund, der du mich in dieser Wildnis führst und mir deine Heimat zeigst, komm zu mir!«, rief er.

Er schloss die Augen und konzentrierte sich auf seinen Gefährten. Er wollte ihn bei sich spüren. Da sah er ihn vor seinem geistigen Auge und fühlte sich eins mit diesem wilden Tier.

Der Wolf

Der Wolf streift durch die vom Mondlicht erhellte Steppe. All seine Sinne lauschen den Klängen der Natur. Er riecht die Lebewesen, erkennt in der Dunkelheit, welche Pflanzen um ihn wachsen, hört das feinste Rauschen im Gras. Eine Maus! Keine zwei Meter von ihm entfernt. Nase und Ohr verfolgen ihr schnelles Laufen. Dann ist sie im Erdloch verschwunden. Kurz hat der Wolf innegehalten und seinen Körper bereit für einen mächtigen Sprung angespannt. Nun trabt er weiter – vereint mit dem Geschehen auf der Welt. Er lebt eingehüllt in die Empfindungen seiner Sinne. Die bunte Vielfalt der Gerüche und Geräusche schaffen eine dichte Atmosphäre, die ihn lebendig umgibt.

Das schöne, graue Tier ist voller Achtsamkeit. Nichts soll ihm entgehen. Seit alters her streift der Wolf über das Land. Voller Neugier schaut er vom Waldrand auf die Gruppe Menschen am Feuer. Jedes Lebewesen aus Fleisch und Blut findet sein Interesse. Es sind keine Gedanken, die ihn beschäftigen. Es ist vollkommene Konzentration auf den Augenblick. Die Menschen tanzen und singen. Der Wolf fühlt sich gerufen. Er beobachtet das Geschehen. Das ist seine Stärke!

Die Menschen locken den Wolf. Sie halten ihm die Hand mit Futter hin. Er nähert sich – ein kräftiges starkes Tier. Das Verhalten der Menschen wird ihm vertraut und fordert ähnlich wie sein Rudel die unbedingte Aufmerksamkeit. Mensch und Wolf werden Jagdkameraden. Behutsam schleicht sich der Wolf an die Gruppe Rehe an. Der Wind kommt aus ihrer Richtung. Er treibt sie den Menschen mit ihren Speeren zu. Er fragt nicht, warum. Das Leben will gelebt sein!

Sie werden Kriegskameraden. Bewaffnet mit Pfeil und Bogen, Schild und Speer kämpfen die Menschen, stürzen zu Boden und der graue Gefährte ist dabei. Doch ganz anders als die Menschen erlebt das Tier keine Wut. Es entsteht keine Genugtuung über den Tod der anderen. In seinem Empfinden bleibt der Wolf vollkommen gelassen. Die Gefühlswelt des Menschen gibt es für ihn nicht. Selbst wenn ihn ein Pfeil trifft: Er hat Schmerzen, aber kennt nicht die Gefühle der Vergeltung. Er lässt es geschehen.

Der Wolf wandelt sich zum Hund. Er lebt bei den Menschen, teilt das Dach ihrer Hütte. Doch warum es so ist, wie es ist, darüber denkt er nicht nach.

Ein großer, braun-grauer Wolf schaut mich an.

»Erzähle mir von dir«, bitte ich ihn. »Du schönes Tier, ich möchte dich besser verstehen!«

»Dann komm mit mir«, spricht er. Abrupt wendet er sich um. Ich folge ihm, hole ihn ein und laufe neben ihm her. Es strengt mich nicht an, mit seinem schnellen Gang Schritt zu halten. Voller Energie und Freude fühlt sich das Leben an. Dann tauchen wir in einen weißen Nebel ein und das Licht bricht sich in schwach scheinenden Strahlen. Je weiter wir laufen, desto stärker erhellt es den Raum und verdrängt die feinen Nebeltropfen.

Zart und feinfühlig erscheint die Welt. Das hatte ich nicht erwartet. Neben mir erkenne ich meinen Begleiter. Sein Fell, bedeckt mit kleinsten Wassertropfen, glänzt. Wie in einem Gewand aus Perlen erstrahlt sein Körper, während wir am Rande der weißen Nebelschwaden auf einer von Licht durchfluteten Wiese stehen. Das schöne Tier ist kraftvoll und erdverbunden, wild und doch zähmbar, vollkommen bereit und offen dafür anzunehmen, was das Leben zeigt.

»Meine Welt ist voller Empfindsamkeit«, spricht der Wolf zu mir. »Mit höchster Achtsamkeit nehme ich alle Erscheinungen in ihrer Feinheit und Vielfalt wahr. Kleinste Nuancen sind für mich von Bedeutung.«

»Ist deine Welt vollkommen anders als die der Menschen?«, möchte ich wissen.

»Als der Mensch noch tief verbunden mit der Natur lebte, konnte auch er jede ihrer kleinen Äußerungen und Regungen wahrnehmen – feinste Spuren, Gerüche, Geräusche, Bewegungen. Der Mensch wusste darüber so wie ich. Die unglaubliche Fülle des Lebens schenkte ihm Freude am Sein«, erwidert mein Gefährte.

»Warum ist das heute nicht mehr so? Wo liegen die Unterschiede zwischen dir und den Menschen?«

»Ich bin klug, doch ich diene nicht dem Verstand. Das macht ihr Menschen von heute. Mein Streben ist es, die Welt zu erfahren, nicht sie zu verstehen. Natürlich lerne ich. Ich weiß über die Wirklichkeit, aber ich verstehe sie nicht. Für mich bedarf es keiner Begründung des Geschehens. Nie könnte ich die Berechtigung

dessen, das mir begegnet, in Frage stellen. Auch wenn ich Angst habe, Schmerzen und Not erlebe, so stellt mein Denken das, was ist, nie in Frage.«

»Und können wir von dir lernen, die Wirklichkeit auf diese direkte Weise zu erleben?«

»Ihr Menschen könnt von mir lernen. Wahrhaftigkeit: denn warum sollte ich die Welt anders sehen wollen, als sie sich mir zeigt? Vertrauen: denn jedes Ereignis und Geschehen hat seine Berechtigung.

Feingefühl und Aufmerksamkeit: Alles soll Beachtung finden. Auf diese Weise begegnet die Seele durch mich dem irdischen Sein.«

Der Wolf scheint zu zögern. Dann fährt er fort zu erzählen.

»Ich kenne auch Schmerz, Leid und Not. Doch ich klage nicht darüber. Zu klagen bedeutet, die Welt für mich anders zu fordern. Dies ist nicht mein Charakter, sondern eine Eigenschaft des heutigen Menschen.«

»Erzähle mir ein wenig, wie du die Begebenheiten erfährst, wenn du ihnen in dieser Weise begegnest«, bitte ich.

»Ich jage und töte. Mit größter Feinfühligkeit spüre ich die Beute auf – ihr Herzschlag, ihr Atmen, kleinste Geräusche und Gerüche, die Wärme des Blutes. Zwischen mir und meiner Beute besteht eine enge Beziehung. Auch für das Beutetier gilt wie für mich: Es gibt keinen Grund zu klagen! Es stirbt, aber die Welt ist deshalb nicht ungerecht.«

Wieder stockt die Stimme und wird etwas leiser.

»Es gibt Zeiten des Hungers. Die Welpen sterben in der Höhle. Auch das gehört zu meiner Realität.«

Mein Gefährte berührt mich leicht am Oberschenkel. Er sucht den Kontakt zu mir. Es scheint ihm viel zu bedeuten, dass ich verstehe, was er zu sagen hat. Laut und kräftig spricht er nun.

»In der Nacht – voller Geräusche und Gerüche. Ich höre das Heulen anderer Wölfe. Wir sind miteinander verbunden. Ich kenne Traurigkeit und Sehnsucht, wenn ich die Trennung spüre.«

»Erzähle mir noch mehr«, fordere ich meinen Begleiter auf. Noch immer stehen wir im hellen Licht auf der grünen Wiese. Ab und an schwebt ein Fetzen weißen Nebels an uns vorbei und löst sich in den hellen Strahlen auf.

»Gerne liege oder sitze ich am Waldrand und schaue auf die Lichtung. Sehen und nicht gesehen werden. Lautlos. Alles findet mein Interesse!«

Das schöne Tier wendet seinen Kopf zu mir und schaut mich mit seinen hellbraunen, wie Bernstein funkelnden Augen direkt an. Eindringlich spricht es weiter.

»Du musst großes Feingefühl entwickeln, um mich zu verstehen. Für dich mag nichts Bemerkenswertes im Geschehen um dich erkennbar sein, für mich schon. Für dich mag es alltäglich sein, ohne Neuigkeit. Meine Wahrnehmung ist nie in Routine gefangen.«

»Kannst du mich lehren, auf deine Weise dem Sein gegenüberzutreten?«

»Für euch Menschen ist es schwierig, meine Wirklichkeit zu betreten. Hierfür müsst ihr eure Sinne schärfen und der kleinsten Bewegung, dem geringsten Geräusch, dem feinsten Geruch Beachtung schenken. Dies zu tun macht mich zu einem erfolgreichen Jäger. Ich achte auch auf die geringfügigsten Regungen meiner Rudelmitglieder. Hieraus erwächst das ›blinde‹ Verstehen. Durch mich könnt ihr Menschen lernen, das Geschehen auf empfindsame Weise zu erfahren. Eure Abgestumpftheit, Vorurteile, euer Desinteresse schwinden. Jeder Augenblick zeigt sich voller Magie und Fülle. Alles, was geschieht, ist von Belang. Auch bei tiefster Erschöpfung, Hunger und Müdigkeit bleibe ich voller Aufmerksamkeit.«

»Deshalb bist du ein Helfer des Schamanen?«

»Ich bin dem Heiler Wegweiser. Seine Wahrnehmung muss eine besondere Qualität erlangen; das Geschehen soll feinfühlig aufgenommen werden; Bewertungen treten in den Hintergrund. Meine Führung schickt sein Wesen auf eine weite Reise!«

Mir scheint, als geschehe die Reise des Schamanen in andere Welten, weil dem Heiler durch seine hohe Empfindsamkeit diese bewusst werden. Schon immer waren sie präsent, konnten aber nicht erkannt werden.

In den Augen des Wolfs kann ich Zustimmung zu meinen Gedanken lesen. Dann spricht er.

»Meine Kraft soll frei und ungezähmt in der Welt sein. Für euch Menschen kann dies als Bedrohung erlebt werden. Denn eure Lebensverhältnisse erlangen ihre Stabilität, indem ihr wesentliches Geschehen nicht wahrnehmt. Ihr könnt nicht jedem Ereignis und Detail Beachtung schenken, weil ihr dann eurer Welt eine andere Bedeutung geben müsstet, als sie im Augenblick für euch hat. Ich kenne ein derartiges Bestreben nicht. Ich beschränke meine Wahrnehmung nicht.«

Eine Pause tritt ein. Das Fell meines klugen Tieres glänzt im Licht. Wir schauen in die von Helligkeit durchflutete Ferne. Dort, wo die Lichtstrahlen auf den Nebel treffen, hat sich ein Regenbogen gebildet und umfasst in vollendeter Schönheit die weiß strahlenden Wolken. Schweigen erfüllt mein Herz! Ich weiß nicht, wie lange wir so stehen und über die Schönheit des Anblicks staunen, als ich die Stimme des Wolfs leise vernehme.

»Was willst du nicht sehen? Diese Frage stelle ich dir und jedem Menschen.«

»Das kennst du nicht, die Tatsachen nicht sehen zu wollen, weil du ganz anders als wir Menschen bist?«, unterbreche ich die Gedanken meines Gesprächspartners.

»Ich begegne der Welt offen mit allen meinen Sinnen.«

»Was bedeutet dies für deine Empfindungen und Gefühle?«

»Ein Geruch. Ein Geräusch. Ein Reh. Größe. Entfernung. Ich beobachte. Es äst. Ich schleiche näher. Es ist aufmerksam. Zwischen dem Kauen legt es Pausen ein, um die Umgebung zu überwachen. Ich umgehe das Wild und nähere mich gegen den Wind. Vögel rufen. Der Geruch wird intensiver. Ein älteres, kräftiges Tier. Ich muss vorsichtig sein. Dann knackt ein Zweig, auf den ich trete. Das Reh hat den Laut vernommen. Langsam und zugleich zielstrebig bewegt es sich weg von mir. Ich werde es nicht mehr erreichen und halte inne. Ich verfolge das Geräusch seiner Tritte, wie es sich zunehmend weiter entfernt. Ich kenne keine Enttäuschung, denn ich habe mich nicht getäuscht. Ich kenne keinen Ärger, denn es darf sein, was ist. Wenn ich ein Tier jage,

dann ist dies wie Liebe. Ich verehre es und es hat für mich allergrößten Wert. Es schenkt mir Leben. Wenn ich es töte, fühle ich mich auf das Tiefste mit ihm verbunden.«

»Dies ist eine andere Welt als die unsere. Aber ich ahne, was du meinst.«

»Es ist nicht die von euren Gedanken erschaffene Welt, sondern die von allen Sinnen wahrgenommene. Hier gibt es viel zu entdecken und ein großer Reichtum liegt vor euch.«

»Was ist mit den Geistern und Göttern?«, werfe ich ein.

»Sie sind, wie sie sind. Sie finden nicht meine besondere Beachtung. Ich empfinde ihre Anwesenheit. Sie gehören dazu. Warum sollte es nicht so sein?«

»Gut. Ich versuche dich zu verstehen. Warum ist unsere Weltsicht derart unterschiedlich?«

»Durch mich erfährt die Seele anderes als durch den Menschen. Denn der Mensch ist kein Wolf und der Wolf kein Mensch. Bei euch Menschen trifft die Seele oft auf Gefühle und Gedanken der Abwehr, Abneigung, Unzufriedenheit, Demütigung, Abhängigkeit, Überheblichkeit. Das ist ihr wichtige Erfahrung.«

»Und woher kommen solche Gefühle?«

»Ihr Menschen sucht für euch den Vorteil. So versteht ihr die Welt. Ich suche keinen Vorteil. Ich nutze die Lebensmöglichkeiten, die sich mir bieten. Aus der Suche nach einem Vorteil entstehen die unangenehmen Gefühle, die ihr auf andere Menschen richtet, die aber in euch begründet sind.«

»Inwiefern suchst du nicht deinen Vorteil?«

»Ich nutze ihn, aber ich suche ihn nicht in dem Sinne, dass er mir zusteht. Verstehst du den Unterschied?«

»Er entsteht für dich, aber du erhebst keinen Anspruch darauf?«

»Ja. Ich kenne nicht die Haltung, dass der Vorteil für mich da sein sollte.«

»Wir Menschen bewerten alles Geschehen danach, ob es uns von Vorteil ist. Hindert uns ein anderer, einen Vorteil zu erlangen oder verursacht er gar einen Nachteil, jedenfalls in unserem

Verständnis, entsteht für uns ein Konflikt, der schlechte Gefühle uns und den anderen Menschen gegenüber hervorbringt.«

»Genau. Ich kenne auch den Konflikt, aber nicht die schlechten Gefühle.«

»Aber du kennst auch die Angst.«

»Ja. Leid, Not und Angst gehören zu mir – auch Trauer und Freude. Doch ich konstruiere nicht die Welt, wie sie sein soll!«

»So können wir von dir, Wolf, lernen, das Geschehen unmittelbarer zu erfahren!«

»Ich beobachte euch Menschen. Oft ist euer Herz gefangen. Ich höre sein hartes Schlagen. Euer Herz ist krank! Es kann zerbrechen. Ich bewerte das nicht, weiß aber, würdet ihr gejagt, fehlte euch die Ausdauer. Ein Tier mit krankem Herzen ist leichte Beute. Meist ist es alt und wird den nächsten Winter nicht überstehen.«

»In dieser Weise zu spüren, auch das kann der Schamane von dir lernen!«, möchte ich wissen.

»Ja, ist er mit meiner Kraft verbunden, besitzt er die Feinfühligkeit, die Schwächen und Krankheiten der Menschen zu empfinden – natürlich auch ihre Stärken und Fähigkeiten!«

Eine weiße Gestalt, wie ein in einen Mantel gehüllter Mensch, kommt aus der Ferne der Wiese auf uns zu. Ihre Konturen verschwimmen immer wieder mit dem Hintergrund. Während sie sich uns nähert, höre ich ihre Stimme: »Frei wie der Wolf ist die Seele voller Empfindsamkeit dem Leben zugewandt. Niemals wertet sie, jedes Geschehen ist von hoher und gleicher Bedeutung. Doch auf dem Wege ihrer Menschenerfahrung wird sie im Irdischen gehalten. Ihre Empfindsamkeit verharrt und stockt bei der Bewältigung von Lebensthemen. An diese bindet sie sich, bleibt in ihnen wie ›gefangen‹, bis sie bewältigt sind. Erst danach entsteht wieder mehr Freiheit! Wie ein Wolf in Gefangenschaft verliert die Menschenseele ihre ›Unschuld‹. Sie findet sich in einer Haltung der Härte, Unempfindlichkeit, ganz abgestumpft wieder. Sie wird einer ›Ordnung‹ unterworfen, was Begrenzung und Beschränkung bedeutet. Sie ist unfrei! Wie der Wolf in Gefangenschaft kann sie ihre Natur nicht leben.«

Die Gestalt steht nun neben uns. Ich fühle mich aufgehoben in ihrer Gegenwart. Die Helligkeit ihrer Erscheinung schillert in feinen Strukturen, die sich immer wieder aufs Neue bilden. Sie fährt fort, zu mir zu sprechen: »*In der Gefangenschaft der Seele erlebt der Mensch Gefühle von Demütigung, Traurigkeit, Einsamkeit oder Sinnlosigkeit und über diese Gefühle kann sich Wut, Unterordnung oder Despotie legen. Der Weg in der Gefangenschaft ist ein Weg des Leides. Er muss gegangen werden, um die Freiheit zu erkennen. Wie der Wolf in der Gefangenschaft ist die Menschen-seele ihrer selbst beraubt. Sie erlebt sich als von ihrem Innersten abgeschnitten, auch wenn sie nicht wahrhaft getrennt sein kann. Die Ganzheit als wieder existent zu erfahren, bedeutet das Erleben von Freiheit und Glück.*«

Warum muss das Erdendasein derart schwierig sein, frage ich mich. Weshalb gehen wir diesen Weg?

Dann höre ich wieder die weiche Stimme: »*Wenn der Mensch sich von seiner Seele absondert und hart wird, dann meint er, dies sei notwendig, um zu überleben. Er sieht die Welt als bedrohlich an, die ihn, nähme er nicht die Haltung der Härte an, zerstören würde. Er kämpft um sein Überleben! Aus Sicht der Seele zeigt sich das Geschehen genau umgekehrt. Härte und Trennung berauben sie ihrer Empfindsamkeit, der Zuwendung zum Leben, der Eigenschaften, die sie ausmachen und genau dies wird als Zer-störung erlebt! Doch die Menschenseele muss diesen Weg gehen, um sich ihrer selbst bewusst zu werden.*«

»*Und wie finden wir aus dieser Situation wieder heraus?*«*, frage ich laut.*

»*Die Menschen bedürfen gegenseitiger Hilfe! Gemeinsam beschreiten sie den Weg aus der Gefangenschaft. Als Täter und Opfer, als Helfer und Beobachter wird das Leid erfahren. Immer auf den anderen bezogen und doch von sich selbst getrennt erfährt sich der Mensch. Wenn er andere unterstützt, hilft er sich selbst! Auch der Schamane hilft sich selbst, befreit seine Seele aus der Gefangenschaft, indem er den Mitmenschen seine Dienste leistet. So bedeutet gerade für ihn die Begegnung mit der Wolfskraft eine wesentliche Entwicklungsmöglichkeit!*«

»Der Wolf hat mich hierher geführt. Warum? Kannst du mir etwas hierzu sagen?«, bitte ich die schöne Lichtgestalt.

»Über die Wolfskraft begegnet ihr eurer Seelenbestimmung, findet Zugang zu dem, was euch Menschen im Kern ausmacht und euer Urgrund ist. Der Mensch kann den Ausdruck der Seele, die Empfindsamkeit und unbedingte Zuwendung spüren und leben. In dem Umfang, wie dies geschieht, verlieren sich Härte und Trennung. Glück und Lebenssinn werden gegenwärtig – für jeden Menschen im genau richtigen Maß. Die Wolfskraft kann euch das lehren!«

Ich schaue zu dem geistigen Führer neben uns. Warm und zugleich bestimmt klang seine Stimme. Während ich das schillernde Licht seiner Gestalt betrachte, tritt diese in den Hintergrund und scheint sich in den umgebenden Lichtstrahlen aufzulösen. Allein die grüne Wiese liegt nun vor mir. Mein Blick wandert zum Wolf. Fragend schaue ich in seine Augen, die meinen Blick erwidern. Ihm scheint selbstverständlich, was uns hier begegnet.

Ich höre seine Stimme. »Es geht um Größeres – für mich wie für euch. Jeder Augenblick des Seins dient etwas Größerem, als ich es bin, als ihr es seid.«

»Wie zeigt sich das«, frage ich meinen grauen Begleiter.

»Wenn ich mein Rudel verlasse und alleine meinen Weg wähle, dann geschieht dies, um eine neue Verbindung einzugehen, ein neues Rudel zu gründen. Eine neue Gemeinschaft soll entstehen.«

»Du erzählst von deinem Dasein auf der Erde«, unterbreche ich meinen Gefährten. »Das Größere gehört zu deinem irdischen Sein? Du kannst uns Menschen hierzu lehren?«

»Meine Eigenart soll in der Welt sein. Sie ist wichtig. Durch die Jagd sind meine Sinne und Aufmerksamkeit geschärft, ebenso wie bei meinen Beutetieren. Unter meinem Einfluss entwickeln sie größte Empfindsamkeit für alles Geschehen. Dies ist wesentlich, damit das irdische Dasein der Seele Erfahrung schenkt. Für euch Menschen gilt gleiches. Meine Existenz weckt in euch starke Gefühle. Diese betreffen euer Leben in der Gemeinschaft, erschüttern sie und verhindern einen Stillstand. Spürt ihr das

Wirken meiner Kraft, reagiert ihr häufig mit Abwehr, einem Gefühl der Bedrohung, Wut, Angst oder Aggression.«

»Deine Kraft betrifft unser Leben in der Gemeinschaft. Dies ist, was du mir zeigen möchtest?«

Ich meine zu verstehen, dass der Wolf, so wie auch die Biene, die Gemeinschaft als etwas Größeres versteht, in die er sich ohne Vorbehalt einordnet. Seine Augen blicken mich an und ich lese aus ihnen, dass er mir noch mehr zu sagen hat. Meine vielen Fragen sollen ihn hierbei nicht stören.

»Meine Art, der Welt offen und feinfühlig zu begegnen und dabei immer der Gemeinschaft zu dienen, ist für euch Menschen größte Herausforderung und Voraussetzung eines Entwicklungswegs im Namen der Seele. So bringt meine Kraft euch Menschen der Seele näher. Darüber zu wissen ist für den Schamanen von höchster Bedeutung!«

Wieder sucht das weise Tier den Kontakt zu mir. Ich setze mich auf das Gras und lege meinen Arm um seinen Hals. Auch der Wolf nimmt Platz. Ganz mit ihm vereint warte ich auf seine kommenden Worte.

»Lass uns eine Reise in die Welt der Empfindsamkeit machen«, spricht er. »Siehst du das zarte Geflecht dort drüben, das wie ein Spinnennetz bedeckt von feinsten Tautropfen im Licht glänzt?«

Ich blicke in die Richtung, in die der Wolf weist. Ein Gebilde aus dünnen Linien, wie eine feine Skulptur, zeigt sich mir und darin, vielfach verknüpft, erkenne ich das Netz in der Sonne glänzen.

»Eine grobe Bewegung und es wird zerstört«, spricht das schöne Tier »Doch wiegt sich das Gewebe im Wind und fängt unsere Träume auf, erfüllt es seine Aufgabe. Dieses Netz knüpfe selbst in deinem Leben. Dann weißt du von der Seele! Denn jede Berührung seiner feinen Saiten spürt sie. Je mehr Verknüpfungspunkte dieses Geflecht besitzt, desto weiter umfasst du das Sein. Spanne dein Netz weit aus und verbinde dich mit dem Geschehen. Dies zu tun, lässt dich Schamane sein!«

Was der Wolf sagt, trifft mein Herz tief. Freude und Glück weilen bei mir.

»So lehre ich dich, Schamane zu sein. Denn dies bedeutet, allen Erscheinungen des Daseins in meiner Art zu begegnen. Du musst den Lebensstrom spüren – verbunden mit allem. Jeder deiner Gedanken, jede deiner Taten soll sich dieser Aufgabe verschreiben. Werte nicht und spüre allein die Bewegung!«

Eine Pause tritt ein. Leichtigkeit umgibt mich. Die Zeit steht still. Nur langsam nähere ich mich wieder der Stimme, die zu mir spricht, während mein Arm zärtlich den Nacken meines Begleiters umfasst.

»Höre auf zu wollen und folge allein der Bestimmung! So ehrst du Gott, und indem du dies tust, ehrst du dich und jedes Lebewesen. Dies bedeutet, Schamane zu sein! Gerade, weil du nicht als Vereinzelter wichtig bist, bist du als Ausdruck des Ganzen von unbedingter Bedeutung. Das sollst du verstehen, leben und dich daran freuen!«

Ich spüre: Die empfindsame Begegnung mit der Welt kann Traurigkeit wecken. Sehnsucht kommt auf. Zwei bekannte und doch so schwer verstehbare Gefühle.

»Verstehen müsst nur ihr Menschen. Ich benötige das nicht«, spricht der Wolf weiter. Er scheint entschlossen, mir heute auf dieser Wiese im hellen Licht mitzuteilen, was mich zum Schamanen werden lässt.

»Ich spüre auch Traurigkeit und Sehnsucht angesichts der Trennung«, fährt er mit seinen Erklärungen fort. »Ich schenke euch das unmittelbare Erleben.«

»Wir Menschen würden uns so gerne angenommen fühlen. Viele Wünsche und Bedürfnisse in uns suchen Erfüllung«, werfe ich ein.

»Auch ich kenne Bedürfnisse ähnlich den euren. Wie ihr suche ich die Gemeinschaft. Tiefe Empfindsamkeit weckt dieses Verlangen. Hierüber soll der Schamane wissen!«

Die Stimme stockt, als würde nun etwas berührt, das von ganz besonderer Bedeutung ist.

»So wie ihr suche ich einen Partner, um mein Dasein zu teilen«, fährt der Wolf fort, mit rauer Stimme zu sprechen.

»Für uns Menschen kann die Verbindung zu einem Partner nie vollkommen sein. Immer bleiben wir zwei getrennte Menschen, so sehr auch in uns die Sehnsucht nach einer vollkommenen Vereinigung sein mag. Wie ist das für dich, Wolf?«, frage ich.

»Wenn ich mein Rudel gefunden habe, dann ist die Verbindung für mich vollkommen. Ich suche nicht mehr«, lautet die Antwort.

»Ich glaube, das ist uns Menschen nicht möglich.«

»So bleiben Sehnsucht und Traurigkeit eure ständigen Begleiter.«

»Ja. Doch ich ahne, wir können hierbei von dir lernen.«

»Der Schamane sucht wie jedes Lebewesen, die Trennung zu überwinden. Er reist in andere Welten, um auch diese einzubeziehen. Je mehr ihr von mir Feinfühligkeit gelernt habt, desto mehr findet ihr in eurer Sehnsucht einen Partner.«

Der Wolf schaut mich mit seinen bernsteinfarbigen Augen traurig an. Die Worte sind langsam und vorsichtig gesprochen.

» Ich kann gezähmt werden, weil in mir das Verlangen nach Vereinigung ruht. Und der gezähmte Wolf, der Hund, wird seine Sehnsucht nie verlieren. Immer bleibt er in der Menschengemeinschaft auch fremd – anders als ich im Rudel. Deshalb kann der Hund euch Menschen solch ein treuer Partner sein. Er verbleibt in der Suche.«

Schwermut legt sich auf mein Herz. Düsternis verdrängt die Freude.

»Der Hund hilft, dass die Traurigkeit des Menschen fließen kann und die Sehnsucht Erwiderung findet. Der Mensch spürt, wie die Trennung überwunden wird. Der Hund verlangt hierfür keinen Preis.«

»So weist du uns den Weg, Wolf!«

»Ja, auch dem Schamanen. Denn der Schamane trägt ebenfalls Traurigkeit und Sehnsucht in sich. Er muss diese fühlen, denn hieraus erwächst sein Antrieb, die Liebe zu suchen, die ihn mit allem Leben verbindet.«

»Ich fühle, dass deine Kraft der Seele Halt und Zuversicht spendet. Der Mensch kann nun die Schritte gehen, um sich zu

vereinen«, spreche ich zu meinem Begleiter. Die Zuversicht kehrt zurück.

»So ist meine Art. Stets bin ich offen für den Kontakt. Nie verliere ich den Mut. Denn die Verbindung zu suchen ist mir zugehörig, wie das Glück, wenn ich im Rudel lebe.«

»Wenn unsere Mitmenschen uns nicht das Gefühl der Zugehörigkeit und Verbundenheit schenken können, da wir es bei ihnen suchen, dann lehnen wir sie ab, verachten sie und machen sie schlecht!«

»Haltet nicht ein in eurer Suche, sondern versöhnt euch mit ihr! Nähert euch Gott! Auf diese Weise könnt ihr Glück erfahren. Genießt die Vereinigung, körperlich, in euren Gefühlen und Gedanken, mit jeder Faser und ohne Einschränkung. Das irdische Dasein hält sie für euch bereit. Bereits die Suche verbindet euch mit dem Gesuchten. Spürt das! Lasst die Gefühle des Herzens fließen!«

Der Wolf und ich sitzen ganz vertraut miteinander im Gras. Ich spüre seine Wärme, sein weiches Fell. Sehe, wie seine Augen im Licht funkeln. Vollkommen ruhig und gelassen und doch mit großer Entschiedenheit spricht er zu mir.

»Höre von der Suche am falschen Ort! Wenn euch Glück geschenkt wurde, weil ihr die Trennung überwunden habt, so bleibt aufmerksam. Verharrt nicht bei dem gefundenen Glück. Genießt es, schätzt es, ehrt es, aber versucht nicht, es zu halten. Glück entsteht, wenn ihr es findet und nicht, indem ihr versucht, es in euren Besitz zu nehmen.«

»Deine Worte geben mir viel! Noch verstehe ich nicht alles, doch ich spüre ihre große Wahrheit.«

»Der Schamane muss all das, was ich dir mitteile, erfahren. Er steht immer an der Schwelle zu meiner Kraft.«

Ich lege meinen Kopf auf seinen, betrachte die aufrecht gestellten Ohren, die feinen bräunlichen-grauen Haare, gebe mich ganz meinen Empfindungen hin.

»Wenn ihr das Glück gefunden habt, müsst ihr es auch wieder gehen lassen.«

»Das fällt uns schwer, Wolf! Wir Menschen versuchen immer, es zu halten«, erwidere ich in einem sentimentalen Ton.

184

»Dann werdet ihr euch täuschen und verliert das Suchen. Eure Empfindlichkeit kann nicht mehr dem Leben begegnen.«

»Ich weiß, wir werden dann enttäuscht und fallen in Schwermut.«

»Der Schamane muss auch das kennen. Immer wieder soll er die Verbindung zu meiner Kraft herstellen. Dann führe ich ihn auf seinem Weg. Er darf sich auch ausruhen, denn er soll nicht hetzen. Er darf sich zutiefst am gefundenen Glück erfreuen. Das schenkt ihm die Kraft für den weiteren Weg – weiter zu den Menschen, zu Gott und allem Leben. Durch den Heiler begegne ich den Menschen. Sucht das Leben offen, empfindsam, verletzbar, neugierig und mit tiefer Freude!«

Mein Kopf liegt auf den Wolf gebettet. Ich verliere mich in meinem Gefühl und falle wie in einen Schlaf. Mir scheint, das schöne Tier würde sich von mir lösen und in den Nebel hinter uns verschwinden.

Das Bewusstsein von Richard war wieder zu seinem Schlafplatz zurückgekehrt. Da trat der Schamane in geistiger Gestalt zu ihm und setzte sich ins Gras.

»Der Wolf kann dich leiten«, sprach er. »Ich erkenne Wunden und tiefe Narben auf der linken Seite deines Lichtkörpers. Deine Gefühle wurden verletzt und sollen nun heilen.«

Richard lauschte den Worten.

»Richard, in deinem Leben gab es Zeiten der Härte. Du warst gefühllos gegen andere und damit auch gegen dich. Du wolltest dich vor den Verletzungen schützen und doch haben sie dich berührt. Sie heilen! Die Kraft des Wolfes soll dir helfen, deine Feinfühligkeit dem Leben auszusetzen. Habe keine Angst!«

Eingenommen von diesem Erleben und tief erschöpft schloss Richard die Augen und schlief ein. Am kommenden Tag würde er aufschreiben, was er soeben erfahren hatte.

Der Morgen war bereits seit gut zwei Stunden angebrochen, als er wieder erwachte. Er betrachtete seine Umgebung. Schleierwolken bedeckten den Himmel.

Es wird doch nicht zu einem Wetterumschwung kommen?, fragte sich Richard. Regen würde mir stark zusetzen. Wie soll ich in dieser Einöde einen trockenen Ort finden? Ich werde in der Nacht frieren wie damals mit Alois!

Sorge erfasste ihn.

Ist es nicht Zeit, nun endlich zurück in die Zivilisation zu finden? Wo sind meine Voraussicht und Planung geblieben? Ich kann doch nicht in die Wildnis marschieren, ohne Essensvorräte, schlecht ausgerüstet und es dem Schicksal überlassen, wie das Ganze endet. Natürlich ist das eine nette Vorstellung, dass der Wolf mich führt und der Schamane mein Begleiter ist. Doch auch ziemlich romantisch. Richard, wach auf!, sprach er zu sich selbst. Du hattest hier eine wichtige Zeit. Nun schau, dass du zurück zu den Menschen findest – oder willst du in der Einöde unter dem Winterschnee als mumifizierte Leiche wie im alten Ägypten gefunden werden? Dazu wird es wohl nicht kommen, dachte er dann. Fuchs, Wolf, Geier, Krähen werden mich wahrscheinlich in wenigen Tagen bis auf die Knochen vertilgt haben. Auf was habe ich mich da schon wieder eingelassen?

Richard spürte, wie Schwäche in ihm emporstieg. Er fühlte sich erschöpft, ausgelaugt vom Wandern und der Natur.

Es ist zu viel, was ich erlebe!

Wie gelähmt verharrte er an seinem Platz. Die Gefühle hatten ihn überwältigt. Wie ein mächtiger Strom überfluteten sie sein Empfinden.

Wieder erfasste ihn die Idee des Sterbens und er meinte zu spüren, wie sein Körper verfiel. Das Fleisch löste sich von den Knochen. Die Muskeln schwanden. Die Organe verdarben. Nur das Gerippe blieb und lag bleich in der Steppe. Dann packte ihn ein Wirbel und er fühlte sich in die Unterwelt, in die Welt des Todes, gezogen.

Plötzlich zitterte sein ganzer Körper. Ja, er würde sterben! Das war gewiss. Ein Häuflein Elend war er!

Richard konnte sich nicht mehr bewegen. Er empfand, wie das Leben verging. Regungslos lag er auf dem Boden. Auch sein Denken und Fühlen schwanden dahin. Zeit verging und er wurde sich dessen nicht bewusst.

Dann war ihm, als betrachte er seinen gestorbenen Leib von oben und er meinte, dass richtig sei, was hier geschah. Der Tod durfte sein! In dieser Stimmung kehrte sein Bewusstsein zurück in den Körper. Er wollte noch solange bei ihm bleiben, bis der letzte Funke Leben vergangen war. Geduldig wartete er auf das Ende. Er fühlte sich versöhnt mit dem Geschehen.

Die Sonne wanderte am Horizont. Der Wind wehte sacht über ihn hinweg.

Mit einem Male erkannte er über sich etwas Helles. Dieses musste er erreichen, denn es schien ihm Rettung. Aber wie und durch wen konnte er Hilfe finden, um zum Licht zu gelangen? Verzweifelt streckte er sich nach oben. Und da spürte er eine Hand, die ihn zu sich zog. Er sah in der Ferne den Wolf vorübertraben. Hoffnung ergriff ihn.

Ihm war, als würde er neu in das Dasein gebracht. Allmählich erwachten wieder seine Sinne. Gedanken stellten sich ein. Seine Augen blieben geschlossen und in dieser Welt des Geistes konnte er schauen.

Richard beobachtete, wie sich sein Körper neu formte. Ein schöner Leib entstand und dieser sollte ihm zur Verfügung stehen. Er war ganz und heil! Das Leben ergriff ihn mit aller Macht. Verjüngt, geläutert, gestärkt trat er in das irdische Sein.

Er öffnete die Augen, sah die Wolken, hörte die Natur. Bekannt und doch als sähe er sie zum ersten Mal, erschien ihm die Erde. Welche Vielfalt an Farben, Gerüchen, Geräuschen umgab ihn. Der Wind streichelte ihn zart.

Schweißbedeckt saß er auf dem Boden. Er musste sich hinlegen und die Augen schließen, wie ein Embryo krümmte er seinen Leib, zu erschöpft, um nachzudenken, was gerade geschehen war. So verweilte er sicher gut eine halbe Stunde. Nur allmählich fühlte er sich kräftiger und doch erwachte eine tiefe Freude. Es schien ihm, als sehe er ein Licht, das seinen Körper erhellte. Richard verstand nicht, was er soeben erlebt hatte und er wollte es auch nicht verstehen. Wie schön war es, die Luft zu atmen, die Erde unter sich zu spüren, zu leben!

Seine Essensvorräte waren aufgebraucht. Nur einen Tee mit ein wenig Zucker würde er sich noch zubereiten können. Er betrachtete die Landschaft und musste zugeben, dass er nicht die geringste Vorstellung hatte, wohin er gehen sollte.

Es reicht nun!, ermahnte er sich selbst. Immer noch klangen das Erleben seines Todes und seiner Auferstehung nach.

Doch dann dachte er an Zuhause. Berlin, wie weit war diese Stadt weg von hier! Ana Maria – Lichtjahre entfernt und doch fühlte er sich mit ihr verbunden.

Was will ich in diesem Leben? Ist es nicht Zeit, nun endlich mal etwas Nützliches zu machen?

Er blickte auf seine nackten Füße und sah, dass der Nagel des großen Zehs am rechten Fuß ganz blau unterlaufen war. Das hatte er bisher überhaupt nicht gespürt. Seine Gefühle beruhigten sich allmählich, da er sich auf seinen Körper konzentrierte.

Er sammelte etwas Holz und bereitete sich mit den letzten Wasservorräten einen Tee. Sogar das Wasser war ihm nun ausgegangen. Doch diese Tatsache nahm er mit Gelassenheit. Ein wenig Humor kehrte zurück.

Immerhin gibt es noch genug Luft zum Atmen, sagte er sich und darüber musste er innerlich grinsen. Ich bin ein verrückter Spinner, der im Augenblick nicht mehr weiter weiß, der Hunger und Durst hat. Okay. Ich will hier auf der Erde leben!

Richard nahm sein Tagebuch zur Hand und begann zu schreiben.

Der Tod

Die Möglichkeit des Todes ist mir gegenwärtig. Ich blicke ihm ins Auge und erkenne einen Teil des Seins.

Der Tod soll Anerkennung erfahren. Nicht vorzeitig will ich ihm einen Teil meines Daseins opfern, indem ich ihn fürchte und mich

188

wehre. Angst und Widerstreben lassen mir dann nur ein verkümmertes Leben übrig.

Es klingt wie ein Paradox: Verdrängt man den Tod aus seinem Leben, dann wird es unvollständig. Erst wenn der Tod einbezogen wird, erlangt das Sein Vollständigkeit – erfährt Erweiterung und Bereicherung; kann sich entfalten.
Unversehens ist der Tod in mein Leben getreten und jetzt weiß ich, dass er dazu gehört.

Richard las, was er zu Papier gebracht hatte, noch einmal durch und schloss dann sein Seelenbuch. Gedankenverloren saß er auf dem Grasboden. Die Zeit verging und er fühlte keine Eile. Gemächlich machte er sich in die Richtung, in welcher er meinte, der Wolf könnte ihn erwarten, auf den Weg. Zuerst spürte er jeden Schritt als mühsame Anstrengung. Doch dann fand er den Rhythmus wieder und sein Geist reiste in die Ferne. Es entspann sich ein Gespräch mit dem Schamanen.

»Hallo, mein Freund«, begrüßte Richard ihn. »Bitte erkläre mir, was ich am Morgen erlebt habe. Der Tod war derart real. Der neue Körper ist so schön!«

»Du bist dem Sterben und der Geburt begegnet. Das Leben wandelt sich in diesem Zyklus. Du bist ein anderer geworden, Richard! Hierzu führt dieser Prozess.«

Kurz schwieg der Schamane.

»Deine Seele wollte das erfahren. Sie will das Wissen über das Höhere in die Welt bringen – jetzt, da du erkannt hast, dass du ihm dienen möchtest.«

Wiederum trat eine Pause ein.

»Deiner Seele ist bewusst, dass sie nicht vom Höheren getrennt ist. Ihr ist bewusst, dass der Tod ein Punkt der Wandlung ist – ebenso wie die Geburt. Dies wollte sie dir mitteilen und dies kannst du erkennen.«

»Ich verstehe«, murmelte Richard. »Es war, als wäre der Tod wirklich geschehen.«

»Er ist geschehen, denn du hast ihn erlebt, auch wenn dein Körper nicht wahrhaft zerfallen ist. Doch dies war nicht wichtig. Entscheidend ist, dass du ihn erfahren hast.«

Richard verstand, was der Schamane ihm erklärte. Er fühlte sich in Frieden mit seiner Erfahrung von Sterben und Geburt. In engem Kontakt mit dem großen Heiler wanderte er weiter. Der Himmel blieb bewölkt und der Wind blies kräftig von hinten.

Erinnerungen an den gestrigen Tag kamen auf und er wandte sich wieder an den Schamanen.

»Ich habe viel von dir gelernt. Die Reise nach Ägypten, meine Bindung an das falsche Dienen. Ich versuche, davon frei zu werden. Weißt du, Schamane, manchmal denke ich, das ist alles nicht wahr, was ich hier erlebe. Es kommt mir derart unwirklich vor. Doch wenn ich jetzt sage, es kommt mir wie im Traum vor, dann wirst du mir bestätigen, dass genau dies die Realität ist. Ich freue mich, dass du bei mir bist. Aber ich mache mir auch Sorgen, bin innerlich zerrissen und denke, die Schlange hat recht: Es ist alles nur Schein und zugleich existiert überall die Wahrheit! Doch ich werde geschwätzig, auch wie die Schlange.«

Richard schwieg. Seine Beine marschierten gleichmäßig über Gras und Geröll.

»Richard, gestern sind wir zu dem Hohen Priester gereist. Du hast begonnen zu lockern, was dich an falsche Pflicht gebunden hat und den Übergang in die Erkenntnis des Jenseits verhinderte. Ein Teil deiner Seele, die du verloren hattest, ist wieder zu dir zurückgekehrt. Du konntest erkennen, was deine Aufgabe ist, nachdem die Bande sich gelöst haben. Für dich war dies wie ein Traum, den du allein in deiner Seele und deinem Gefühl erinnerst.«

In Richard stieg das Empfinden an das Dasein als Hoher Priester auf. Wie eine heilende Wunde fühlte sich dies an. Noch schmerzhaft beim Berühren, aber es wollte gesunden.

Der Schamane sprach weiter: »Folge mir, Richard, zu deiner Aufgabe. Bedenke, was der Wolf dich gelehrt hat! Was dir gegeben wurde, soll auch anderen helfen. Das ist das richtige Dienen. Dies bestimmt mein Dasein als Schamane. Du wirst keinen Ruhm dafür ernten, und suche auch nicht nach diesem. Das hast du in Ägypten gelernt!«

Richard nickte mit dem Kopf. Ein wenig enttäuschend empfand er es, dass keine Anerkennung Lohn sein sollte. Es war ein schwieriges Leben, allein dem Höheren zu dienen. Eine unendlich große Herausforderung!

Die Menschen denken immer, wenn sie einem Weisen begegnen, dieses Dasein sei erstrebenswert. Doch gemessen an ihren Lebenswünschen ist es das in keiner Weise, ging es ihm durch den Kopf.

»Großer Schamane! Es gibt auch viele Menschen, die anderen helfen und sie auch heilen, deren Tun nicht allein der Selbstlosigkeit und Liebe entspringt. Ihr Dasein ist von tiefen inneren Konflikten geprägt. So habe ich das beobachtet.«

»Sicher Richard. Sicher. Die Welt ist vielfältig. Doch ehre jeden Menschen, der heilt. Auch wenn er nach Anerkennung sucht; durch ihn Geistwesen handeln und er selbst in sich zerrissen ist. In diesem irdischen Dasein hat er sich verpflichtet zu helfen, auch um einen Weg zu sich selbst und zum Höheren zu finden.«

Mein weiser Lehrer hat recht, dachte Richard. Er ist mit allen Leben in Liebe verbunden. Er ist ein wahrer Schamane und ich werde seinem Vorbild folgen, so schwierig dies auch sein mag.

»Ich möchte noch mehr darüber wissen, was mir diese Nacht begegnet ist – mehr über meine Aufgabe, auch wenn mir der Wolf schon solch eine Fülle des Lebens gezeigt hat. Ist das möglich, großer Heiler?«

»Richard, der Wolf begleitet dich bei deiner Aufgabe, Schamane zu werden. Das hat er dir versichert. Ein Heiler wird immer erweckt. Das Wissen liegt bereits in ihm. Trotzdem gibt es viel zu lernen und das verborgene Wissen mit Sorgfalt und Führung zu entdecken. So bist du zugleich Lehrling und Meister. Willst du mehr hierzu erfahren?«

»Sehr gerne, großer Meister.«

»Gut, dann halte dich eng an meiner Seite.«

Richard spürte, wie sich sein Wesen in die Lüfte erhob. Es ging zum Himmel. Immer kleiner wurde die Landschaft unter ihm.

»Richard, auf der Erde macht die Seele Erfahrungen«, sprach der Schamane.. Dies ist die Grundlage für Erkenntnis und ein Wachstum des Bewusstseins. Deine Aufgabe ist es, den Wesen bei diesem Prozess zu helfen – Licht in die Dämmerung zu bringen. Schau, was ich dir zeige und wer du bist!«

Eine Reise in die andere Welt

Unsere Erde ist nur noch ein kleiner Punkt. Eine Landschaft aus vielen Hügeln liegt unter mir. Es gibt keine Pflanzen. Ich schwebe darüber. Vielleicht ist es der Mars, denn die Oberfläche schimmert rot. Es geht weiter ins All. Das Licht der Sonne verblasst. Um mich breitet sich eine blaue Wirklichkeit aus, viel ist nicht zu erkennen. Violette Landschaften. Dort mache ich Rast und werde empfangen.

»Was willst du hier?« Diese Frage wird an mich gerichtet, ohne dass ich erkennen kann, wer sie stellt.

Ich antworte: »Wenn es meine Aufgabe ist, von der Erde zu berichten, von ihrer Lebendigkeit, dann bitte ich um Einlass in diese Welt.«

»Komm herein. Ja, wir empfangen dich. Ja, du sollst berichten. Lass uns auf dieser Wiese voranschreiten.«

Ich sehe die Wiese. Das große Licht strahlt rechts von mir. Neben mir befindet sich ein geistiger Führer.

»Sei gegrüßt, Freund«, sagt er zu mir.

»Wohin führt dein Weg?«, frage ich ihn.

»Natürlich zum Licht«, antwortet er.

»Was heißt das?«

»Immer zum nächsten Schritt. Und der nächste Schritt, du tust ihn.«

»Und meine Angst? Es kann ein Schritt in den Abgrund sein.«

»Die Angst gehört dazu«, spricht der Geistführer.

Das Bild verblasst. Die Reise geht weiter. Ich erkenne Lichter. Sie erheben sich aus der Dunkelheit. »Du erreichst nun einen Ort der Dämmerung, der der Erde ähnelt«, spricht der geistige Führer. »Aber es ist keine Materie, auch wenn es so scheint. Du siehst den Strand, ein Meer, Palmen, Wald.«

»Nichts hat Farbe, alles ist wie ein Schatten«, spreche ich zu meinem Begleiter.

»So ist dieser Ort. Die Wesen, die sich hier aufhalten, befinden sich im Halbschlaf, betäubt von den irdischen Erfahrungen. Das Licht fehlt ihnen. Vertrauen und Liebe sind nicht in ihrem Bewusstsein zu Hause. Sie benötigen Hilfe! Schau dir an, was dir hier begegnet!«

Ich betrachte, was sich mir zeigt.

»Du schwebst weiter«, kommentiert mein Begleiter den Fortgang des Geschehens. »Du empfindest Zweifel, wenn das Licht derart fehlt. Zweifel an dir – an der Welt. Bist du, bist du nicht? Spürst du dich, spürst du dich nicht? Lebst du, lebst du nicht? Derart ist dieser Ort beschaffen!«

Die Reise setzt sich fort, zwischen Lichtern in der Dunkelheit.

Mein Helfer erklärt: »Du kommst an einen Ort, der der Sammlung dient. Hier treffen sich die Menschenseelen, im Bemühen zu verstehen, was ihr Erdendasein für eine Bedeutung hatte. Sie werden von einem Punkt der Helligkeit angezogen. Du bist eingeladen, hierher zu kommen zum Licht und schimmerst in einem violetten Blau – ein intensives Leuchten aus der Tiefe. Es sind viele, die sich zusammengefunden haben und das kommende Geschehen erwarten.«

Ich sehe um mich »seelenhafte Wesen«, soweit ich schauen kann. Sie besitzen keine Farbe, wie alles hier. Wie Schatten ist ihre Erscheinung.

»Darf ich zu ihnen sprechen?«, wende ich mich an den Begleiter.

»Ja, sprich!«

»Ihr, die ihr hier versammelt seid, ihr vielen, ihr abervielen, ich will zu euch sprechen. Lasst euren Willen für einen Augenblick ruhen. Was ich euch zu sagen habe, ist einfach.«

Eine Pause tritt ein.

»Ihr, die ihr als Verstorbene von der Erde kommt: Die Anstrengung des irdischen Daseins liegt hinter euch. Doch fallt nicht in den tiefen Schlaf, sondern hört.

Euer Wille ist in euren Wünschen, Ängsten, Irrtümern und Illusionen gefangen. Erst nach vielen irdischen Existenzen, wenn ihr *gelernt habt, was auf der Erde gelernt werden kann, seid ihr frei.*

Der eigene Wille des Menschen ist aus der Trennung geboren – aus dem Bewusstsein, ein Individuum zu sein – und sucht zu erhalten, was ist. Auf diese Weise erschafft ihr die Angst vor dem Sterben und Vergehen, die Verletzlichkeit und das Leid. Zugleich jedoch erschafft der eigene Wille auch das andere, was ihr meint, nicht zu sein, und erlaubt es zu erkennen.«

Ich schaue auf die Wesen bei mir. Dicht gedrängt vernehmen sie meine Worte. Ich kann nun in der Menge unterschiedliche Farben erkennen. Ein zögerlich glimmendes Weiß. Ein wenig Gelb. Das Schattenhafte schwindet. Damit dies geschieht, deshalb bin ich hierhergekommen. Das Licht in seiner Farbigkeit zu entfachen stellt sich mir als Aufgabe. Ich fahre fort zu sprechen.

»Hört weiter:

Betet! Das befreit aus der Gefangenschaft der eigenen Gedanken.

Irdische Erfahrung schafft Bewusstsein. Doch wohin strebt das Wesen in diesem Wandel?

Zur Ehrlichkeit: Es wird ein inneres Bedürfnis, die Wahrheit zu erkennen und aufrichtig zu sein.

Zur Bescheidenheit: Aller Schein verliert mit dem Tod seinen Wert.

Zum Vertrauen: Erfahren zu haben, dass das Leben einen Sinn hat, schafft ein tiefes Vertrauen.«

Durch das Hören dieser Worte haben sich die Schattenwesen gewandelt. Ihre Körper verströmen nun ein sanftes weißes und gelbliches Licht.

»Lernt in der Welt des Jenseits. Vergesst nicht, was ich euch gesagt habe. Euer Sein hat ein Ziel, dem ihr euch mit jeder irdischen Erfahrung nähert.«

Als Richard von der Reise zurückkam, saß er auf dem Boden. Große Müdigkeit hatte ihn gepackt. Er musste sich ausruhen. Er wusste nun, seine Aufgabe im Leben war, den Menschenwesen Lehrer zu sein. Er fühlte sich bereit dafür.

Was habe ich den Seelen verkündet, fragte er sich. In den Tagen meiner Wanderung ist vieles in mein Bewusstsein gekommen, das tief in mir geschlummert hat.

Richard fühlte sich verbunden mit einer tiefen Quelle der Freude.

»Schamane, wer waren diese Seelen, die sich versammelt haben? Was sollten sie lernen?«

»Es ist wichtig, dass die Wesen sich immer bewusst sind, dass das Erdendasein ihrer Entwicklung dient. Hierdurch entstehen Vertrauen, Ehrlichkeit und Bescheidenheit. Der Mensch lernt und sein Wesen erkennt.

Nach dem Sterben eines Menschen kann sein Wesen auf die irdischen Erfahrungen schauen. Es dabei an das Ziel des irdischen Seins zu erinnern hilft dem Menschenwesen beim Verstehen. Das war der Sinn deiner Rede. Vor den Seelen, die dir zugehört haben, liegt noch ein weiter Weg. Sie befinden sich am Anfang des Wandels. Richard! Die erfahrene Seele weiß über ihre Aufgabe zur Unterstützung der Mitmenschen. Dies ist, was auch dein Wesen möchte. Hast du das verstanden?«

»Ja«, antwortete er. »Ich habe verstanden, dass es gilt, im Diesseits und Jenseits den Wandel zum höheren Bewusstsein zu fördern – im Alltag, im Traum – und nach dem Sterben die Seelen zu begleiten.«

Richard lag auf dem Gras. Der Wind strich kühl über seinen Körper. Er war zufrieden.

»Danke, Schamane. Danke für deine Hilfe. Danke, Gott.«

»Ich danke dir, Richard. Bleibe in deinem Vertrauen!«

Eine lange Zeit verharrte Richard ausgestreckt im Gras. Schließlich musste er seinen Schlafsack auspacken und sich zudecken, denn die Luft war empfindlich kalt. Ein wenig Sehnsucht nach

Zuhause erfasste ihn. Trotz der erfüllenden Erfahrungen spürte er auch Traurigkeit. Sterben und Geburt; Wandel ...

Er nahm sein Gedankenbuch zur Hand. Notierte das Erlebte und weitere Gedanken, die ihm in den Sinn gekommen waren.

Die Wandlung durch Sterben und Geburt

Der Mensch wird geboren. Ein neuer Körper entsteht, wächst und vollendet sich. Der Mensch stirbt, sein Körper vergeht. Dies ist der

äußere Ausdruck des Wandels. Ihm liegt der innere Wandel zugrunde.

Mit der Geburt tritt das Wesen mit neuen Aufgaben in das irdische Dasein. Ein weiteres Kapitel seiner Suche nach Erkenntnis kann beginnen. Mit dem Tod endet ein Abschnitt. Erfahrungen wurden gemacht und vieles gelernt. Nun will das Bewusstsein darauf schauen.

Der eigene Wille muss schlafen

Für die meisten Menschen sind die Schlussfolgerungen der erfahrenen Seele zu Ehrlichkeit, Vertrauen, Verantwortung oder Bescheidenheit nicht akzeptabel. Denn der Wille unterliegt Ängsten und Wünschen. Er ist abhängig und nicht frei. Er hält für nicht lebbar und Illusion, was die erfahrene Seele verkündet.

Der Mensch will leben, was in ihm an Gefühlen existiert. Das sind auch Lügen, Irrtümer, Neid, Schein, Machtstreben, Wut, Hass oder Angst. Er sucht Anerkennung und Bedeutung. Dies ist sein Schicksal und der Wille hat dieses zu erfüllen.

Deshalb muss der Wille schlafen, wenn das Wesen wahrhaft lernt. Dies geschieht im Traum und zwischen den Erdenleben.

Noch etwas beschäftigte Richard. Er meinte, jenseits der erdgebundenen Erscheinungen müsste es noch die Wirklichkeit des Ursprungs des Lebens geben.

Ursache und Wirkung

Jenseits unserer irdischen Welt existiert eine Wirklichkeit ohne Raum und Zeit. Sie besteht aus einem einzigen Augenblick. In unserem modernen Weltverständnis können wir sagen, es gibt in diesem Jenseits nichts außer reiner Information. Diese ist immer und überall.

Aus der Sicht unseres irdischen Bewusstseins, das an Ort und Zeit gebunden ist, hätten wir, wenn wir auf diese jenseitige Wirklichkeit schauen, möglicherweise den Eindruck, die Information bewege sich unendlich schnell, schneller als mit Lichtgeschwindigkeit, und liege an jedem Ort zu jeder Zeit vor.

Das für unser Bewusstsein Erstaunlichste ist jedoch, dass es in dieser Realität keine Ursache und Wirkung gibt. Dieses uns so vertraute Gesetz existiert nicht. Denn alles ist in diesem einen Augenblick.

Ursache und Wirkung bedürfen der Zeit, des Nacheinander. Hieraus folgt auch, dass in dieser Wirklichkeit ein wahrhaftiger Zufall existiert: Alles ist ursachenlos, einfach durch sich selbst.

An diesem Tag wanderte Richard nur eine kurze Strecke. Unter einem Wacholderstrauch schlug er sein Nachtlager auf. Er wollte alleine sein und vermied den Kontakt zum Schamanen, schaute nicht nach dem Wolf aus. Seine Kraft war erschöpft und er bedurfte der Ruhe. Doch kaum hatte er die Augen geschlossen, sprach der Schamane zu ihm.

Die Rede des Schamanen

In die Tiefe des Menschseins geschaut zu haben ist eine ungeheure Herausforderung! Du benötigst nun Zeit und Ruhe!

Meist verharrt der Mensch an der Oberfläche der Erscheinungen. Hier baut er sein Verständnis des Geschehens. Auf diese Weise lernt er, denn die harte Realität korrigiert seine Irrtümer.

Schaut der Mensch tiefer in die geistige Welt, verliert sich die Trennung zwischen ihm und seiner Umgebung. Sein Denken und Fühlen sind in ihm und außerhalb von ihm, die geistige Welt ist in ihm und außerhalb von ihm.

Deshalb: Sei dir immer bewusst, dass du die Wahrheit nicht kennst, auch wenn du der geistigen Wirklichkeit tief begegnet bist. Sei bereit, sie durch dich zum Ausdruck kommen zu lassen, ohne dass du meinst, du wärst das, der dies zeigt.

Der Schamane verbindet sich mit dem Leben. Er ist sein Verbündeter. Er sucht den Einklang mit allen Wesen und ihrer Bestimmung. Nie soll er sich der Schöpfung entgegenstellen oder meinen, es besser zu wissen als sie.

Trotzdem gehört der Irrtum auch zu ihm und bleibt eine wichtige Quelle der Erkenntnis.

Wie selbstverständlich klangen diese Worte. Es geht im Leben darum, dass sich die Wahrheit erkennen lässt, und dem soll der Mensch dienen.

Halb schlafend dankte Richard und bat darum, sich am kommenden Tag an die Rede erinnern zu können, um sie im Tagebuch zu notieren. Dann übermannte ihn endgültig der Schlaf.

Siebter Tag – Der Spiegel und die Götter

Richard ruhte tief erschöpft. Doch immer wieder störte etwas Hartes, das er unter sich spürte, seinen Schlaf. Er war zu müde, dies weiter zu beachten. Heftige Böen wehten über ihn hinweg und er hörte, wie der Wind die Äste des Wacholderstrauchs bewegte. All diese Widrigkeiten baute er in seine Träume ein, mit dem Ziel, nicht erwachen zu müssen.

Als er morgens die Augen öffnete, blickte er in einen blauen Himmel. Die Wolken des Vortags hatten sich verzogen.

Während der Nacht hatte er sich vielfach hin und her gewälzt. Nun spürte er das Harte direkt unter seiner rechten Schulter. Er setzte sich auf. Seine Hand tastete am Boden. Vorsichtig drückte er das Gras auseinander. Er holte sein Taschenmesser aus dem Rucksack und grub in der Erde. Eine bräunliche, halbrunde, wohl metallische Platte von gut 15 cm Länge kam zum Vorschein. Neben dieser entdeckte er noch eine weitere kleinere. Beide Teile fügten sich zu einer fast runden Form zusammen. Richard beseitigte die Erde von den Bruchstücken und strich die Oberfläche glatt. Mit der Messerspitze schabte er ein wenig am Metall. Die freigelegte Stelle glänzte rötlich-braun.

Richard war fasziniert von seinem Fund. Mit ein wenig Wasser und einem Socken wusch er die Platten. Deutliche Korrosionsspuren wurden sichtbar. Mit einem flachen Stein begann er die Oberfläche abzuschmirgeln. Allmählich wurde ein matter Schimmer erkennbar.

Es muss sich um Kupfer oder Bronze handeln, dachte Richard. Was macht so ein Stück Metall mitten in der Einöde? Offensichtlich ist es von Menschen bearbeitet. Stammt es aus alter Zeit oder handelt es sich um ein Überbleibsel irgendeiner modernen Maschine?

Der Schatten des Wacholderstrauchs zeichnete sich dicht neben ihm ab.

»Guten Morgen, Wacholder«, sprach Richard. »Hast du eine Idee, was diese Platten bedeuten?«

Er erwartete keine Antwort. Und doch war er neugierig, ob ihm die Anwesenheit des Wacholders Hilfe sein konnte. In seinen

Gedanken verband sich der Strauch mit dem Schamanenritual. Er dachte an seine Schau auf das Leben in der asiatischen Steppe, als ein Schamanenspiegel an einer Eibe in der Sonne geglänzt hatte. Waren dies die Überreste eines solchen Spiegels? Ehrfürchtig betrachtete er die Bruchstücke. Dann legte er sie beiseite. Zuerst wollte er einen Tee trinken, um richtig wach zu werden, bevor er sich weiter mit seinem Fund beschäftigte.

Wozu dient ein Schamanenspiegel?, fragte er sich. Der Mensch kann sich selbst darin betrachten! Wer bin ich? Was ist mein Ziel? Was ist Wirklichkeit, was Schein? Soll er böse Geister vertreiben? Gedanken und Gefühlen anderer Wesen und Menschen, die ihre Ängste und Nöte auf den Schamanen richten, wird der Zugang verwehrt, dachte Richard.

Ruhig und gelassen saß er an seinem Rastplatz.

Ist der Spiegel nicht ein Sinnbild dafür, dass es den Menschen nicht möglich ist, die Wirklichkeit direkt zu schauen? Der Mensch sieht immer nur die äußere Erscheinung – auch von sich selbst. Ein Heiler versucht, das Eigentliche wahrzunehmen.

Erfüllt von Gedanken packte Richard seinen Rucksack. Er ging weiter in die Richtung, die er bereits gestern gewählt hatte. Die Bruchstücke hatte er in seine Jackentasche gesteckt. Als er sie nun, während er einen Schritt vor den anderen setzte, durch den Stoff von außen betastete, schien es ihm, als sei da etwas Lebendiges. Er öffnete den Reißverschluss und fasste vorsichtig hinein. Er berührte das kalte Metall. Doch ihm war, als hätten sich die Teile bewegt.

Richard, Richard, sprach er zu sich selbst. Es wird Zeit, dass du wieder unter Menschen kommst!

Unter dem Eindruck seines Erlebens versuchte er, möglichst nüchtern auf den bronzenen Gegenstand zu schauen.

Ganz sicher ist er nicht lebendig, sagte er sich. Ich habe mit Pflanzen und Tieren gesprochen. Diese sind Lebewesen wie ich. Aber ein Metall ist ein Metall!

Kupfer muss der Hauptbestandteil des Spiegels sein, fuhr er fort, seine Gedanken in geordnete Bahnen zu lenken. Bronze enthält meist auch noch Zinn. Manchmal sind weitere Elemente dabei, wie zum Beispiel Blei.

Seine Hand fasste wieder außen an die Jackentasche. Er strich durch den Stoff über die Bruchstücke.

Kupfer ist ein weiches, formbares Metall, sprach er in Gedanken. In ihm spiegelt sich das Leben warm und weich. Es lässt sich prägen und gestalten. Und doch: Auch vollkommen verbogen und entstellt bleibt es Kupfer!

Richard spürte, wie ihn ein ganz besonderes Feingefühl erfasste. Ihm war, als wäre der Geist des Kupfers – eine schöne Frau, die Göttin Venus – anwesend. Ergriffenheit packte ihn angesichts der Anmut ihrer Erscheinung und er vernahm ihre Worte.

Die Begegnung mit dem Kupfer und der Göttin Venus

»Die Liebe bleibt, auch wenn das Leben sie zur Unkenntlichkeit verformt hat wie bei diesem zerbrochenen Spiegel; auch wenn sich eine Patina über das Kupfer gelegt hat, die es dem Anblick entzieht. Im Kern ist es glänzendes Kupfer, wunderbare Liebe, geblieben.«

Die helle Stimme scheint sich in der Ferne zu verlieren. Doch dann vernehme ich sie wieder deutlich.

»Unter meiner Kraft taucht der Mensch vollkommen in das Leben ein. Er lässt sich davon beeindrucken, verletzen und erniedrigen. Er erfährt Gewalt und Zerstörung.

Oft meint er, dabei den Kontakt zu sich selbst und den Mitmenschen zu verlieren. Als Antwort auf seine Verformbarkeit sucht er die Härte und Kontrolle, um dem Geschehen nicht ausgeliefert zu sein. Alles in ihm verkrampft sich dann.

Doch am Ende sollt ihr gewiss sein, dass nichts wahrhaftig zerstört werden kann! Es kann etwas furchtbar verbogen und zerbeult werden, verätzt und verunstaltet. Und doch: Im Kern bleibt es Kupfer. Im Kern glänzt es weiter. Habt Vertrauen!«

Ich lausche andächtig den Worten der schönen Frau.

»Kupfer bringt euch Menschen miteinander in Berührung. Seine Kraft sucht immer die Verbindung zwischen euch und in euch und lässt die Menschen empfindsam sein.«

»Erzähle mir mehr, Göttin Venus. Ich spüre deine Hingabe an das Leben und bin vollkommen in meinen Empfindungen gefangen.«

»Gefühle der Liebe. Tiefste Liebe. Wahre Liebe. Unendliche Liebe. Zuneigung. Ganz weich. Ganz anschmiegend. Erfüllend. Wärmend. So bin ich. Doch auch Angst und Panik, Verlorenheit, Verlassenheit, großes Verlangen nach Schutz und Fürsorge erfassen den Menschen, wenn er sich gegen die im Leben geforderte Hingabe sträubt. Ihr spürt die Sehnsucht nach Harmonie und Anerkennung. ›Ich will gesehen werden und sein dürfen. Sehnsucht nach Schönheit ist erwacht. Meine Liebe soll gesehen werden!‹ Wenn ihr Menschen vom Ausdruck des Kupfers ahnt, fühlt und denkt ihr auf diese Weise.«

»Es fällt uns schwer und bedarf großen Vertrauens, Hingabe leben zu können. Doch warum sucht die Liebe die Begegnung mit der Gewalt und Verletzung? Kannst du mir hierzu etwas sagen?«, frage ich die Göttin Venus.

»Liebe ist Heilung! Kupfer möchte das Geschehen des Lebens voller Unschuld empfangen. Geheilt werden kann allein das Unheil.

Ich verlange von euch Menschen Großes – die vollkommene Hingabe, die Annahme des Geschehens, das Empfangen in seiner ganzen Tiefe! So gestaltet ihr, indem ihr gestaltet werdet. Doch ihr fragt euch, ob ihr nicht auf der Erde seid, um zu bestimmen.«

Ich lausche immer noch ganz gebannt den Worten. Venus will uns Hingabe an das Dasein lehren. Eine schwierige Lektion!

»Der Schatz, den der Mensch aus dem Leben gewinnt, liegt bei mir in der Erfahrung der Liebe. Diese Erfahrung erwächst, wenn Heilung geschehen kann. Wenn hierdurch für euch Menschen die Gewalt, die sich in Form von Zerstörung, Kontrolle, Wut oder rigider Moral zeigt, überwunden wird.«

»Venus, mit dem Verstand kann ich dich nicht erkennen. Du bist jenseits der Vernunft. Wie kann die Hingabe gewählt werden, wenn sie zu schwerster Verletzung führt?«, frage ich die schöne Göttin, berührt von tiefen Ängsten und Bedenken.

»So höre, Verstand, und schweige! Was ich euch gebe, ist etwas ganz anderes, als die einfache Vernunft verstehen kann und doch, *es ist auch vernünftig. Sieh den Weg, der vor dir liegt, wenn du mir folgst. Ein verlockender Weg. Du lernst zu erkennen, wie die Liebe, deine Liebe, Bedrohung, Gewalt und alle Zerstörung übersteht.«*

Mit den letzten Worten hat Venus einen strengen Ausdruck bekommen. Sie meint es ernst. Trotzdem fühle ich mich vollkommen zu ihr hingezogen.

»Sieh, Verstand, die große Erkenntnis: Die Liebe ist unzerstörbar! Was für ein Heil! Ein Heil für die Ewigkeit. Lohnt es sich nicht, mein lieber Verstand, das zu erfahren, auch wenn dies schwierig ist? Willst du wirklich die Meinung vertreten, dass darauf verzichtet werden sollte? Wäge gut ab und wisse, es gibt keinen anderen Weg. Der andere Weg kann nur heißen, die Liebe nicht zu erkennen. Nun darfst du sprechen, Verstand, wenn du Worte findest.«

Die ernste Miene der Göttin hat sich wieder aufgehellt. Ihr Blick ruht in seiner ganzen Schönheit auf mir. Er ermuntert mich.

»Venus, mein Verstand schweigt. Und doch will ich dich verstehen.«

»Meine Begabung liegt nicht in der Sprache. Ich höre, ich fühle, ich spüre, ich bin verbunden und eingebunden, ich gehöre dazu und nehme an. Ich gebe, indem ich empfange. Ich bin voller Geduld. Ich bin ohne Misstrauen, ohne Argwohn, ohne Schutz. So bin ich gedacht, denn ich will das Leben erfahren. Ich lade es zu mir ein. Was immer es bringt, soll willkommen sein. Der Mensch möchte das oft nicht. Er kann es nicht.«

Es fühlt sich richtig an, was mir die Göttin erzählt. Trotzdem sträube ich mich immer noch, dem vorbehaltlos zuzustimmen.

»Ich bitte euch, gut zu unterscheiden: Ich suche nicht das Leid. Ich leide nicht! Im Menschen leidet seine Selbstbehauptung, wenn ich ihn führe. Im Menschen wehrt sich diese und lässt ihn verhärten, Kontrolle ausüben und wütend werden. Das bin nicht ich. Ich bin die Liebe zwischen den Menschen und im Menschen. Ich bin Schönheit und Harmonie, Anmut und Unschuld. Nichts kann dies zerstören. Dessen seid gewiss.«

»Anmutige Göttin, du bist mir unendliche Sehnsucht. Verzeih mein Zögern.«

Richards Hand hatte die Metallstücke fest umfasst, als er sich mit der schönen Kupfergöttin unterhielt. Sein Herz klopfte erfüllt von tiefer Liebe. Die Erscheinung von Venus war von solcher Anmut! Er musste sich dem hingeben. Es dauerte seine Zeit, bis die Gefühle an Kraft verloren. Gleichmäßig setzte er seinen Weg fort. Allmählich verblasste die Gestalt der schönen Göttin neben ihm.

Er wollte aufschreiben, was er soeben erfahren hatte. Er spürte, dies war von großer Bedeutung. Während er schrieb, begleitete ihn wieder der Schamane.

»Im Metall zeigen sich hohe Götter«, begann der Medizinmann zu sprechen. »Im Kupfer kannst du die Göttin der Liebe und Hingabe erkennen.«

Richard erhob sich und wanderte langsam weiter. Es schien ihm, als ob das Erlebte Bewegung forderte.

»Du meinst, wenn der Mensch sich seinem Partner hingibt, auf diese Weise voller Vertrauen das Leben annimmt, sich erlaubt, verletzbar zu sein, dann ist dies die Art, in der die Menschen Liebe zeigen: Wenn wir annehmen, was uns im Leben begegnet – wertschätzen, was immer es auch sei, dann ist dies Liebe. Der Verstand sträubt sich, das zu akzeptieren«, sprach er zum Schamanen.

Richard legte eine Pause ein. Intensiv erlebte er die Natur. Das Braun und Grün, der Himmel, der Wind ... Die Grenzen zu den Elementen lösten sich auf. Er wanderte durch die Landschaft, mit der Landschaft, durchdrungen von der Natur. Die Zeit schien stillzustehen. Nur langsam kehrte sein Bewusstsein, ein einzelner Mensch zu sein, zurück.

Allmählich gewann die Vernunft wieder die Kontrolle.

Er wandte sich an den Schamanen: »Warum finden die hohen Götter Ausdruck in den Metallen?«

»Denk an deine Reise nach Ägypten. Die hohen Götter wandeln sich nicht. Diese Götter sind grundlegend in ihrem Charakter. Das bleibt und ist beständig wie das Kupfer, solange diese Erde existiert.«

»Ein Planet unseres Sonnensystems, die Venus, vertritt die Göttin als unverrückbare Kraft in unserem Universum. Ist es das, was du meinst?«, fragte Richard.

»Ja«, antwortete der große Heiler. »Sieh, auch Tiere und Pflanzen haben ihre Eigenart und sind mächtige Kräfte der geistigen Welt. Aber sie kennen den Wandel. In der Begegnung mit dem Metall erfahren alle Lebewesen eine große Entwicklung. Deshalb liegt in den Metallen das Grundsätzliche.«

»So vertreten diese hohen Götter die grundlegenden Eigenschaften des irdischen Seins?«

»Ja, Richard, so ist es. Gehe deinen Weg. Es mögen dir noch weitere Götter begegnen.«

Richard ließ seine Hand weich über bronzenen Platten in der Tasche streichen. Ein Gedicht formte sich und er notierte es in sein Seelenbuch.

Mit dem Leben verbinden

Schönheit, Liebe sind Erfüllung,
werden Heimat für das Sein.
Harmonie in der Verbindung,
tief im Herzen lass dich ein.

Genau hierfür ist all das Leiden,
dein Verhärten in der Welt.
Angesichts der Trennungsreigen
suchest du, was dich hier hält.

Venus, Göttin unserer Liebe,
dein Stern am Morgenhimmel steht.
Du bist unserer Bindung Wiege,
wohin das Menschsein mit uns geht.

Dieses Gedicht war wie ein innerer Abschluss seiner Begegnung mit der Venus.

Will der Mensch sich auf das Kupfer einlassen, muss sein Wille zurücktreten, dachte er.

Dies hatte er aus der Rede im Jenseits gelernt. Der Wille konnte nicht die Hingabe suchen, solange er vom Höheren getrennt war.

Er legte eine kurze Pause ein, trank ein wenig Wasser und döste vor sich hin. Er wollte noch mehr über die hohen Götter erfahren. Mit diesem Gedanken setzte er seinen Weg fort.

Also, was gehörte noch zur Bronze? Zinn! Da war er sich sicher. Vielleicht war auch ein wenig Blei in der Bronze. Vertraten das Zinn und das Blei auch hohe Göttinnen und Götter? Richard hielt weiterhin die Bruchstücke in seiner Hand und versuchte, sich an die Eigenschaften der Metalle zu erinnern.

Stanniolpapier oder Lametta bestehen aus Zinn, das silbrig glänzt. Weißblech ist mit Zinn beschichtet. Es ist ein sehr weiches, nicht giftiges Schwermetall, das schon bei niedrigen Temperaturen schmilzt. Demgegenüber ist Blei hochgiftig und deutlich schwerer.

Während Richard darüber nachdachte, was er über die Elemente wusste, war ihm, als gesellten sich zwei Begleiter hinzu. Im gleichen Rhythmus wie er schritten sie über das Gras. Es waren zwei Herren im gesetzten Alter, die ihn begleiteten. Der zu seiner Rechten schien etwas älter, um die sechzig Jahre, und auch ein wenig kleiner zu sein. Er hatte braune, leicht ergraute, kurze Haare. Ein drahtiger Typ, kräftig, durchtrainiert trotz seines Alters. Sein Gesichtsausdruck war ernst. Mit ihm war nicht zu spaßen, auch wenn Gleichmut von ihm auszugehen schien. Er stand mit beiden Beinen auf dem Boden der Tatsachen.

Dies muss der Vertreter des Bleis sein, sagte sich Richard. Dann geht links von mir der Gott des Zinns, schloss er weiter.

Dieser zeigte sich von ein wenig größerer Gestalt, auch etwas beleibter und obwohl er einige Jahre jünger als der Bleigott wirkte, war sein Haar ganz silbrig-grau und fiel leicht gelockt bis auf die Schultern herab. Ein jovialer Ausdruck lag in seinem Gesicht. Die kleinen Augen schauten freundlich. Humor strahlte von ihnen in die Welt. Sein Gang hatte nicht die Festigkeit des Gottes des Bleis. Bei jedem Schritt schien er in eine Phase des Schwebens zu kommen.

Saturn und Jupiter

Freundlich begrüßt mich der Herr zu meiner Linken.

»Ich bin Jupiter«, stellt er sich in einfachen Worten vor. »Der Herr rechts neben dir ist Saturn.«

Jupiter schaut aufmunternd, als wolle er mich ermutigen, das Gesagte mit Wohlgefälligkeit aufzunehmen. Saturn nickt auch kurz, als er vorgestellt wird. Zugleich scheint es, als seien ihm bereits diese wenigen Worte zu viel Geschwätz.

»Ja, Richard, du bist hier unterwegs in der Natur«, fährt Jupiter fort. »Du machst das alles sehr gut, meine Junge. Hast ja auch noch einiges im Leben vor. Als ich so jung war wie du, was hab ich da nicht alles angestellt ... Doch lassen wir das. Es geht um dich. Es freut mich, dass du so mutig vorwärts schreitest. Das irdische Dasein ist schön, Richard. Aber das weißt du schon. Mach weiter, wie du es begonnen hast. Lass dich nicht aufhalten.«

Jupiter legt eine kurze Pause ein. Voller Vertrauen schaue ich zu ihm. Dann geht mein Blick zu Saturn. Angesichts des Wortschwalls seines Wandergesellen zeigt sein Gesichtsausdruck leichte Abwehr. Dies stört Jupiter in keiner Weise.

»Mach dir nichts draus, dass Saturn etwas griesgrämig dreinblickt. Das hat nichts mit dir zu tun. Er hat die Leichtigkeit des Lebens eben nicht erfunden. Aber das ist auch richtig so. Die Erdenexistenz bedarf trotzdem seiner. Nicht wahr, mein alter Gefährte?«, wendet er sich an Saturn. »Ich wollte dir nicht das Wort abschneiden. Du kennst mich doch. Unser junger Freund musste freundlich begrüßt werden, bevor wir in aller Ernsthaftigkeit mit ihm sprechen. Dafür muss Zeit sein. Doch nun bist du dran. Ich weiß, du möchtest ihm einiges aus deiner Perspektive zum Weltgeschehen erzählen. Sprich frei heraus. Lass dich nicht abhalten. Du bist gefragt.«

Jupiter ist die Puste ausgegangen. Er schaut auf Saturn, als solle auch sein Blick diesen zum Sprechen bewegen.

»Nur los! Keine Scheu!«, fügt er noch an.

Ich befinde mich zwischen den beiden Göttern. Mit Respekt und leichter Zurückhaltung wende ich mich Saturn zu. Dieser schreitet mit festem Schritt neben mir und beginnt dann langsam zu sprechen, wobei jedes Wort Gewicht zu haben scheint.

»Die Menschenseele ist an die Schwere der materiellen Welt gebunden! Meine Aufgabe ist es, dies wahr sein zu lassen. In der Umrundung des Schicksals halte ich den Weg fortwährend im

Lebensthema. Dieses muss gelebt werden, darauf hat der Mensch sich einzulassen! Eile oder Aufschieben ändern nichts.«

Ich höre aufmerksam zu, was Saturn zu sagen hat.

»Ich gebe euch nicht euer Lebensthema, sondern sorge für die unausweichliche Verankerung darin. Ihr müsst sein, irdisch sein, ihr selbst sein. Erst wenn ihr ›ihr selbst‹ seid, dann ist es wahr.«

Während Saturn spricht, höre ich den gleichmäßigen Rhythmus seiner schweren Schritte im Gras. Er kennt keine Eile. Es muss sich erfüllen, was sich zu erfüllen hat. Das ist unausweichlich. Ich schaue zu Jupiter. Auch er hat interessiert zugehört. Freundlich erwidert er meinen Blick.

»Ich sorge dafür«, beginnt Jupiter dann zu sprechen, »dass du im Lebensgeschehen den Sinn berührst. Das ist das Ziel der irdischen Schöpfung. Es ist ein fassbarer, lebensbezogener Sinn, so wie er sich im Wachsen und Entwickeln ausdrückt. Es ist der Sinn der Fruchtbarkeit und des Gedeihens.«

Erstaunlicherweise – vielleicht angeregt durch den ernsten Gesichtsausdruck von Saturn – legt Jupiter eine kurze Pause ein. Er möchte, dass seine Worte ertragreich wirken. Dann fährt er fort.

»Im Denken spielen sich die entscheidenden Prozesse ab. Es geht um eine wirklich offene Einstellung Neuem gegenüber. Der eigene Blickwinkel soll sich erweitern! Die Beweggründe der Mitmenschen sollen verständlich werden. Ich verhelfe dir zu Offenheit, auch um auf deine Schatten und Begrenzungen zu schauen. Grenzen, Konventionen und Gewohnheiten, die euch in engen Bahnen halten und hindern, sollen sich auflösen.«

Jupiter schaut zufrieden. Er hat Freude an den Gedanken. Zugleich ist es ihm auch wichtig, dass ich seinen Ausführungen zustimme. Deshalb nicke ich mehrfach mit dem Kopf, was ihn zu einem Lächeln veranlasst. Dann schaut er auffordernd zu Saturn. Den hat Jupiter mit seinen Worten offensichtlich nicht beeindruckt.

Es erscheint Saturn eher nebensächlich, was Jupiter geäußert hat. So oder so, was Aufgabe ist, ist Aufgabe und wird erledigt – ob es nun angenehm oder leidvoll dabei zugeht, ist für Saturn nicht von großer Bedeutung, denke ich.

Der Gott des Bleis möchte seinen Standpunkt weiter ver-deutlichen.

»Es geht um eine Festschreibung von euch selbst«, setzt er seine Erklärung fort. »Bei mir steht das Spüren, Empfinden, Fühlen im Vordergrund. Ihr betretet den Lebensraum, in dem es die The-men des Seins ganz zu erfahren gilt. Ich gebe euch hierfür die un-bedingt notwendige Tiefe. Wenn ihr die Abläufe in eurer Erdenexis-tenz wahrhaft verstanden habt, dann verlasst ihr meinen Raum.«

Saturn legt eine kurze Pause ein.

»Für diesen langwierigen und schweren Prozess solltet ihr Menschen der Seele Zeit und Raum geben; geduldig beobachten und aufmerksam sein, wie sie vorwärts schreitet. Daran lässt sich nichts ändern! Das Wesentliche besteht darin, das Geschehen anzuerkennen und den eigenen Frieden damit zu machen.«

Ja, es hat Gewicht, was Saturn sagt. Großes Gewicht! Ich bin bereit anzunehmen, was ich höre, denn es ist wahr. Ich sehe einen Ausdruck entspannter Zufriedenheit im Gesicht von Saturn.

Aber auch Jupiter spricht die Wahrheit. Eine andere Wahrheit. Ich höre, wie er tief Luft holt.

»Höre, Richard. Es sind gewichtige Worte, die Saturn gesprochen hat. Ich möchte dich ermutigen. Denn vieles wird möglich, was zuvor noch schwierig und unerreichbar war, wenn ich dich unterstütze, dein Gefühl zu öffnen, durch neue Aspekte deine geistige Einstellung zu erweitern und aus der Blüte der Seele heraus zu wachsen. Das führt zu ganz neuen Formen und Qualitäten des Zusammenlebens. Der eine Mensch lässt den anderen an seiner Entwicklung teilhaben. Er gönnt es dem Mitmenschen zu gedeihen, so dass nicht nur eine Blume, sondern ein ganzes Feld blüht.

Dies ist das Kennzeichen der Schöpfung, und dass sie gelingt, ist ihr Sinn. Ich ermögliche eine Neuausrichtung des Lebens! Das, was bisher außerhalb deiner bewussten Wahrnehmung lag, kann nun offen betrachtet werden. Ihr Menschen folgt in eurer Entfaltung einem Schöpfungssinn. Und bedenke: Der Sinn und die Erfüllung deiner Existenz ergeben sich erst aus der Zuwendung. Wende dich dem Leben zu!«

Die Stimme von Jupiter ist sehr eindringlich geworden, während er zu mir spricht. Weiterhin ist sein Blick freundlich, zugleich aber auch auffordernd. Wieder nicke ich zustimmend, doch diesmal scheint dies nicht ausreichend, um Jupiter zu einem Lächeln zu bewegen.

»Danke, Jupiter«, wende ich mich an ihn.

Jetzt lächelt er doch noch und fasst mir freundlich auf die Schulter.

»Saturn, ich wollte dich nicht unterbrechen«, spricht er zu meinem rechten Nachbarn.

Der Widerhall der Schritte von Saturn wird lauter. Er scheint sich zu sammeln, bevor er zu reden beginnt: »Lebe die Seelentiefe. Sei dankbar für diese Chance. Sieh, was alles in der Tiefe liegt – großer Reichtum. Bereichere dein Dasein, indem du auch die Tiefe siehst, wie du darin festgehalten bist. Es gibt dir unendliche Kraft.«

Er wirft mir einen prüfenden Blick zu und fährt fort: »Was ist ein Orkan, wenn du auf diese Weise verankert bist? Ein laues Lüftchen, ein Nichts! Bestehe die Stürme mit dieser Verankerung. Wisse über das, was für dich noch ansteht. Halte dich an das, was ist! Alles andere interessiert nicht. Mit dem, was ist, musst du leben!«

Saturns Stimme wird lauter: »Die Bindung an das irdische Sein, diese unausweichliche Bindung kann nicht gelockert werden. Sie besteht bis zum Tode. Dass ihr euer Erdendasein erfüllt besteht, dabei kann ich helfen. Damit ihr euch nicht gegen die Annahme des Lebensthemas sträubt.«

Saturn hat mitgeteilt, was zu sagen war. Ich erkenne, dass ihm jedes weitere Wort unnütz erscheint. Sein Schritt klingt nun etwas leichter.

»Danke, Saturn, vielen Dank! Deine Worte und Unterstützung sind von großer Bedeutung! «

Saturn schaut weiter, ohne eine Miene zu verziehen, mit entschlossener Gelassenheit. Trotzdem denke ich, freuen ihn meine Worte.

Jupiter zu meiner Linken macht sich durch ein leichtes Hüsteln bemerkbar. Offensichtlich fühlt er sich ein wenig unbeachtet. Deshalb spreche ich ihn an.

»Gott Jupiter, du hast mir von deiner großen Hilfe berichtet, Begrenzungen zu überwinden und offen für das zu sein, das ich zuvor nicht sehen wollte. Welche großartige Unterstützung. Bitte erzähle mir noch mehr dazu.«

So eine Aufforderung lässt sich Jupiter nicht entgehen. Sofort sprudeln seine Worte.

»Durch mich erhältst du die Möglichkeit, eine neue Ausrichtung deiner Gedanken zuzulassen. Ich schenke dir die innere Erlaubnis hierzu. Dabei ist es ganz wichtig, dass die Orientierung dorthin geht, wo es bisher ›verboten‹ war. Denn genau dieser Teil gehört zu dir. Darin liegt mein Geheimnis. Es bringt dich dazu, an der Entwicklung teilzuhaben. Die eigene Größe tritt dem, das dich klein hält, entgegen. Der Raum für dein Sein beseitigt die Beschränkungen, die dich einengen. Entfaltung, Wachstum, Gedeihen, in dem Maße wie ein jeder es benötigt, werden möglich.«

Jupiter breitet seine Arme weit aus.

»Die eigene Größe kannst du offensiv vertreten, weil sie Ausdruck und Wille der Schöpfung ist. Es geht um das Eigene, um den Raum für deine Entfaltung und um die Kraft, dein Wachstum anzunehmen.«

Er klopft mir freundschaftlich auf die Schulter.

»Du darfst ›Du‹ sein! Das ist nicht immer leicht, aber auch, dass es schwer fällt, ist erlaubt. Was du dir gestattest, kann auch sein – nicht nur halb, sondern offen und ganz. Entdecke dich, und die Welt wird größer. Entwickle dich, und mit deinen Mitmenschen geschieht gleiches. Wachse, damit du wächst, nicht um über anderen zu stehen, sondern um groß zu sein. Schaffe Raum für deine Seele – immer wieder, ein steter Prozess. Schrecke vor den Grenzen nicht zurück. Lebe auch mit ihnen, dass sie sein dürfen!«

Jupiter schweigt. Er wirkt erschöpft. Er hat seine ganze Überzeugungskraft in die Worte gelegt. Noch einmal beginnt er zu sprechen. Leise und eindringlich.

»Wachse, entfalte dich, entwickle dich zu dem, was möglich ist! Das verlangt Selbstständigkeit und Verantwortlichkeit. Du kannst nicht mehr vorhandene Grenzen für deine innere Weigerung zur Entwicklung verantwortlich machen. Ich helfe dir dabei!«

Eingerahmt von Saturn und Jupiter setzte Richard seinen Weg fort. Die Götter wollten ihn unterstützen – große, Ehrfurcht gebietende Götter! Schweigend schritten sie neben ihm. Saturn mit festen Schritt. Jupiter leicht, fast schwebend.

Allmählich begann ihre Erscheinung zu verblassen. Richard wanderte wieder alleine durch die Wildnis. Sein Blick streifte über die Landschaft.

Ich darf auf dieser Erde weilen, sie schenkt mir Wachstum, dachte er.

Saturn bindet mich an meine Lebensaufgaben, sodass ich sie in aller Tiefe erfahre. Darüber werde ich, wer im Kern bin. Dies ist der Sinn der Schöpfung, den wir erkennen können, sagt Jupiter, und hilft mir, mein Potenzial zu entfalten.

Venus kam Richard noch einmal in den Sinn.

Venus lehrt uns Hingabe, um durch Liebe die Trennung zu überwinden. Sie verweist uns auch darauf, dass unsere Seele immer ganz und unverletzbar ist. Die großen Götter sind von höchster Bedeutung für unsere Existenz!

Richards Beine waren müde – sein Kopf erfüllt vom soeben Erfahrenen. Die Begegnung mit den Göttern hatte ihn aufgewühlt. Er setzte sich ins Gras und wollte aufschreiben, was sich ereignet hatte. Der Kugelschreiber lag schwer in seiner Hand. Doch mit dem Schreiben kehrte Leichtigkeit zurück. Er legte sich zurück, schloss die Augen und schlief erschöpft ein. Im Schlaf begegneten ihm noch einmal die Götter.

Nicht mehr als eine halbe Stunde war vergangen, als er wieder erwachte und sich aufmachte, weiter zu wandern. Richard beabsichtigte, sich von den Göttern zu verabschieden und seinen Weg fortzusetzen. Er sehnte sich nach einer Pause. Doch in ihm wollte sich keine Ruhe einstellen.

Irgendetwas ist noch nicht abgeschlossen, ging es ihm durch den Kopf. Ich spüre Unzufriedenheit und auch Ratlosigkeit.

Seine linke Hand berührte die zerbrochenen Metallteile in seiner Tasche. Vertraut fühlten sich die Bruchstücke an.

Welche großartige Weisheit birgt die Schöpfung! Wollen mir die Götter noch etwas sagen?, fragte sich Richard.

Er steckte seine rechte Hand in die andere Jackentasche. Dort befand sich das Taschenmesser.

Dieses Messer ist aus bestem Stahl gefertigt, dachte er. Erst spät in der Menschheitsgeschichte ist es gelungen, Eisen zu gewinnen und hieraus Werkzeuge und Waffen zu fertigen.

Urplötzlich kam eine heftige Windböe auf und drückte das ihn umgebende Gras zu Boden. Dann trat schlagartig Ruhe ein. Richard schien die Atmosphäre aufgeladen. Was geschah da an seiner rechten Seite? Neben ihm schritt ein kräftiger Mann mittleren Alters. Sein Körper wirkte muskulös, in der Hand trug er ein Schwert. Seine Kleidung war aus Leder gefertigt und mit Eisenplatten bestückt.

Richard spürte: Diese Kraft neben mir lässt uns Menschen fühlen, wer wir sind, und sie kann uns führen, denn sie ist mit Himmel und Erde verbunden. Schutz und Klarheit schenkt sie uns, stärkt uns den Rücken, ist Waffe und Werkzeug.

Die Begegnung mit dem Gott Mars

»Richard, du bist ein Mann! Dann verhalte dich auch entsprechend! Wie kannst du auf die Idee kommen, mich nicht zu beachten, wenn du mit den hohen Göttern sprichst?«

Die Stimme meines Begleiters klingt kräftig und bestimmend.

Es muss sich um den Gott Mars handeln, den Vertreter der Eisenkraft auf dieser Erde, überlege ich.

Ich fühle mich kraftvoll und unverletzbar mit Mars an meiner Seite. Mir ist warm. Eine Entschlossenheit, die einen klaren und eindeutigen Willen erfordert – lebendig und ohne Bedenken – spüre ich in mir.

»Ist das, was ich fühle, dein Ausdruck?«, frage ich den kräftigen Mann an meiner Seite.

»Ja! Bei mir geht es um Stärke, Klarheit und Ausdruck, um zu setzen und zu gestalten gemäß dem, was das Eigene ist, das in die Welt kommen soll. Dafür habt ihr Menschen Kraft und Willen.«

»Was ist das Eigene?«, möchte ich wissen.

»Hier ist die Eigenart des ganzen Menschen gemeint: sein Körper mit den ihm innewohnenden Generationen der Herkunft.

Traditionen. Sein Empfinden und Denken und natürlich sein innerster Kern – kreativ und wahrhaftig!«, erhalte ich als Antwort.

»Erzähle mir mehr von dir«, bitte ich den Gott Mars.

»Das ist das Lebensgefühl, welches ich dir geben kann: Stärke, Energie, Wille, Entschlossenheit, Bereitschaft, Kraft – unzerstörbar, unbesiegbar! Sei bei mir, dann forme ich dein Wesen und gebe ihm deutlich Ausdruck in der irdischen Welt.«

Ich blicke ihn an. »Was kann ich tun, Gott Mars, dass du Teil meiner Existenz bist?«

»Das Wesentliche ist, mich einfach zu fühlen, so wie ich bin. Fühle meine Führung, meinen Schutz, meine Klarheit, meine Härte. Fühle mich als Teil der Erde, die euch schützen kann. Fühle mich als Teil des Himmels, als deinen Schutzengel.«

Diese Kraft benötigen wir Menschen, um in unserem irdischen Dasein zu bestehen und die Welt zu gestalten, da bin ich mir sicher. Doch auch Bedenken kommen in mir auf: Mars ist der Gott des Krieges.

»Mars, ich kenne dich als Gott des Krieges! Du bringst Zerstörung, Not und Leid.«

Der große Gott schaut mich mit seinen strahlenden Augen an.

»Es geht im Kern nicht um den Kampf, sondern um die Setzung des eigenen Ausdrucks. Dafür gebe ich euch Stärke.«

Ich verstehe, was Mars mir erklären möchte.

»Gott Mars«, wende ich mich erneut an die kraftvolle Gestalt neben mir. »Wir Menschen tragen die Verantwortung, wie wir handeln. Ob wir die Stärke, die du uns schenkst, zur Zerstörung nutzen, weil wir unreif und egoistisch sind oder ob wir sie weise für unsere und die Entwicklung der Menschheit nutzen. Ich spüre, wie im Leben die Kräfte aufeinanderprallen und empfinde, dass dies gut ist. Es lässt mich mich selbst wahrnehmen und macht mir bewusst, was ich in die Welt zu setzen habe. Die anderen Mächte neben mir, sie dürfen dort sein. Unser Wettstreit dient allen.«

Mein Begleiter nickt zustimmend und lässt sein Schwert durch die Luft sausen. Erschrocken weiche ich einen Schritt zur Seite. Dies entlockt Mars ein Lächeln, was mich neues Vertrauen schöpfen lässt. Ich nähere mich wieder meinem Weggefährten.

*Geführt werden und sich der Führung im Leben anvertrauen ...
Ich spüre die Schutzengel, wie sie jedem Menschen den Rücken
decken und ihn in das Leben bringen, damit der Einzelne sich mit
dem Erdendasein konfrontieren kann. Der Mensch wird wie ein
Pfeil in das Ziel gebracht. Dabei hilft Mars: Er bringt uns ins Ziel.*

*»Dein Ausdruck soll deutlich und ehrlich sein«, höre ich Gott
Mars zu mir sprechen.*

*Seine Augen funkeln und fixieren ein Ziel in der Ferne. Bei ihm
geht es nicht darum, Rücksicht zu nehmen.*

*»Handle ohne Bedenken!«, fordert er mich auf. »Dein
Schutzengel steht hinter dir und bestärkt dich.«*

*Schweigend marschieren wir eine Weile strammen Schritts
nebeneinander. Dann ergreift Mars wieder das Wort.*

*»Ich suche das Formbare, in dem ich mich ausdrücken kann.
Das Männliche sucht das Weibliche, das Eisen das Kupfer. Ich liebe
die anmutige Göttin Venus und sie liebt mich. Ich suche aber auch
das Harte, an dem meine Kraft abprallt, an dem ich mich messen
kann, um dann die Orte hinter mir zu lassen, wo ich gestaltet und
gekämpft habe. Weiter hinein in die Welt!«*

*Mir laufen kalte Schauer über den Rücken. Die Augen sollen wie
Stahl funkeln. Keine Rücksicht, keine Beschränkung, nach vorne
schauen auf das Ziel gerichtet, voller Energie!*

*»Richard, du bist ein Mann. Lass dir von mir sagen: Erst wenn
du es schaffst, dein Wesen mit meiner Kraft in das Dasein zu
bringen, dann ist die Zeit, der Welt der Frau zu begegnen. Dann
kann eine Begegnung stattfinden, in der dein Wesen wahrhaft
beteiligt ist!«*

*Diese Worte treffen mich zutiefst. Sie sind richtig, vollkommen
richtig! Schon lange weiß ich das, doch nie wagte ich es auszu-
sprechen. Denn die Zeit war noch nicht reif dafür, ich war noch
nicht reif!*

*»Spüre, wann welcher Schritt zu tun ist und dann tue ihn! Prüfe:
Ist in mir die Kraft, die Härte, das Unwiderstehliche? Habe ich es
gemessen, erprobt im Kampf der Kräfte und hat es die Prüfung
bestanden? Dann kann es in der Welt formen.«*

Mars wirft mir einen Blick von der Seite zu und spricht weiter.

»Formuliere klare Gedanken. Schweige, wenn es zu schweigen gilt. Sprich, wenn du etwas zu sagen hast.«

Ich nicke zustimmend.

»Suche die Frauen, die die Stärke des Mannes annehmen und lieben. Du bist stark und kraftvoll. Ich bin bei dir, wenn du mich rufst, immer. Vertraue mir. Suche die Einsamkeit, um dich zu sammeln, um dich wieder mit mir zu verbinden.«

Die Worte des Gottes Mars finden Zugang zu meinem Innersten. Er spricht zu mir als Mann und zugleich bringt er zum Ausdruck, was er dem irdischen Sein schenkt.

Der Planet Mars hat seine Umlaufbahn direkt neben der Erde und schirmt sie nach außen wie ein Schutzschild zum Weltall hin ab. Als unsere Nachbarin hin zur Sonne kreist die Venus. So befinden wir uns im Spannungsfeld von Venus und Mars, geht es mir durch den Kopf, während der große Gott erneut kraftvoll seine Stimme erhebt.

»Lang ist die Zeit, in der du alleine bist. Nur weniges, was die anderen Menschen tun, denken und fühlen, benötigst du für deinen Weg. Wähle richtig! Lass nicht das zu dir, was du nicht brauchst, was dich von deinem Ziel abbringt, was sich dazwischen schiebt. Und noch etwas, Richard: Wenn du eindeutig in deinem Ausdruck bist, dann darf meine Kraft auch in anderen Menschen ihren Ausdruck finden.«

Schweigend laufen wir nebeneinander. Seine Stimme klingt etwas weicher, als er weiterspricht.

»Ich, Mars, liebe dich – in der Weise, wie ich liebe: wie das Männliche das Männliche liebt. Ich weise dir den Weg, ich bin dein Schutzengel.«

Plötzlich schlägt meine Stimmung um. Ich fühle mich kraftlos und schwitze aus Schwäche. Es fällt mir schwer, mit dem Gott Mars Schritt zu halten. Gedanken an Konflikte nehmen mich ein und lähmen mich. Meine Arme hängen schwer herunter. Ich kann nicht mehr!

Nein, ich habe keine Lust auf Auseinandersetzungen und Kampf. Und doch fordert das Leben das. Eisenwaffen prallen aufeinander. Stahl ist nicht Verständnis, Rücksichtnahme, Versöhnung, sondern

Behauptung, Durchsetzung, Rücksichtslosigkeit. Da meldet sich mein Begleiter.

»Verletzung und Niederlage sollen überwunden und verstanden werden. Aber nicht durch zurücknehmende und übertönende Kompromisse. Sei ehrlich! Nichts an mir ist hinterhältig und falsch, sondern ich bin offen und direkt. Ich stehe für die Überwindung der Falschheit und die in das Unbewusste verdrängten Konflikte, die nicht sein dürfen und das Dasein belasten. Für die Überwindung der verhüllten Komplexe, die dem Menschen selbst und seinem Umfeld schaden und ihm nicht erlauben, wahrhaftig am Leben teilzuhaben. Ich schenke dir Mut, um der Mensch zu sein, der du im Augenblick bist. Nicht mehr und nicht weniger.«

Ich spüre, wie ich bei diesen Worten aufatme. Mein Schritt wird wieder kräftiger und ich höre zu, was Mars mir noch zu sagen hat.

»In meinem Einfluss darf auch der andere Mensch kräftig und ausdrucksvoll sein. Wenn meine Kraft offen und ehrlich gelebt wird, dann ist der verletzende Kampf nicht notwendig. Krieg entsteht dann, wenn die Menschen voller verdrängter Gefühle handeln, sich angegriffen fühlen, traumatisiert sind und um sich schlagen. Mein Ausdruck ist fair und offen. Auseinandersetzung ist ein Messen der Kräfte!«

Ich fühle mich versöhnt mit Gott Mars und in keiner Weise mehr schwach. Er hat mir Wichtiges mitzuteilen – sehr persönlich an mich gerichtet!

»Du hast ein Recht zu sein. Zerschlage, was dich fesselt und hindert, indem du dich zum Ausdruck bringst. Dann ist gelöst, was zu lösen war. Was hinter euch Menschen liegt, werdet ihr so oder so nie verstehen. Schaut nach vorne. Beklagt euch nicht und jammert nicht. Schaut nicht zurück.«

»Großer Gott«, antworte ich nachdenklich, »du verweist mich auf einen gewaltigen Irrtum meines Denkens. Ich meinte, wenn ich anderen Menschen jedwede Lebensgestaltung zugestehe – auch indem ich auf eigenen Ausdruck verzichte –, dann gestehen sie mir auch zu, ich selbst zu sein. Gebe ich ihnen Raum, dann geben sie auch mir Raum. Das stimmt in dieser einfachen Form nicht! Das machst du mir jetzt deutlich. Gestehe ich ihnen etwas

>Falsches< zu, zum Beispiel Macht über mich oder andere Menschen, dann erhalte ich niemals Raum für mich. Mein Recht, mein ehrliches Recht im Leben muss ich vertreten! Eben auch und gerade, wenn es den anderen, beziehungsweise die Lebensfallen und unterdrückten Gefühle, stört. Es darf sie zerstören!«

Ich mache eine Pause, um den Gedankengang fortzusetzen. Mars wartet geduldig, bis ich weiterspreche.

»Nie soll die Despotie gestärkt werden! So sehr der Despot auch leidet, wenn er seine Macht verliert. Nie soll ich versuchen, dieses Leiden zu verhindern. Es geht auch um das Bild von Gott. Ist Gott ein Despot, ein Weichling, ein Feigling? Dann bin ich ein Nichts, unbedeutend, unterdrückt! Ich habe ein Recht, ja eine Pflicht, zu leben. Und im Namen des Ganzen, der Entwicklung der Menschheit muss ich auch kämpfen. Wenn es ein ehrlicher Kampf ist, muss ich zerstören, wenn das notwendig ist.«

Ich bin zornig. Mars schaut mich intensiv an.

Seine Stimme klingt bestimmend: »Überwinde die Lähmung aus der Vergangenheit. Überwinde die Traumata, die dich bremsen und einhüllen. Riskiere für dich dein Leben!«

Ich höre den kräftigen Atem meines Nachbarn. Er hat das Schwert erhoben und streckt es zum Himmel. »Seid Menschen, so wie ihr gedacht seid! Stellt euch dem Abenteuer Leben. Geht durch eure Verletzungen und Ängste – Schritt für Schritt.«

Ich spüre große Liebe für diesen schönen Gott. Seine Muskeln, seine Kraft und Entschlossenheit faszinieren mich. Ich liebe das Männliche! Was möchte er mir noch sagen? Neugierig schaue ich ihn an. Er hat sein Schwert wieder gesenkt. Ich betrachte die kräftige Faust, die den Griff umklammert.

»Eisen ist hart«, spricht er mit leiser, aber weiterhin entschlossener Stimme fast mehr zu sich selbst als zu mir. »An seiner Härte könnt ihr Menschen wachsen. Es bildet den Kern eurer Erde. Es ist ein wesentlicher Aspekt des Erdendaseins: Durchsetzung, Bestehen, sich selbst in das Leben bringen. Achtet die Eisenkraft in euch, in den anderen Menschen und in der Welt. Eisen ist in eurem Blut. Das Blut, das euch auszeichnet, versorgt, ernährt, wärmt und belebt. Blut, das bei jeder Verletzung fließen muss.«

Ich werde diese Stärke leben, von der ich hier höre. Da bin ich mir sicher, geht es mir durch den Kopf.

»Danke, großer Mars, danke!«

Noch ganz eingehüllt in das marsianische Kraftfeld wende ich mich nach rechts. Doch mein Begleiter ist nicht mehr zu erblicken. Ein rötlicher Schimmer liegt in der Luft. Es riecht nach Eisen. In der Ferne, aber ganz in meinem Blickfeld, scheint ein Wirbelsturm zu toben. Ich fühle mich tief entschlossen. Ja, ich nehme diese irdische Existenz an! Ein Gedicht entsteht in meinem Geiste.

Vorwärts

Weltenwesen, tief verbunden,
hast dich selbst in dir gefunden.
Würdest vielfach um dich kreisen,
wäre nicht das starke Eisen,
das dich trägt unendlich weit
vorwärts in die Ewigkeit.

Kannst vertrauen diesem Streben,
es gibt auf Erden doch kein Leben,
das nicht geleitet von seiner Kraft
Unendlichkeit nun endlich macht.

Denn es gilt durch deine Taten
zu erreichen manches Ziel
und kein zögerliches Warten
hilft dir hier im Weltenspiel.

Richard war zufrieden. Er war zurückgekehrt von seiner Reise zum Gott Mars. Mit einem Griff beförderte er den Rucksack von seinen Schultern, griff nach seinem Tagebuch und notierte das Erlebte. Dann schaute er nachdenklich in die Landschaft. Lange hatte er nichts mehr gegessen und mit keinem Menschen gesprochen.

Ist mein Bewusstsein durch Halluzinationen gestört, fragte er sich. Fehlt mir ein Mensch, mit dem ich meine Gedanken und Gefühle teilen kann?

Doch trotz all dieser Zweifel spürte er die Bereitschaft, das Leben mit dem, was es ihm zeigte, anzunehmen. Gedankenlos, ja fast wie aus der Ferne gesteuert, erhob er sich, um seinen Weg fortzusetzen. Mit kräftigem Schritt näherte er sich einem ihm noch verborgenen Ziel. So vergingen einige Stunden. Zunehmend erwachten wieder seine Sinne und er betrachtete neugierig die ihn umgebende Landschaft.

Mir scheint es, als kenne ich die Gegend hier, sprach Richard zu sich selbst. Doch das mag Täuschung sein.

Leichte Unruhe überkam ihn. Unwillkürlich beschleunigte er seine Schritte weiter den Hügel hinauf und schaute in die Ferne, als erwarte er, dass etwas Bekanntes auftauchte. Sollte der Wolf sich noch einmal zeigen? Bei diesem Gedanken durchströmten ihn Vertrauen und Wärme. Er spürte den zerbrochen Spiegel in seiner Tasche. Der Eibe, dem Wacholder, der Schlange und der Biene war er begegnet. Sie hatten ihm geholfen und von der Weisheit der Natur berichtet. Eine unendliche Größe zeichnete die Schöpfung aus.

Als er die Kuppe des Hügels überschritten hatte, sah er unten in der darunterliegenden Senke einen großen Baum, daneben eine Jurte und eine einfache Holzhütte. Er war wieder beim Schamanen angekommen! Richard wollte seinen Augen nicht trauen. War das möglich? War er tatsächlich in einem ausgedehnten Kreis gelaufen und erreichte nun den Ausgangspunkt als Ziel? Er fühlte sich für weitere Gedanken hierüber zu erschöpft. Der Verstand sollte ruhen. Sein Gefühl sagte, er war angekommen! Er erreichte die Senke. Hier war er vor sieben Tagen aufgebrochen.

In dem Augenblick, als Richard bei der Jurte eintraf, kam der Schamane aus dem Rundzelt. Sein Blick war keinesfalls überrascht. Er ging auf den Ankömmling zu und begrüßte ihn zuvorkommend. Richard erwiderte diesen Gruß ehrfurchtsvoll. Der Schamane rief in russischer Sprache nach Genia. Eine Frau, um die dreißig Jahre alt, kam aus der Holzhütte. Sie sprach ihn auf Deutsch mit russischem Akzent an und fragte, ob er durstig und hungrig sei. Richard bejahte und sie brachte ihm einen Krug Wasser, frisches Obst, Brot und Käse. Was für ein Empfang!

Die ganze Situation schien Richard unwirklich, zugleich hatte sie etwas Selbstverständliches. Genias Freund, ein Deutscher mit dem Namen Gernot, gesellte sich zu ihnen. Richard aß langsam und schweigend, der Schamane hatte sich wieder in die Jurte begeben, der Abend nahte. So tauschten sie nur wenige Worte aus. Mit dem Untergang der Sonne bereitete Richard sein Lager. Sie sagten einander gute Nacht und verschoben ein weiteres Gespräch auf den nächsten Tag. Genia und Gernot begaben sich in die Hütte. Richard schlief unter freiem Himmel in seinem Schlafsack sofort ein.

Rückkehr und Ankunft

Beim Schamanen

Mit Aufgang der Sonne erwachte Richard. Er hatte sich daran gewöhnt, dem Rhythmus der Natur zu folgen. Ein Traum aus den Morgenstunden beschäftigte ihn.

Der Traum von der Prüfungsgruppe

Ich befinde mich in einer Gruppe von ehemaligen Mitschülern der Abschlussklasse aus meiner Zeit am Gymnasium. Offensichtlich steht das Abitur bevor und alle bereiten sich darauf vor. Mich interessiert die bevorstehende Prüfung nicht. Sie hat keine Bedeutung für mein Leben.

Ich befinde mich in der Gruppe und beobachte das Geschehen, wechsle hier und da ein Wort, werde aber nicht an den Abschlussarbeiten teilnehmen.

Für mein Verhalten existiert keine Begründung, doch offensichtlich bin ich hinsichtlich der Reifeprüfung, die abzulegen ist, nicht Teil der Gruppe. Das fühlt sich vollkommen selbstverständlich an.

Richard hatte den Traum in sein Tagebuch notiert und las die wenigen Sätze noch einmal durch.

Die Prüfung liegt bereits hinter mir, sagt mir der Traum, auch wenn ich das Leben mit den Prüflingen teile. Ich kann entspannt auf die Vorbereitungen der anderen schauen.

Was für ein Unterschied zu seinem Traum »Die Reifeprüfung«, den er vor einigen Wochen gehabt hatte! Damals hatte er gemeint, sich an der Prüfung beteiligen zu müssen, obwohl ihm bewusst war, dass er sie eigentlich schon längst bestanden hatte.

Welch besonderes Gefühl empfinde ich, jetzt wieder hier beim Schamanen zu sein!, ging es ihm durch den Kopf. Welch außergewöhnlicher Tag!

Er nahm seine Waschsachen und ging zum Bach. Das kalte Wasser tat ihm gut. Der kaputte Zehennagel löste sich immer mehr. An seinen Händen waren viele kleine verkrustete Wunden. Er rasierte seine seit mehreren Tagen wachsenden Bartstoppeln ab.

Vielleicht sollte ich auch einige Kleidungsstücke waschen, dachte er. Doch dies verschob er auf später.

Von der Hütte wurde sein Name gerufen. Er schaute hinüber.

»Guten Morgen, Richard«, rief Gernot. »Ausgeschlafen? Wie war die Nacht im Freien?«

»Gut. Und ihr, auch ausgeruht und munter?«

»Ja«, erwiderte Gernot.

Richard ging langsam zur Hütte, bei der sein Gepäck unter dem Walnussbaum lag. Seine Beine fühlten sich schwer an. Sie hatten ihn sieben intensive Tage durch die Natur getragen.

»Wie sieht es mit Frühstück aus? Genia brüht in der Hütte Tee auf. Es gibt noch frisches Obst, Tomaten und Gurken. Wenn wir das Brot in der Pfanne rösten, dann schmeckt es wieder knusprig. Käse ist auch noch da und, wenn du möchtest, Joghurt.«

Für Richard klang das nach Paradies und Überfluss. Er nickte zu allem, das er hörte.

»Das ist super. Ich freue mich, mal wieder richtig zu frühstücken. Kann ich helfen?«, fragte er seinen Gesprächspartner.

»Komm in die Hütte. Wir können uns zum Essen unter den Walnussbaum setzen.«

Richard folgte Gernot in die Hütte.

»Guten Morgen, Genia«, begrüßte er die junge Frau, die bereits in der Pfanne Brot erwärmte. »Welch ein schöner Tag, mit so einem Frühstück starten zu dürfen! Habt ihr auch tatsächlich genug zu essen dabei? Habt ihr das alles hierher geschleppt?«

»Nein, nein, wir sind mit Pickup gefahren – mit viel Essen«, berichtete Genia. »Zwei Tage sind wir hier.«

Genia sprach Deutsch mit einem deutlichen russischen Akzent – harmonisch weich mit dem typischen D-Laut, den die deutsche Sprache nicht kennt.

Sie trugen das Frühstück zum Walnussbaum und breiteten dort eine Decke auf dem Boden aus.

»Was ist mit dem Schamanen?«, fragte Richard. »Kommt er auch zum Frühstück?«

»Er hat seinen eigenen Tagesablauf«, erwiderte Gernot. »Er hält sich nur hin und wieder bei uns auf. Wir sollen keine Rücksicht auf ihn nehmen, hat er uns gesagt. Wir wollen ihn auch in keiner Weise stören. Zudem hat er Besuch bei sich in der Jurte: eine Mutter mit ihrer Tochter, die Heilung bei ihm suchen. Ab und an hören wir seinen Gesang und den Klang der Schellentrommel. Die beiden wurden mit einen Auto gebracht. Ich glaube, das Kind kann nicht laufen.«

Gernot nahm einen kleinen Biss vom Brot und nickte zur Jurte hinüber. »Es ist sehr nett von ihm, dass er uns in der Hütte leben lässt. Wir sind Freunde von Freunden von ihm und die Kirgisen sind ausgesprochen gastfreundlich.«

»Dann kennt ihr den Schamanen besser?«, setzte Richard seine Fragen fort.

»Genia hat früher in Bishek gelebt. Sie hat über Bekannte aus alten Tagen erfahren, dass sie zum Schamanen fahren, um ihn mit frischen Lebensmitteln zu versorgen. Wir sind mitgefahren und verbringen hier ein paar Tage. Genia zeigt mir ihre alte Heimat. Wir waren zuvor in St. Petersburg und Moskau. Die Familie von Genia stammt aus St. Petersburg. Die Eltern haben einige Jahre in Bishek gearbeitet. Beide unterrichteten dort an einer Hochschule, als Genia noch ein Kind war. Wir sind hier hauptsächlich, um in der Einsamkeit der Natur zu leben. Das ist völlig anders als in Deutschland.«

»Für Schamanen habe ich auch eine Frage. Später, wenn Zeit hat. Vielleicht weiß Antwort«, ergänzte Genia.

»Ich muss ganz langsam essen«, meinte Richard. »In den letzten Tagen habe ich viel gefastet. Da fällt es richtig schwer, wieder gut zu frühstücken.«

»Du warst lange bei Wanderung? Hast viel gesehen? Schöne Zeit gewesen? Was machst du hier? Warum kennst du Schamanen?«

Genia schaute Richard neugierig an. Sie war eine attraktive Frau. Ende Zwanzig, schätzte Richard. Ihr dunkelbraunes Haar, das bis zu den Schultern reichte, trug sie offen und es harmonierte mit den braunen Augen. Sie lächelte freundlich, während sie sprach. Ihre Erscheinung wirkte eher schmal, wenn sie auch für eine Frau relativ groß war. Gernot überragte Genia nur um einen halben Kopf.

Er war ein stämmiger Typ mit kräftigen Armen und Beinen. Seine hellbraunen, fast blonden Haare hatte er kurz geschnitten. Die blauen Augen gaben seinem Gesicht einen offenen Ausdruck.

»Es ist ein Zufall, dass ich hier bin«, begann Richard zu erzählen. »In Polen, kurz nach meinem Reisestart in Berlin, habe ich eine Studentin aus Köln getroffen, die mir von diesem Ort und dem Schamanen erzählt hat. Irgendwie hatte ich Glück und habe ihn tatsächlich gefunden. Das war vor gut einer Woche. Am gleichen Abend, als ich angekommen bin, hat ein schamanisches Ritual stattgefunden.«

Richard legte eine Pause ein. Die Erinnerungen an den Abend, den Rhythmus der Trommel, den Duft des Rauchs wurden gegenwärtig.

»Das hat mich tief beeindruckt«, fuhr er fort zu erzählen. »Ich bin dann aufgebrochen und war sieben Tage in der Wildnis unterwegs. Da ist viel passiert. Ich habe verstanden, welche Weisheit die Natur beinhaltet. Sie ist derart groß, viel größer, als ich es mir vorstellen konnte.«

Richard spürte die Gefühle aus der Zeit seiner Wanderung. Er dachte an den Wolf, die Schlange und die Bienen. Genia und Gernot lauschten seinen Worten.

»Ich bin immer wieder einem Wolf begegnet. Der hat mich geradezu geführt. Der Schamane hat ihn mir als mein Krafttier benannt.«

Richard zögerte, von seinem tiefen Erleben zu berichten. Es war überaus persönlich, was er erfahren hatte und er wollte nicht als Spinner dastehen, der seine Illusionen oder Halluzinationen zum Besten gab.

»Bist du auf Reisen gegangen? So wie Schamane? Hast du andere Welten betreten?«, fragte ihn Genia. »Der Schamane kennt Welt von Himmel und Erde. Er ist guter Schamane, weiß sehr viel und kann heilen.«

»Ja, ich war in anderen Welten«, antwortete Richard vorsichtig.

»Es gibt also diese anderen Welten?«, mischte sich Gernot ein. »Genia hat mir immer wieder davon erzählt, aber ich kann mir das nicht richtig vorstellen.«

»Für mich war es so, dass alles hier auf der Erde auch ein geistiges Wesen hat«, meinte Richard. »Die Bäume, die Tiere und auch die Erde, die Steine, die Metalle – alles hat auch Geist, hat Weisheit, kann dir von der Schöpfung erzählen.«

Wieder zögerte Richard, bevor er weitersprach.

»Das Komische ist dabei, das habe ich noch nicht richtig verstanden: Obwohl doch alles seinen eigenen Geist zu haben scheint, ist es auch eins.«

»Immer nur Aspekt«, meinte Genia.

»Ja, genau. Die Eibe ist eine Idee, die zum Ganzen gehört. Der Wacholder ist eine andere Idee. Genauso die Schlange, die Biene oder ein Metall. Wie in einem Mosaik bilden sie zusammen ein Ganzes. Erst wenn wir von den einzelnen Aspekten wissen und sie an ihrem richtigen Ort im Mosaik erkennen, ahnen wir das Ganze.«

Richard war ein wenig erleichtert, dass die Unterhaltung dieses abstrakte Niveau erreicht hatte. So musste er nicht sein persönliches Erleben ausbreiten.

»Ich habe etwas gefunden«, meinte er dann.

Richard holte den zerbrochenen Schamanenspiegel aus seiner Tasche. Wieder fühlte es sich für ihn an, als berühre er etwas Lebendiges.

Genia und Gernot betrachteten die beiden Metallhälften.

»Was ist das?«, fragte Gernot.

»Das muss alter, zerbrochener Schamanenspiegel sein«, sagte Genia.

Richard nickte. »Habe ich auch gedacht. Ein alter Schamanenspiegel. Für mich fühlt er sich wie lebendig an. Probiert mal. Nehmt ihn so zwischen die Finger.«

»Ja, ist lebendig«, bestätigte Genia.

»Wozu dient ein Schamanenspiegel?«, fragte Gernot.

In diesem Augenblick hörten sie eine freundliche Begrüßung. Der große Heiler war zu ihnen gekommen. Sie erwiderten den Gruß. Er setzte sich zu ihnen und nahm den zerbrochen Spiegel in die Hand. Es wirkte, als wöge er seinen Gehalt ab. Dann wandte er sich an Genia und sprach einige Worte zu ihr.

»Er sagt, dies ist Spiegel von Schamanin, die an diesem Ort gelebt hat. Deshalb ist er auch hier. Sie ist getötet worden. Es freut ihn, dass Richard Spiegel finden durfte. Das ist große Ehre. Spiegel ist zerbrochen.«

Wieder sprach der Schamane zu Genia. Und diese fuhr fort zu übersetzen.

»Richard, du hast ihn erhalten. Es ist nun deiner. Wir sind hier zusammen. Lasst uns erst essen. Es hat seine Bedeutung.«

Der Schamane nahm sich ein Glas mit Tee und ein Stück Brot. Sie frühstückten. Der Heiler schwieg und wirkte in Gedanken versunken. Deshalb wandte sich Richard wieder an die beiden Besucher.

»Ihr wohnt zusammen in Deutschland?«, fragte er Genia und Gernot.

»Ja«, sagte Gernot. »Wir leben in Bremen.«

»Und wie bist du nach Deutschland gekommen, Genia?«

»Durch einen Mann. Ex-Mann. Nicht Gernot. Gernot und ich sind seit einem Jahr zusammen. Ich bin vor fünf Jahren zu meinem Mann nach Bremen gezogen. Er hat in Leningrad für große Speditionsfirma gearbeitet. Da haben wir uns kennengelernt.«

»Und deine Familie stammt aus St. Petersburg«, fragte Richard weiter.

»Sie leben dort schon viele Generationen. Meine Eltern sind dort geboren. Sie und meine Großeltern haben Blockade während Krieg überlebt. Das war Zeit von Not. Sie mussten viel hungern. Zu viel! Für bisschen Essen wurde alles verkauft. Sehr viele Menschen sind verhungert. Meine Großmutter hat sogar Konzertflügel für wenig Brot eingetauscht. Sie war berühmte Pianistin.«

Genia schwieg. Ihr Gesicht hatte einen angestrengten Ausdruck bekommen. Gernot führte das Gespräch weiter. »Genia spielt auch sehr gut Klavier. Eigentlich könnte sie berühmt werden. Zudem ist sie genial.«

Gernot schaute Genia mit einem fordernden Blick an. Offensichtlich ging es um eine Spielerei zwischen den beiden.

»Genial?«, wiederholte Richard mit einem fragenden Gesichtsausdruck.

»Ja«, meinte Gernot. »Sie ist mit mir zusammen und wenn wir heiraten, dann ist sie genial. Denn mein Nachname ist Lichtenborg. Genia und noch ein ›I‹ ergibt genial, wenn sie meinen Namen annimmt. Deshalb will sie mich heiraten.«

Gernot grinste, während er das erzählte. Genia schaute genervt. Es war ihr zu persönlich. Offensichtlich gab es Spannungen in der Beziehung der beiden. Da mischte sich der Schamane wieder ein und sagte einige Sätze zu Genia. Er hatte den Tee getrunken und sein Brot gegessen. Ein kurzes Gespräch zwischen den beiden entstand.

»Der Schamane möchte einiges dir erklären«, wandte sie sich an Richard.

Der Schamane begann zu sprechen und Genia übersetzte.

»Du besitzt den Spiegel. Die Geister und Götter haben dich begleitet auf deiner Wanderung durch die Wildnis.«

Der Heiler sprach langsam. Richard hörte gespannt zu.

»Richard, du bist hier, um zu lernen, ein Schamane zu sein. Du weißt das! In meiner Jurte wartet eine Mutter mit ihrer kleinen Tochter. Das Kind ist krank. Vor einem Jahr hatte es einen schweren Unfall, von dem es sich bis heute nicht erholt hat. Es ist von einer Mauer gefallen. Die Knochenbrüche sind gut verheilt, auch die Kopfverletzung, doch der Schock sitzt tief. Die kleine Aisuluu läuft nicht mehr und ihre Mutter Turduaiym ist voller Sorge.«

Richard spürte, wie Bilder vom Unfall in ihm aufstiegen. Er sah die Mauer an einer Bergstraße vor sich. Das Mädchen hatte am Hang gespielt, nach oben zum Himmel geschaut, war ausgerutscht, herabgestürzt und auf der Straße aufgeschlagen. Der Heiler sprach weiter.

»Ich möchte, dass du mich begleitest, wenn ich in die andere Welt reise, um Seelenteile dieses Kindes wieder zu ihr zurückzuführen.«

Richard nickte.

»Lass uns in die Jurte gehen.«

Der Schamane stand auf. Genia und Gernot folgten seinem Beispiel. Sie betraten das Rundzelt. Dort lag ein Mädchen von vielleicht sechs Jahren auf einem Lager. Ihre Mutter saß daneben. Voller Respekt begrüßten die Neuankömmlinge die beiden.

Der Schamane sprach einige Worte zur Frau, wandte sich dann an Genia und erläuterte ihr das weitere Geschehen. Richard blieb Beobachter und wartete, nachdem er in einer Ecke auf dem Teppich Platz genommen hatte, was sich nun zutragen würde.

Während der Heiler sich mit großer Sorgfalt seine Schamanenkleidung anlegte, sprach er zu Genia. Diese wandte sich an Richard.

»Ich werde für dich übersetzen, während dir der Schamane erklärt, was du zu machen hast. Du sollst ihn begleiten.«

Der Medizinmann nahm seine Schellentrommel zur Hand und stimmte einen Gesang an.

Lasst uns reisen in die andere Welt,
zur Erde und zum Himmel.
Wir möchten die Seele dieses Kindes zurückholen.
Sie soll wieder bei ihr sein,
ihren Körper bewohnen – voller Freude.
Ich bitte euch Geister, steht uns bei.
Dieses Kind ist tief erschrocken.
Es soll Vertrauen haben.
Es soll Freude empfinden
Weise Schlange, stehe uns bei, begleite mich.
Großer Bär, hilf dem Mädchen dabei,
dass seine Träume wieder auf der Erde leben können.

Der Heiler wiederholte die Sätze in seinem Gesang. Weitere Geister und Mächte rief er an. Richard hörte, wie ihm Genia Anweisungen zuflüsterte, die Reise anzutreten.

»Halte die Augen geschlossen. Lausche dem Gesang. Tritt aus der Jurte. Folge dem Bach, bis zu der Mulde im Erdreich.«

Sein Wolf trat an seine linke Seite und schaute ihn auffordernd an. Ihm war, als nähme ihn ein geistiger Führer bei der Hand.

Er spürte den Schamanen neben sich und dieser sprach: »Ihr großen Geister, die Seele von Aisuluu hat sich verirrt und findet nicht zurück zu ihr. Ich möchte im Reich der Erde und im Himmel nach ihr suchen und sie zurück zu ihrem irdischen Körper begleiten. Helft mir dabei.«

Das Flüstern von Genia verstummte in der Wahrnehmung von Richard und er begab sich auf die Reise.

Die Reise in die untere und obere Welt

Geführt vom Schamanen erreiche ich einen Erdgang. Wir betreten ihn und laufen hinab – immer tiefer. Der Gang gibt uns genug Platz, um aufrecht vorwärts zu schreiten. Mein Wolf schnuppert interessiert. Neben dem Schamanen sehe ich einen braunen Bären. Dann erreichen wir das Ende des Tunnels und es öffnet sich ein großer Raum. An seiner Kuppel sind Lichter wie Sterne zu erkennen.

In der Mitte der Halle brennt ein Feuer, über dem ein Topf an einem Gestell hängt. Aus ihm treten helle Dampfschwaden. Eine zwergartige Erscheinung – vielleicht halb so groß wie ich – steht mit einem großen Kochlöffel in der Hand neben dem Kessel. Es gelingt mir nicht, seine Erscheinung richtig zu erfassen. Immer wieder verschwimmt seine Gestalt vor meinen Augen.

»Wer bist du?«, frage ich.

»Ich bin ein Erdgeist.«

»Was machst du hier?«

»Siehst du das nicht?«, erhalte ich zur Antwort.

Im Wasserdampf wird ein kleines Bild von Aisuluu sichtbar.

»Ein Teil der Seele dieses Kindes ist im Augenblick des Unfalls tief in die Erde gefahren. Ich halte ihn lebendig, bis sie ihn abholt«, spricht der Erdgeist.

»So bist du ein Wächter, damit nichts verloren geht?«

»Hier in der Erde findet ein großer Wandel statt. Doch Aisuluu muss selbst hinzukommen und sich daran beteiligen.«

»Komm zu uns, Aisuluu!«, ertönen unsere Stimmen im Chor und finden im Gewölbe Widerhall.

Das kleine Mädchen erscheint und steht nun neben mir. Ihr Körper ist weiterhin gelähmt. Ich halte sie und wir schauen auf das

Feuer und den qualmenden Topf, aus dem große Blasen aufsteigen. Im weißen Dampf erkennen wir ihr Abbild.

Mein Wolf setzt sich hin, um ganz geduldig zu betrachten, was geschieht.

Ich sehe, dass die Lähmung von Aisuluu nachlässt, während sie das Bild betrachtet. Sie wirkt jetzt ganz hell und wendet sich der Erscheinung im Dampf zu, beugt sich über den Kessel und nimmt die kleine Gestalt auf den Arm. Diese schmiegt sich an sie, verschmilzt mit ihrem Leib und Aisuluu spricht: »Komm zu mir. Sei bei mir. Du bist verloren gegangen, als alles verloren ging. Jetzt sei bei mir. Wir wachsen und entwickeln uns gemeinsam. Was hast du da in diesem Dampf gemacht? In dieser Hitze?«

Die kleine Gestalt, die schon halb in Aisuluu eingegangen ist, lächelt und spricht: »Ich gehöre zu dir. Ich bin in die Erde geflohen – wie ein Anker, damit du sie nicht verlässt! Damit wir sie nicht verlassen. Die Erde gibt uns Halt und wir wollen auf ihr fortbestehen und unsere Aufgabe erfüllen. Wenn nun viele Teile von dir in den Himmel gehen, dann muss sich ein Teil im Boden fest verankern. Damit du, Aisuluu, die auch ich bin, weiter auf Erden bleiben kannst.«

»Warum«, frage ich. »Warum dieses Feuer? Warum bist du im Wasserdampf?«

Ich schaue auf den Erdgeist und auf das kleine Wesen, das nun fast in den Körper von Aisuluu eingegangen ist.

Der Erdgeist spricht: »Ihr Menschen solltet mehr die Erde beachten. Gerade auch du, Aisuluu«, wendet er sich an das Kind und fährt dann fort zu sprechen. »Ihr schaut so gerne zum Himmel. Doch dieser Planet ist der Boden für euer Sein. So muss Aisuluu, will sie Erdenkind sein – und nur dann kann sie ihre Aufgabe erfüllen –, tief mit der Erde verbunden sein«, antwortet er mir. »Du fragst, warum dieses Feuer? Warum dieser Wasserdampf? Dann bedenke: Die Erde gibt euch Nahrung, Kraft, Energie. In diesem Feuer wurde ein Teil von Aisuluu bewahrt – in diesem Wasserdampf. Wir haben ihn nicht versteckt, nicht erstarren lassen. Denn auch das ist die Erde, dass sie den Wandel möchte.

Wir haben dieses kleine Wesen, das zu Aisuluu gehört, erhalten –
bereit für Entwicklung und tief verankert im Boden.«

Ich verneige mich vor dem Erdgeist. Mein Wolf legt sich hin.
Aisuluu schaut voller Andacht und Achtung.

Sie spricht: »Du Erdgeist! Ich möchte mich bei dir entschul-
digen, dass ich dich oft nicht gesehen habe. Ja, du hast recht, mein
Leib erschien mir wie unwichtig. Doch jetzt will ich zurückkehren
und ihn ganz ausfüllen. Insbesondere die Beine, Füße, Fußsohlen.
Dort will ich sein. Ich werde dies mit Ruhe und Bedacht machen.«

Wir gehen voller Demut vor der Erde und dem kleinen Geist auf
die Knie. Jetzt, da ich die Größe des Erdgeists annehme und ihm
auf Augenhöhe begegne, kann ich ihn auch deutlich sehen. Es ist
ein hübscher Zwerg. Er arbeitet für die Erde. Ich ehre ihn.

»Ich kann nicht mit euch in die höheren Welten kommen«,
spricht der Erdgeist. »Hier ist mein Platz! Bedenkt: In der Erde
brennt ein Feuer. Denkt nicht, die Erde wäre kühl. Kalt ist das All.
In der Erde ist Menschlichkeit. In der Leere ist die Kühle und dort
fehlt die Energie.«

Ich sehe, dass das Feuer langsam erlischt. Der Kessel mit
Wasser hört auf zu dampfen. Denn wir haben zurückgeholt, was
die Erde bewahrt hat.

Aisuluu spricht: »Danke, dass du mich so lange bei dir behütet
und im Dampf des Wassers lebendig gehalten hast. Das Wasser
sind die Gefühle und der Dampf ist der Wandel. Ich habe jetzt Lust
auf meinen Körper und will zu ihm zurückzukommen.«

Dann ist der Zwerg verschwunden und wir sind alleine in dieser
Höhle. An dessen Kuppel leuchten Lichter wie Sterne. Wir schauen
uns an.

»Lasst uns zurückkehren«, sprechen wir.

Getragen von den Mächten gleiten wir den Erdgang hinauf,
erreichen die Mulde und folgen dem Bach bis zur Jurte.

Aisuluu füllt ihren Leib ganz bis zu den Zehenspitzen aus – voller
Licht und Energie, pulsierend. Es ist die Energie der Erde, die alles
lebendig sein lässt. Das sollen wir wissen und ehren.

»Danke, Erde, danke, Erdgeist!«, spreche ich.

Nun höre ich wieder den Rhythmus der Schellentrommel und nehme wahr, dass Genia mir zuflüstert: »Richard, die Reise geht weiter. Wir müssen auch noch die obere Welt besuchen.«

Wir schweben zum Gipfel eines hohen Berges – der Schamane, sein Bär, der Wolf und ich. Der Heiler nimmt mich bei der Hand und wir springen wie durch ein kleines Hindernis in die obere Welt. Es kommt ein geistiger Führer auf uns zu.

»Ich helfe euch beim Suchen«, sagt er und führt uns weiter.

Wir erreichen eine Landschaft mit dunklen, kristallartigen, schwarzen Steinen. Dort brennt ein kleines Feuer. Das einzige Licht weit und breit. An diesem Feuer befindet sich ein kleines Männchen, das ich in der Dunkelheit kaum erkennen kann, da es vollkommen schwarz ist. Es wirkt alt, misstrauisch und einsam. Ich gehe auf dieses Männchen zu, stehe am Feuer und der geistige Führer schaut voller Wohlwollen. Dem Wolf sträuben sich die Haare.

»Wer bist du«, frage ich das Wesen.

»Ich bin altes Leid von Aisuluu«, sagt es. »Altes Leid!«

»Kann ich dich erlösen?«

»Übergib mich dem Feuer, dass ich mich auflöse und wieder geistig werden kann.«

»Altes Leid, ich möchte dich erst anerkennen, meinen Kopf vor dir beugen und auch mein Wolf verbeugt sich vor dir.«

»Ich danke euch«, spricht das alte Leid. »So lange weile ich schon in der Dunkelheit. Nun mache ich den Schritt in dieses Feuer, das ich gerettet habe. Dieses Feuer wird mich erlösen.«

Die kleine, dunkle Gestalt, das Leid, tritt in das Feuer. Das Feuer wandelt es. Es wird heller – viel heller – ganz hell.

»Wohin gehst du?«, frage ich.

»Jetzt kann ich zum Licht gehen. Da du mich gesehen und mir dein Mitgefühl geschenkt hast. Jetzt gehe ich zum Licht.«

»Was bedeutet es für Aisuluu, dessen altes Leid zu bist, dass du zum Licht gehst?«

»Freiheit! Freiheit, um glücklich zu sein. Ich vergehe langsam. Das Feuer ist gut für mich. Es darf nicht ausgehen. Halte es am Brennen. Es darf flackern, aber nicht ausgehen.«

»Und wie fühlt sich das für Aisuluu an?«

»Leichter. Sie verliert Angst. Sie verliert Leid.«

»Was kann ich noch für dich, altes Leid, tun, damit du dich zu neuem Leben wandelst?«

»Steh mir bei. Du siehst, so einfach brennt es nicht.«

Plötzlich wird es ganz hell. Eine schöne, helle Gestalt steht vor mir.

Sie sagt: »Ich danke dir, dass du hier bist. Ich brauchte ein Menschenwesen, das mich findet; keine Angst hat, mich anzuschauen, mich zu erkennen. Jetzt bin ich eine schöne junge Frau und ein schöner junger Mann.«

Das Feuer geht aus.

»Ich helles, schönes Wesen schwebe zum Licht und ihr kommt mit mir.«

Wir befinden uns auf einer Wiese im Licht und die helle Gestalt ist bei uns. Wir sind miteinander verbunden. Der geistige Führer, der Schamane, sein Bär und mein Wolf sind dabei. Mein grauer Gefährte schaut voller Freude und berührt mich leicht, als wolle er diese mit mir teilen.

»Ich werde Licht in mir aufnehmen und dann zurück zu Aisuluu auf diese Erde kehren. Denn dort ist sie und ich gehöre zu ihr. Ich bin gewandeltes Leid: Weisheit, Helligkeit. Kommt mit mir.«

Der geistige Führer verabschiedet sich und sagt: „Dies ist genug für heute.«

Wir schweben zurück und wie ein Strudel geht dieses helle Licht zu Aisuluu, durch ihren Scheitel in ihren Körper und leuchtet. Bis zu den Beinen, Füßen, Fußsohlen geht das Licht.

Die Schellentrommel war verstummt. Richard öffnete die Augen und schaute auf Aisuluu. Ruhig und gelassen lag sie auf ihrem Lager. Ein wohliges Gefühl umgab sie. Ganz leicht bewegte sie ihre Beine.

Richard murmelte leise vor sich hin: »Ich danke euch sehr, Schamane, Wolf, Gott in der Ferne. Seid bei mir.«

Aisuluu spürte Glück und Zufriedenheit. Ihrer Mutter Turduaiym liefen Tränen die Wangen hinunter. Sie sah die kleinen Bewegungen der Beine. Der Heiler trat zu ihr und ihrer Tochter.

»Hab Vertrauen, Aisuluu und noch ein wenig Geduld. Deine Beine können sich wieder bewegen. Jeden Tag wird das besser werden, bis sie dich tragen.«

Dann wandte er sich Turduaiym zu.

»Deine Tochter soll sich nun ausruhen. Ich werde später zu ihr kommen. Der große Geist, die Mutter Erde schauen voller Wohlwollen auf euch. Es wird gut!«

Der Schamane bat Genia und Richard vor die Jurte. Sie setzen sich ins Gras und der Heiler sprach.

»Erdhöhlen führen uns in die untere Welt, von Berggipfeln und Baumwipfeln gelangen wir in die obere. Richard, achte darauf, dass immer eine Führung bei dir ist, wenn du die Anderswelt betrittst! Rufe deinen Wolf, die hilfreichen Geister, sie geleiten dich auf deinem Weg. Stell präzise deine Frage, was du in der anderen Welt zu lösen hast.«

Der Heiler schaute auf Richard und fuhr fort: »Richard, du musst nun deinen eigenen Weg finden. Die Geister sind bei dir.«

Genia hatte Richard die Worte des Schamanen übersetzt. Dieser stand auf und ging zurück zu der Jurte. Richard wollte mit seinem Erleben alleine sein. Er dankte Genia für ihre Unterstützung, packte seine Umhängetasche mit dem Seelenbuch und machte sich dann auf zu dem Hügel, von dem aus er gestern den Walnussbaum erblickt hatte.

Oben angekommen schaute er zu den weißen Bergen, kniete nieder und sprach: »Ich neige mein Haupt vor dir, Schamane, den großen Geistern, der Mutter Erde, dem Himmel. Ich danke dir, Gott. Die große Aufgabe, die du mir gegeben hast, ich werde versuchen, sie so gut ich kann zu erfüllen. Ich weiß, es ist auch ein einsamer Weg. Den Menschen werde ich fremd. Zweifel werden an mir nagen. Sei bei mir, Gott, wenn ich nicht mehr weiß, was ich zu tun habe, der Wandel mir Schmerzen bereitet, da ich nicht erkennen kann, wohin er führt; Angst auf meiner Seele lastet und Traurigkeit darüber, noch nicht erreicht zu haben, wohin mein ganzes Wesen strebt.«

Dann versank er in eine tiefe Meditation. Als er aus dieser zurückkehrte, war es bereits später Nachmittag. Er schrieb auf, was er heute erlebt hatte und machte sich dann auf zum Walnussbaum, der so gut aus der Ferne zu erkennen war.

Das gemeinsame Abendessen mit Genia und Gernot verlief schweigsam. Sie tauschten nur Alltäglichkeiten aus. Das heute Erlebte nahm sie noch zu sehr ein, um Gegenstand einer Unterhaltung zu sein. Richard wollte für sich sein und verabschiedete sich bald zu seinem Schlafplatz.

Der nächste Tag

Gemeinsam nahmen sie das Frühstück ein und saßen dann noch einige Zeit zusammen. Auch der Schamane blieb mit unter dem Walnussbaum. Sie sprachen ein wenig über Aisuluu. Alle wünschten so sehr, dass das kleine Mädchen wieder gesund werden würde. Der Unfall mit der schweren Kopfverletzung und den zahlreichen Knochenbrüchen hatte sie dem Tod ganz nah gebracht.

»Das Wesen von Aisuluu konnte nicht verstehen, was beim Unfall geschehen ist«, erklärte der Heiler. »Sie war schon fast gestorben, als ihr Herz doch wieder zu schlagen begann. Ein Teil von ihr hat sie fest auf der Erde gehalten. Es wird noch weiterer Reisen in die Anderswelt bedürfen, um das Wesen ganz an den Leib zu binden. Schritt für Schritt muss der Körper dann lernen, wieder zu laufen.«

Dann wandte sich der Schamane an Richard: »Richard, du musst Vertrauen in dich selbst haben und mit reinem Herzen, den Menschen helfen zu wollen, die Anderswelt betreten. Was dir im Leben begegnet, sieh alles unter dem Vorzeichen, dass es dazu dient, dein Herz mit Liebe zu füllen.«

Richard hörte die Worte. Er spürte, dass eine große Aufgabe ihn erwartete. Er wollte sie annehmen.

»Auch Enttäuschung, Angst, Trauer erfährst du aus diesem Grunde«, fuhr der Heiler mit seiner Erklärung fort. »Es wird nicht geschehen, was du dir wünschst, sondern anderes und immer ein wenig mehr, als du möchtest, was dich fordert bis zu den Grenzen deiner Möglichkeiten. Das ist schwer, Richard. Manchmal sehr schwer.«

In Richard kam ein wenig Angst auf.

Werde ich tragen können, was das von Leben mir möchte?, fragte er sich.

»Diesen Wandel, dem du unterworfen bist, musst du annehmen«, sprach der Schamane. »Es gibt keine Wahl, denn deine Seele hat ›Ja‹ dazu gesagt. Hältst du, Richard, nicht Schritt mit deiner Seele und folgst nicht ihrem Verlangen, dann führt dies zu einer tiefen Störung in dir. Doch auch dies wird heilen.«

Der Schamane hatte mit ernster Miene gesprochen. Nun erhellte sich sein Gesichtsausdruck, als er fortfuhr.

»Prüfe dich vor jeder Reise, vor jeder Heilung, ob sie in Liebe geschieht. Dann hat alles seine richtige Ordnung. Richard, das ist das Wesentliche. Du musst die Anderswelt, die Geister und Götter nicht wie ich wahrnehmen. Ein jeder erfährt sie in seiner Weise. Aber spüre in dir, dass, was du tust, Frieden verspricht!«

Nach dieser Erklärung blieb der Schamane im Gras sitzen. Er erinnerte sich an Traurigkeit und Einsamkeit in seinem Leben. Später ging er in seine Jurte, um nach Aisuluu und ihrer Mutter zu schauen.

Zur Mittagszeit fuhr ein Geländewagen vor und der Mann von Turduaiym holte sie und ihre Tochter ab.

Als Richard sah, dass das kleine Mädchen ihre Beine schon wieder leicht bewegen konnte, erfüllte ihn eine unbändige Freude. Der Heiler verabredete mit den Eltern, dass sie ein Trainingsprogramm durchführen und in drei Wochen wieder hierher kommen sollten.

Der Abschied war überaus herzlich. Auch Richard wurde vielfach gedankt. Er schaute voller Liebe auf die kleine, tapfere Aisuluu. Ihr Bild würde er noch lange im Herzen tragen.

Als wieder die dem Ort zugehörige Ruhe eingekehrt war, wandte sich der große Heiler an Genia und Richard.

Er sprach zu Richard: »Du kommst aus dem gleichen Land wie Gernot und Genia. Du kannst ihnen helfen. Die Geister sind bei dir. Du sollst mit ihnen in die andere Welt reisen. Dort suche die Fesseln, die gelöst werden sollen – die Last, die du beseitigen kannst.«

Der Heiler blickte nachdenklich. Genia übersetzte seine Worte. Richard schaute fragend. Dann sprach der Schamane weiter.

»Komm mit mir in die Jurte, ich möchte dir bei den ersten Schritten helfen. Danach führst du Genia und Gernot auf eine Reise in die andere Welt. Das ist nun deine Aufgabe. Du hast genug gelernt.«

Der Schamane stand auf und Richard folgte ihm. In der Jurte angekommen setzten sie sich gegenüber. Der Schamane begann, leise zu singen.

Ihr großen Geister, bei mir weilt ein Freund
aus einem fernen Land.
Ihr kennt ihn.
Ich rufe euch. Ich rufe euch. Ich rufe euch.
Er soll reisen in die andere Welt.
Er soll reisen, um zu heilen.
Götter und Geister, ihr kennt ihn.
Er hat bei euch gelernt.
Führt ihn auf seinem Weg.
Führt ihn zu seiner Aufgabe.
Auf den beiden Menschen Genia und Gernot
liegt große Last.
Heft ihm, sie davon zu befreien.
Ich rufe euch.
Ich danke euch ...

Voller Gleichmaß ertönte der Gesang und hüllte Richard ein. Er verlor das Gefühl für Zeit und Raum. Doch seinen Geist erfüllte Klarheit. Aufmerksam nahm er am Geschehen teil. Er spürte die Hand des Schamanen und dieser begleitete ihn hinaus. Sie setzen sich zu Genia und Gernot.

»Richard, es ist deine Aufgabe, mit den Seelen dieser beiden Freunde zu reisen. Überlasse dich ganz deiner inneren Führung. Was geschieht, ist richtig. Finde die Last und befreie die Seelen hiervon.«

Genia übersetzte die Worte des Schamanen.

Richard schaute auf Genia und Gernot. Er bat sie, die Augen zu schließen. Der Schamane ging zurück in seine Jurte.

In Gedanken wiederholte er den Gesang des Schamanen. Dann fing er leise an zu singen.

Ich reise in die andere Welt.

Ich spreche mit der Erde, dem Himmel, den Tieren und Pflanzen.

Ich vertraue mich der Führung des Wolfs an.

Helft mir, ihr Götter und Geister ...

Immer weiter trug ihn sein Gesang und er begab sich auf die Reise. In den Himmel führte der Weg. Ein weiter Blick auf die Erde eröffnete sich. Sein Wesen suchte: Wo hat die Last ihren Ursprung? Wie kann ich Genia und Gernot befreien?

Nie werde ich dich verlassen

Meine Seele fällt zur Erde. Sie hat den Ort ihrer Suche gefunden. Die Reise führt in alte Zeiten – Mitte und Anfang des dreizehnten Jahrhunderts in Okzitanien. Ich erkenne eine karge, hügelige Landschaft. Weiße Felsen, Wiesen und etwas Wald. Ein Haus.

Ein Mann steht vor der Eingangstür seines Hauses.

Ich weiß, dieser Mann verkörpert die Seele von Gernot, und ich beobachte, was diesem Mann geschieht. Was fühlt er?

Es ist ein warmer Morgen und die Strahlen der Sonne scheinen dem Mann ins Gesicht. Sein Blick geht in die Ferne zu dem leicht diesigen, weiß-blauen Himmel. Es ist, als suche er dort, jenseits der irdischen Welt, Gott. Schmerz, Trauer und Liebe spürt er in sich.

»Warum? Gott, warum? Ich kann es nicht verstehen. Meine Frau ist soeben gestorben! Meine Frau liegt in der Stube – tot, gestorben! Warum, Gott? Ich liebe meine Frau!«, wendet er sich an Gott.

Seine kleine dreijährige Tochter, Francoise, hält er umfasst und presst sie fest an seine Brust. Ihr braunes, lockiges Haar fällt über seinen kräftigen linken Unterarm. Der Duft von Lavendel liegt in der Luft.

Er steht im Freien in seiner einfachen Kleidung und hält Francoise.

Wie schön ist meine Tochter, denkt er.

Ruhig, mit geschlossenen Augen, liegt sie in seinen Armen. Ihr Atmen ist kaum zu spüren.

Ein Kind, das voller Träume scheint. Oft spielt sie vollkommen gedankenverloren vor dem Haus. Die Blumen finden ihren Gefallen. Lange kann sie auf dem Boden sitzen und die blau-violetten Blütenähren des Lavendels betrachten. All dies geht ihm durch den Kopf.

In Francoise findet er seine Frau und sich zu gleichen Teilen.

Er hört die Schafe rechts in der hügeligen Landschaft und lässt seinen Blick dorthin schweifen.

Diese kleine Schafherde ist unser eigen. Hier spielt sich unser Leben ab, sagt er zu sich.

Es ist ein einfaches Haus, aus weißen Steinen gebaut, vor dem er steht. Sein kräftiger Körper verdeckt den Eingang und lässt es noch kleiner erscheinen. Schön schmiegt es sich in die karge hügelige Landschaft – Weideland für die Schafe.

Es ist unser Land. Wir sind frei. Das weiß er.

Seine Frau war noch so jung und jetzt ist sie gestorben. Sie liegt halb zugedeckt auf dem einfachen Holzbett, auf der Matratze aus Stroh und Heu, den braunen Decken aus Wolle. Noch spiegelt sich in ihrem Gesicht das Leben. Er nennt sie Antoinette. Diesen Namen hat sie angenommen, als sie hierher zu seiner Familie kam. Er sollte ihre Herkunft verschleiern. Sie musste vor den Kreuzfahrern des Papstes fliehen.

Er spürt, wie sie jetzt in geistiger Gestalt neben ihm und ihrer Tochter steht und zu ihm spricht: »Mein Mann, Bernard, ich werde immer bei euch sein – immer! Auch wenn ich gestorben bin, ich werde immer bei euch sein.«

Sie steht neben ihm und er fühlt ihre Anwesenheit. Seine Seele vernimmt die Schwere ihrer Worte. Die Sonne scheint warm vom Himmel und doch fröstelt es ihn.

»Ich werde euch nie verlassen«, sagt sie. »Nie! Ich werde euch nicht verlassen. Nie!«

241

Es sind einfache Menschen, tief mit der Erde, auf der sie leben, verbunden. Was seine Frau sagt, fühlt Bernard als Last – nicht bewusst und nicht, dass er es sich erlauben würde, dies derart wahrzunehmen. Ihm begegnen in ihren Worten Erwartung und Pflicht. Doch in diesem Augenblick der Trauer, in der großen Liebe für sie, bleibt ihm verborgen, was sich hier im Unbewussten entfaltet. Er möchte ihr zeigen, dass sie sich auf ihn verlassen kann und sie ehren. Die Zeit, die sie miteinander verbracht haben, war erfüllend. Wenn er ihr helfen kann, er will es tun!

Tief in seiner Seele liegt, was er antworten möchte und sich nicht getraut, weil er sie liebt: Gib mich frei, Frau! Dein Leben ist vorbei. Ich trage dich in meinem Herzen. Du bist die Mutter meiner Tochter. Doch gib mich frei, Antoinette! Frei für das, was jetzt neu kommt – ohne dich. Du bist gestorben, Frau.

Doch Bernard spricht diese Worte nicht, sondern nimmt ihren Schwur, immer bei ihnen zu sein, auf sich. Dazu fühlt er sich ihr gegenüber in der Pflicht.

Ich nehme voller Aufmerksamkeit wahr, was mir begegnet. Ich spüre die Gefühle und Gedanken der geistigen Wesen von Gernot und Genia, die ich in Antoinette erkenne.

Das Leben in diesem kleinen Haus im Bergland Okzitaniens geht weiter. Es hat keine Bedeutung, dass Antoinette begraben wurde. Sie ist bei ihrem Mann in diesem Haus geblieben. Sie ist immer anwesend. Alles ist so wie vor ihrem Tod und für Bernard ein vollkommen selbstverständliches Gefühl. Was auch immer er unternimmt, er empfindet, denkt und handelt, als lebte seine Frau weiterhin an seiner Seite.

Ihr Grab liegt am Rande ihres kleinen Anwesens neben dem seiner Eltern. Seine Eltern sind ein Jahr vor Antoinette gestorben. Auch sie hatten diese Krankheit, die den Geist vernebelt und das Fieber immer höher steigen lässt. Seine Eltern waren beide erkrankt. Sie nahmen keine Nahrung mehr zu sich, ihre Körper waren ganz heiß. Rote Flecken hatten sich auf dem Oberkörper gebildet. Sie waren über die Maßen geschwächt und gebrechlich gewesen, als Gott sie zu sich genommen hatte.

Ich erlebe, wie sich mir Szenen des Zusammenlebens vor Antoinettes Tod zeigen.

Schon seit Monaten klagte Antoinette über Schwäche. Dann wurde sie von einer großen Mattigkeit erfasst, ihr Kopf schmerzte und sie begann, die Nahrungsaufnahme zu verweigern. Sie und auch ihren Mann ergriff eine große Angst. Bernard hatte bei seinen Eltern erlebt, was dies bedeutet. Seine Frau schaute voller Unruhe auf die Zukunft.

»Ich will für meine Tochter sorgen und bei dir sein, mein Mann«, sprach sie zu ihm. »Bei euch habe ich eine Familie gefunden, mit euch verbindet mich eine tiefe Liebe, hier bin ich zu Hause. Für dich möchte ich da sein, Mann. Dich möchte ich an meiner Seite spüren.«

Sie betete, solange ihr dies möglich war. Sie bat Gott um Verzeihung für ihre Sünden, sie versicherte Gott ihres Glaubens als »wahre Christin«. Schmerz war in ihrem Gesicht. Angst bewegte ihr Herz. Sie wollte nicht gehen. Sie wollte nicht mit all den nicht vergebenen Sünden, die sie meinte begangen zu haben, vor Gott treten. Doch das Fieber stieg stetig weiter und vernebelte ihren Verstand. Bald stammelte sie nur noch Unverständliches, hielt die Hand von Bernard fest in der ihren, drückte Francoise an sich, bis auch hierzu ihre Kraft nicht mehr reichte. Dann erlöste sie der Herr.

Bernard sorgt für seine Tochter. Die Jahre vergehen. Er baut Obst, Gemüse und ein wenig Wein an, pflegt auf den schönen Hügeln die Weiden, schert die Schafe und verarbeitet einen Teil der Wolle, was seine Frau früher gemacht hat.

»Nichts soll sich ändern. Alles soll bleiben, wie es war. Du sollst keine neue Liebe haben! Die körperliche Vereinigung von Mann und Frau ist eine schlimme Sünde! Ich bin bei dir. Ich kann dich nicht verlassen, meine Angst ist zu groß! Gott wird mir nie verzeihen!«
So spricht Antoinette in seinen Träumen zu ihm.

Seiner Seele ist das Last, aber er kann sich nicht wehren. Antoinette möchte, dass das gemeinsame Leben weitergeht. Es ist, wie es ist und wie es war. Jeden Tag spürt Bernard seine Frau bei sich, so als lebte sie noch mit ihnen. Der Schmerz, die Trauer und die Liebe bleiben gegenwärtig. Ein anderes Sein kann er sich nicht vorstellen.

Bernard sieht seine Tochter heranwachsen mit ihren lockigen, braunen Haaren. Sie lebt gerne auf diesem Land. Er hat einige Ziegen gekauft, die zusammen mit den Schafen auf den kargen Hügeln grasen. Wenn die Schafe geschoren sind, die Wolle zu großen Ballen gebunden wurde, dann zieht er schwer beladen zu dem Markt in der kleinen Stadt in der Nähe. Francoise begleitet ihn, und für drei Tage sind sie ihrem Zuhause fern. Er trägt schwer an dem Ballen Wolle auf seinem Rücken und auf dem Weg zurück vom Markt trägt er wieder schwer an dem, was er als Tausch für die Wolle erhalten hat – Getreide, Hausrat, Werkzeuge und andere Güter. Seine Tochter hilft ihm. Je älter sie wird, desto mehr.

Dann, Wochen später, ziehen sie wieder zur Stadt. Manchmal haben sie auch Lämmer dabei. Sie sind nun groß genug, um ohne Mutter zu leben. Francoise treibt sie vorwärts. Sie müssen öfter Pause machen, damit die jungen Tiere sich am Wegesrand ausruhen und stärken können.

Eines Tages – seine Tochter ist eine schöne Frau geworden – sind sie ein weiteres Mal auf dem Markt. Antoinette ist wie immer dabei, denn sie hat geschworen, ihren Mann nie zu verlassen. Da treffen sie wie häufiger in der Vergangenheit jenen jungen Mann – auch er hat Lämmer dabei, auch er hat Wolle hierher getragen. Seine Eltern sind bei ihm wie Bernard bei seiner Tochter. Es freut das Herz von Bernard zu erleben, wie Francoise diesem jungen Mann begegnet, und er spürt, es freut auch seine Frau. Er gibt diesem Mann seine Tochter zur Ehe.

Nun ist Bernard alleine mit seiner Frau.

Des Öfteren sieht er seine Tochter und ihren Mann. Sie leben bei den Schwiegereltern, einen guten Tagesmarsch entfernt. Es ist schön zu erleben, wie die Tochter zufrieden auf ihr Leben schaut.

Weiterhin versorgt sie die Schafe, hilft ihrer Schwiegermutter im Haus, reinigt und spinnt die Wolle.

Als Bernards Eltern noch auf dieser Erde weilten, da hatten sie hin und wieder Kontakt zu den »Armen aus Lyon«. Diese kamen zu ihrem Hof und predigten aus den Evangelien. Es war das erste Mal, dass die Bauern die Worte der Bibel in ihrer Sprache vernahmen. Die »Armen aus Lyon« lebten einfach und ohne Besitz, nur von dem, was die Menschen ihnen gaben.

Dann kam Antoinette zu seiner Familie. Abgemagert, mit geschundenen Füßen und zerrissenem Kleid stand sie eines Morgens vor der Tür. Sie fragte nach Nahrung und Bernards Eltern luden sie ein, sich bei ihnen zu erholen. Sie blieb, half Bernards Mutter, melkte die Schafe. Ihr Körper wurde wieder kräftiger.

Von Beginn ihres Kommens an war sie in Bernards Herzen. Er sprach mit seinen Eltern, damit sie sie als Magd bei sich aufnahmen. Sie war immer freundlich und arbeitsam. An den hohen Feiertagen ging sie den weiten Weg zur Kirche mit.

Manchen Nachmittag saßen Bernard und Antoinette zusammen auf einem Hügel bei den Schafen. Doch kaum ein Wort davon, wie ihr Leben vor ihrer Begegnung war, erzählte sie ihm zu dieser Zeit. Erst nach ihrer Hochzeit erfuhr er, dass ihre Familie von den Kreuzfahrern getötet worden war. Sie berichtete vom Glauben der »wahren Christen« und der Verfolgung. Doch der Name der Verfolgten musste geheim bleiben. Nie durfte er in Gegenwart Fremder erwähnt werden und niemand sollte erfahren, warum seine Frau geflohen ist. Später waren Prediger der »wahren Christen«, wie sie sich nannten, gekommen und erzählten auch von Gott. Das waren gottesfürchtige Männer. Viel strenger als die »Armen aus Lyon«. Oft war vom Teufel die Rede und der Verderbtheit der Welt. Sie wollten nicht heiraten, sie meinten, die Zucht von Schafen und das Essen von Fleisch seien gegen Gottes Willen. Bernard begriff, dass seine Frau vor diesen Predigern auch Angst hatte.

Es war eine schöne Zeit mit Antoinette. Bernard liebte sie sehr. Er begehrte sie über die Maßen. Vor ihrer Hochzeit hatten sie sich nur leicht berührt und bereits dies ließ ihre Körper erglühen. Ihre Gestalt war die von Bauern – kräftig und ein wenig grob. Nach ihrer Hochzeit liebten sie sich mit aller Kraft. Die Anziehung zwischen ihnen war groß. Er wusste, sie hatte Angst davor. Er wusste, »wahren Christen« soll die leibliche Vereinigung von Frau und Mann eine Sünde sein. Doch zugleich spürte er, wie tief sie davon berührt und erfüllt wurde. Es war schön! Sie nahm den Namen Antoinette an, damit niemand von ihrer Herkunft erfuhr. Ihr wahrer Name blieb auch ihm verborgen.

Bernard ist in diesem kleinen Haus, erbaut aus weißen Steinen mit Blick auf die hügelige Landschaft geboren. Er lebt als freier Bauer abgeschieden in den Bergen. Vor seinem geistigen Auge sieht er seine Eltern. Ehrliche Leute, die hier auf diesem Land lebten, hart arbeiteten, ihre Schafe versorgten. Er war der Älteste und hatte einen Bruder und eine Schwester. Sein Bruder verließ ihr Zuhause früh. Er verdingte sich als Soldat und kam nicht mehr zurück. Er suchte das Abenteuer. Seine Schwester ist hier in der Gegend verheiratet. Mit ihr steht er bis heute in Kontakt.

Antoinette wurde neben Bernards Eltern begraben. Der Priester kam erst spät, als die Tote bereits unter der Erde war. Er segnete das Grab. Doch die Priester dieser Kirche haben seine Frau verfolgt.
Es gab Freunde von ihr, mit denen sie geflohen war, und auch sie kamen einige Wochen nach ihren Tod und feierten eine Messe nach dem Ritus der »wahren Christen« an den Gräbern.

Bernards Eltern hatten Antoinette in ihr Haus und in ihr Herz aufgenommen. Sie war ihnen wie eine Tochter gewesen. Nachdem der Priester ihre Verbindung gesegnet hatte, waren sie wahrhaft eine Familie. Trotzdem ist Antoinette immer dem Glauben der »wahren Christen« verbunden geblieben. Bernard spürte dies, auch wenn sie nur in Andeutungen darüber mit ihm sprach.
Bald nach ihrer Vermählung wurde Antoinette schwanger und ihre Tochter geboren. Gott meinte es gut mit ihnen. Sein Vater wollte, dass das Kind Francoise nach seiner Herkunft aus

Frankreich genannt wurde. Ihre Tochter wuchs heran, lernte zu laufen und zu sprechen. Dann kam diese Krankheit. Antoinette starb. Doch sie wollte bleiben. Ihre Seele hatte Angst, diesen Ort zu verlassen. Ihr Glaube als »wahre Christin« sagte ihr, dass sie furchtbar gesündigt hatte, als sie Freude an der Welt fand. Sie hatte Angst, vor Gott zu treten, der sie strafen würde. So blieb sie in ihrer Familie.

Ich nehme auf, was ich beobachte.

Wie kann ich helfen?, frage ich mich. Ich bleibe aufmerksam und schaue, was sich noch aus diesem Leben zeigt.

Jetzt ist Bernard alleine auf dem Hof und seine Antoinette bleibt anwesend und ist doch nicht da. Er spricht mit ihr. Zugleich wünscht er sich, er hätte eine Frau, die lebt und sein Dasein teilt. Eine Frau, deren Körper er spüren kann und deren Liebe in ihrem Tun Ausdruck findet. Er sehnt sich danach. Doch Antoinette möchte das nicht.

Ihre Tochter Francoise wird bald schwanger. Wenige Jahre nach ihrer Hochzeit teilt sie das Leben mit drei Kindern.

Bernard verrichtet seine Arbeit und alles geht seinen Gang. Seine Enkelkinder sind oft bei ihm. Die Älteste hilft hin und wieder auf dem Hof. Fünf Kinder hat seine Tochter nun. Sie ist glücklich mit ihrer Familie.

Jetzt kann er sterben, denn er weiß, für das Land ist weiter gesorgt. Er spürt seine Frau bei sich so wie seit langer Zeit. Immer hat sie über ihn gewacht. Ihr Grab und das Grab seiner Eltern sind von Gras überwachsen. Auch sein Körper wird hier bald liegen.

Antoinettes Seele kennt die Angst. Nicht nur, weil sie ihre Familie liebt und hier bei ihnen ihre Heimat gefunden hat, ist sie auch nach ihrem Tod bei ihnen geblieben – sondern hauptsächlich, weil ihre Angst, vor Gott zu treten, überaus groß ist.

Was die »wahren Christen« sie lehrten – dass die Vereinigung von Mann und Frau eine große Sünde ist, die Gott strafen wird – bedroht sie. Für sie ist diese Lehre Wahrheit! Sie meint, die Gebote Gottes gebrochen zu haben. Sie meint, ihr großes Begehren und ihre Lust waren ein tiefes Verbrechen. Es war eine überwältigende Lust, doch danach eine ebenso große Schuld, die sie empfunden hat. In ihrer Krankheit zeigt sich für sie die verdiente Strafe; vielleicht hat sie diese sogar gesucht. Sie meint, versäumt zu haben, vor dem Sterben das Consolamentum zu empfangen.

Bernards Nieren tun ihren Dienst nicht mehr, das ist schmerzhaft. Er stirbt.

Seine Frau ist immer noch bei ihm! Als sie nun beide im Jenseits sind, da verlassen sie ihre Heimat in den Bergen Okzitaniens. Er weiß das Land gut aufgehoben bei seiner Tochter und den Enkeln. Doch auch seine Frau lässt er bald zurück. Sie möchte nicht weiter, näher zu Gott, da sie seine Strafe fürchtet. Sie will Bernard halten. Doch es zieht ihn durch eine große Macht, die viel stärker ist als wir Menschen, voran. Er schreitet alleine in Richtung des Lichts. Es ist wunderschön bei diesem großen Licht. Er vergisst seine Frau nicht, aber jetzt spürt er Freiheit!

Ich will helfen. Bernard soll zu seiner Frau sprechen. Er versteht, was zu sagen ist und wendet sich an sie.
»Heute, meine Frau, wenn wir in diesem Jenseits beieinander sind, dann möchte ich dir sagen: Lass uns als freie Menschen zusammen sein. Jeder, weil er es will! Weil wir uns etwas zu geben haben. Weil wir aneinander wachsen und nehmen möchten, was der andere zu schenken hat. Lass deinen Schwur, wir sind frei füreinander. Es ist vorbei, was war!

Du schaust auf dieses Leben, die Schmerzen und das Leid. Vergiss auch das! Schau zu dem Licht! Lass uns vor dem großen Licht stehen. Es ist wunderbar hell und schenkt uns Freiheit. Wir finden in Freiheit zueinander und auch unsere Tochter ist dabei. Es soll keine Last mehr auf uns sein. Nun ist es gut. Wir sind freie Menschen! Gott ist gütig. Er schenkt uns das Leben auf der Erde, damit wir ihn erfahren können.

Schau auf unsere tiefe Zusammengehörigkeit. Schau auf unsere Liebe! Immer wieder in vielen Erdendasein waren wir uns

Herausforderung und Stütze. Gemeinsam sind wir vorangegangen, haben gelitten, waren voller Freude und haben gelernt. Es könnte nun Zeit sein, uns noch mehr zu erkennen und unsere Liebe in Freiheit zu leben.«

Die Seele von Bernard wendet sich Francoise zu.

»Meine Tochter, du bist uns gefolgt und auch dich treffen wir im Jenseits. Die Angst deiner Mutter, ihre Kontrolle, ihre immer- während Anwesenheit und ihr gleichzeitiges Fehlen, die Bedrückt- heit deines Vaters haben neben der großen Liebe und Fürsorge deine irdische Existenz bestimmt. Du hattest damit zu kämpfen, ob dein Verlangen und dein Glück auf der Erde Sünde seien. Deine Mutter war dir Last und Vertrautheit. Du, meine Tochter, auch du sollst in Freiheit entscheiden dürfen, mit uns zu sein.«

Ich spüre, dass richtig ist, was hier geschieht. Doch auch Antoin- ettes Seele soll sprechen dürfen und ihre Freiheit erlangen. Ich fordere sie hierzu auf.

»Ich liebe dich so sehr, mein Mann. Ich brauche dich. Ich habe deine Worte gehört. Du sprichst von Freiheit. Gib mir Zeit. Ich sehne mich nach deinem Körper. Sei zärtlich zu mir. Sei vorsichtig und nachsichtig.«

Ich sehe, wie der Schwur Bernard nie zu verlassen, auf Antoinette lastet. Ich nehme ihn ihr ab und gebe ihm einen Platz, wo er ver- gehen darf. Hier wandelt er sich in neue Kraft. Noch einmal ermun- tere ich Antoinette zum Sprechen.

»Ich spüre mehr Leichtigkeit. Die Versöhnung beginnt. Du warst mir auch Feind, Bernard, weil ich dich derart begehrte und dies für mich Unrecht war. Ich wollte strafen – mich und auch dich. Dies darf nun vergehen. Dies darf Vergangenheit sein.«

Ich kann erkennen, wie sich Angst löst. Eine dunkle Wolke schwebt vorbei. Es ist die Angst von Antoinette, Bernard und Francoise. Ich sammle meine Energie, damit sie die Angstwolke anschiebt und je mehr die Wolke sich beschleunigt, desto heller wird ihr Ausdruck.

Ich spreche zu Antoinette: »Lass die Angst gehen. Versöhne dich mit deiner Freude und Lust. Gott hat dir dies geschenkt. Es ist ein großes Geschenk. Er möchte, dass du es annimmst. Gott hat dir einen Mann und eine Tochter zur Seite gestellt. Gib ihnen deine Liebe, die in dir ruht.

Die Angst ist vergangen.

Der Schwur ist vorbei.

Du bist frei, wieder in das irdische Dasein zu treten – ohne Last. Vertraue deiner Freiheit!«

Dann spreche ich zu Bernard: »Sei offen für deine Frau. Nimm sie an. Schenk ihr deine Liebe und empfange die ihre. Der Schwur ist nicht mehr. Ihr seid frei! Begegnet euch in Freiheit.«

Nun wende ich mich an Francoise: »Auch du bist frei. Die Last deiner Eltern ist nicht die deine. Geh in das Leben!«

Es war nun Zeit zurückzukehren. Richard spürte, wie seine Seele den Körper unter dem Walnussbaum belebte. Er öffnete die Augen. Genia und Gernot saßen ihm gegenüber. Sie hielten sich mit geschlossenen Augen an der Hand. Große Liebe durchströmte Richard. Er sprach zu den beiden.

»Kehrt zurück an diesen Ort unter dem Walnussbaum. Kehrt zurück als Genia und Gernot. Wir waren gemeinsam auf einer langen Reise in andere Zeiten. Eure Liebe ist groß. Sie darf sein. Eure Liebe ist wahr.«

Genia und Gernot öffneten ihre Augen. Sie schauten auf Richard. Richard spürte eine Walnuss neben sich im Gras und nahm sie in die Hand. Sie war dunkel und ein wenig verformt.

»Schaut diese Nuss. Sie ist dunkel. Sie hat Schweres erlebt. Sie hatte Angst um ihr Leben. In ihr steckt Angst. Ich übergebe dieser Nuss eure Angst. Ich übergebe ihr den Schwur. Berührt sie mit eurer Hand.«

Genia und Gernot berührten die Nuss.

»Sprecht mir nach. Wir legen unsere Angst in die Hände des Schöpfers. Diese kleine dunkle und verformte Nuss soll sie tragen.«

250

Beide sprachen nach, was Richard ihnen vorgesagt hatte.

»Genia, sprich mir nach«, fuhr er fort. »Ich habe einen Schwur geleistet, immer bei dir zu sein und dich nie zu verlassen. Dieser Schwur gehört nicht mehr zu mir. Ich löse mich von ihm. Ich bin frei.«

Genia sprach das Gehörte nach.

Richard verhüllte die Walnuss zwischen seinen Händen.

»Himmel und Erde, großer Schöpfer, diese beiden Menschenkinder sollen frei sein von Schwur und Angst. Ich bitte euch um eure Hilfe.«

Richard legte eine Pause ein und schaute konzentriert zum Stamm des Walnussbaums.

»Ich danke euch. Durch euch wird es so sein. Ich übergebe diese kleine Nuss, die so schwer am Leben trägt, der Natur, damit sie sich wandeln kann in Erkenntnis und Freude. So ist der Sinn.«

Richard hielt die Nuss in der rechten Hand, sein Arm bog sich weit hinter seinen Kopf und mit einer schnellen Bewegung warf er die Nuss hinaus in die Landschaft. Alle drei schauten ihr nach, wie sie sich von ihnen entfernte und einen neuen Platz in der Schöpfung fand.

»Danke«, sagte Genia.

»Ja, vielen Dank«, sprach auch Gernot.

Sie schauten Richard zufrieden an. Er fühlte große Freude.

»Lasst uns eine kleine Pause einlegen und hier alles aufräumen. Danach können wir uns noch mal zusammensetzen.«

Sie packten zusammen, was an Essen vom Frühstück übrig geblieben war, trugen dies und das Geschirr in die Hütte. Gernot übernahm den Abwasch. Eine ruhige, fast feierliche Atmosphäre war entstanden. Zwischenzeitlich hatte die Sonne den Horizont überschritten. Vogelgezwitscher war zu hören. Eine leichte Brise wehte von Osten. Sie setzten sich wieder auf die Decke unter den Walnussbaum.

»Wie fühlt ihr euch?«, fragte Richard.

»Erschöpft, gut, angestrengt, frei«, meinte Genia. Sie schaute nachdenklich in die Runde. »Ich hatte Eindruck, ganz weit weg zu sein. Mein Körper wie gelähmt auf Erde. War unmöglich, mich zu bewegen. Dann haben abgewechselt sich viele Gefühle: Trauer, Sehnsucht, Lust, Angst, Freude – wirklich wild gemischt.«

Zustimmend nickte sie mit dem Kopf. Ihre Augen leuchteten. In ihr war mehr Freude, als sie selbst im Augenblick wahrnahm.

Richard schaute Gernot an. Dieser wirkte ein wenig unsicher.

»War das so eine Reise, von der man erzählt?«, fragte er.

»Kann sein«, meinte Richard. »Erzähle doch, was du erlebt hast.«

»Ich weiß nicht so recht. Ähnlich wie bei Genia. Ich war irgendwo anders. Zuerst waren da Sorgen, dann wurde es leichter. Als du nachher die Walnuss weggeworfen hast, wurde mir richtig warm ums Herz.«

Gernot schwieg.

»Eure Liebe ist wahr«, begann Richard zu sprechen. »Ich habe gesehen, dass ihr zusammengehört. Doch es gab eine Last, die euch hinderte, voller Freude eure Verbindung zu leben. Nun seid ihr frei. Ihr könnt euch, wenn ihr wollt, ganz bewusst für einander entscheiden. Die Zukunft wird zeigen, ob ihr das möchtet. Ihr habt Zeit. Es gab einen Schwur, den Genia geleistet hat, immer bei dir zu sein, Gernot. Dieser Schwur existiert nicht mehr. Er war euch beiden Belastung und bedeutete Gefangenschaft. Diese ist beseitigt.«

Bei den letzten Worten von Richard hörten sie den Schamanen kommen. Er sprach zur Begrüßung einige Worte auf Kirgisisch. Für Richard klangen sie wie ein Segen. Dann sprach er auf Russisch zu ihnen.

»Die Last ist beseitigt, denn ihre Zeit ist vorbei. Das Leben führt die Menschen in vielen Schritten zur Freiheit. Ihr seid zu diesem Ort gekommen, um einen wichtigen Schritt zu mehr Freiheit zu machen.«

Eine kurze Pause trat ein und Genia übersetzte.

»Genia und Gernot. Geht voller Zuversicht in das Leben. Habt Vertrauen zueinander und zu eurer Liebe!«

Genia und Gernot schauten sich an. Sie spürten das starke Band zwischen sich.

»Richard, du hast den Spiegel gefunden, sieben Tage in der Einsamkeit verbracht und bist den Göttern und Geistern begegnet. Du hast gelernt, in andere Welten zu reisen.«

Der Schamane schaute ernst und zugleich freundlich auf Richard.

»Schamane zu sein bedeutet zu dienen. Die Biene hat dir hiervon berichtet. Das ist keine Spielerei! Es geht nicht um Ansehen! Du bedarfst der unbedingten Ehrlichkeit und Demut. Nimm das Leid und den Schmerz des Lebens an und leugne sie nicht. Das Leben hält sie vielfältig für die Menschen und dich bereit. Die Schlange hat dir die Grenzen menschlicher Erkenntnis gezeigt. Auch dies sollst du immer bedenken. Von der Schlange weißt du auch, dass alles eins ist. Unsere Vorstellung von Trennung ist eine Illusion – eine notwendige, wie die Schlange betont.«

Die Worte waren mit Bedacht und Ruhe gesprochen.

»Weil alles eins ist und der Schamane dies weiß, dient er. Weil er Kenntnis über Schmerz und Leid erlangt, nimmt der Schamane sie an.«

Ein wenig Traurigkeit lag in dem soeben Gesprochenen.

»Der Wolf führt dich zu deinen Wurzeln. Er weckt in dir die ursprüngliche Kraft und Empfindsamkeit, die du benötigst, um der Wahrheit zu begegnen. Du benötigst großen Mut, den Willen zur Freiheit und innere Unabhängigkeit, um nicht den Glaubenssätzen der Menschen zu verfallen. Du weißt, was ich meine, Richard. Der Wolf schenkt dir diese Fähigkeit.«

Richard war fasziniert von dem, was er hörte. Er dachte an das Leben in Ägypten, das er geschaut hatte und seine Verwirrung durch die Herrschaft der Religion. Er wusste, der Wolf führte ihn zur wahrhaften Begegnung mit der Wirklichkeit und zu urtümlicher Stärke.

»Der Wolf lehrt dich Lebendigkeit. Sei dir bewusst: Es gibt nur das Leben. Dies erfahren wir, dies erkennen wir, dies sind wir, alles ist das Leben!«

Eindringlich klangen die Sätze.

»Zu leben heißt, sich immerfort zu erschaffen. Das bedeutet, auf dieser Erde Glück und Leid zu erfahren. Doch auch dies wandelt sich, wenn das Bewusstsein wächst. Dann entsteht Freiheit!«

Richard blickte dem Schamanen in die Augen.

»Nur wer frei ist, kann andere befreien. Der eigenen Befreiung dienten die vergangenen Tage.

Jeder Mensch macht mit der Geburt den entscheidenden Schritt in die Freiheit. Er erlebt dies in aller Eindringlichkeit, wenn die Nabelschnur zur Plazenta zerreißt. Das ist Trennung und diese erzwingt den Weg der Freiheit. Der Mutterkuchen gehört dann wieder allein der Erde.«

Der Schamane schaute auf Genia und Gernot.

»Du, Richard, hast diesen beiden schönen Menschen einen Weg zu mehr Freiheit gezeigt. Dies war nur möglich, weil du sie selbst kennst. Nur indem der Mensch die Freiheit erringt, nach der Geburt und Trennung, weiß er über sie.«

Richard erlebte noch einmal den Augenblick der Trennung bei der Geburt, wie er ihn im Leben in der mongolischen Steppe erfahren hatte. Die Schamanin hatte in einer Zeremonie die Nachgeburt der Erde überreicht.

»Das Leben hat ein Ziel und einen Sinn. Darum ist das Alltägliche heilig. Denn nichts existiert, das nicht mit der Schöpfung verbunden ist. Du hast auch die großen Götter kennengelernt, deren Eigenschaften tief in der Erde verankert sind.«

Gedanken an seine Reise in das Weltall zum Ort der Versammlung und seine Rede an die Seelen, kamen Richard in den Sinn. Hier war ihm verdeutlicht worden, wohin sich das Menschenleben entwickelt. Seine Wanderung mit Venus, Jupiter, Saturn und Mars. Wärme durchströmte sein Herz, als er die Gegenwart der Götter spürte.

»In den Metallen zeigen sich die großen Götter. Es scheint, als lebten die Metalle nicht. Doch du hast ihre Lebendigkeit erfahren. Ihre Idee bleibt für das Dasein auf der Erde zu allen Zeiten gleich. Liebe, Schicksal, Gedeihen und Durchsetzung wird es für den Menschen immer geben. Daher scheinen die Metalle ohne die Entwicklung und den Wandel zu sein, den wir mit Leben verbinden. Für unser Erdendasein ist ihr Ausdruck so unveränderlich wie die Bahn der Planeten bei ihrem Lauf um die Sonne, und zugleich zutiefst bestimmend. Die großen Götter sind Teil der Schöpfung, Teil des Höchsten, das weißt du.«

In der Schau auf das Priesterleben in Ägypten hatte Richard erfahren, was der Schamane ihm jetzt mitteilte. Doch das Höchste blieb unbegreiflich.

»Richard, du bist zuerst nach Osten, dann Richtung Süden und zurück nach Nord-Westen gewandert. Jede Himmelsrichtung will erforscht sein. Im Osten wird die Sonne wiedergeboren. Das erfüllt das Herz der Menschen mit Hoffnung und der Verheißung von Erneuerung. Im Süden spendet die Sonne den Menschen, Tieren und Pflanzen das meiste Licht. Hier lockt die Fülle des Seins. Im Westen endet der Tag. Das zeigt, dass das Leben zur Vollendung und Erfüllung strebt. Im Norden liegt der Ort, der nie die Sonne beherbergt. Hier liegt das Reich des Schlafs und der Träume. Hier erwartet der Mensch die neue Morgendämmerung und erholt sich vom vergangenen Geschehen.

Deine siebentägige Wanderung hatte ein Ziel. Du konntest den Geistwesen der Natur begegnen. Nie warst du alleine, denn es gibt keine Einsamkeit. Die Pflanzen sind voller Hilfsbereitschaft. Gerne schenken sie uns ihren Rat. Die Tiere möchten uns Partner, Gegenüber und Wegweiser sein. In ihnen können wir uns erkennen. Mineralien und Metalle setzen einen Rahmen – sie benennen die Bedingungen unserer Existenz. Dies ist uns Hilfe und Herausforderung zugleich. All das hast du in der Mittelwelt erfahren.«

Ganz in sich gekehrt hatte der Schamane gesprochen. Zugleich klangen seine Worte voller Eindringlichkeit. Richard sah auf seine Wanderung wie auf eine Wallfahrt. Sie diente der Heilung! Wieder erhob der Heiler seine Stimme.

»Du hast Orte und Zeiten besucht, die für dich voller Bedeutung sind. Was deine Seele dort nicht bewältigt hatte, sollte weitergeführt werden. Die Eibe und der Wacholder standen dir zur Seite. Wie ein Kind durftest du die Natur schauen und sie erleben – wie ein Neugeborenes staunen.«

Wahrhaftigkeit, Demut und Weisheit werden aus dem eigenen Erleben geboren, dachte Richard.

Als hätte der Schamane diese Gedanken mitgehört, fuhr er in seiner Ansprache fort.

»Mir ist die moderne Welt gut bekannt. Ich habe an der Schule junge Menschen in Geschichte und Mathematik unterrichtet. Unsere Zeit hat sich von der Lebendigkeit getrennt. Eine Verbindung ist zerrissen. Die Menschen fühlen sich alleine.«

Es trat eine kurze Pause ein.

»Der Schamanenspiegel ist zerbrochen! Du kannst nicht mehr den Spuren folgen, die diese weise Frau, deren Spiegel das war, in der Welt hinterlassen hat. Du musst einen neuen Weg finden, der in die Zeit und deine Kultur gehört. Das wird von dir gefordert. Richard, ich bewege mich in der Tradition meines Volkes bis an das Ende meiner Tage. Du sollst davon wissen und zugleich in die Zukunft aufbrechen.«

Der Schamane hatte gesprochen. Kirgisische Sätze schlossen das Gesagte ab. Es klang wie ein Abschied.

Richard war aufgestanden und verneigte sich tief. Er sah Trauer in den Augen des großen Heilers. Wie zum Segen legte dieser seine Hand auf den Kopf seines jungen Schülers und sang leise in einer geheimnisvollen Sprache. Dann wandte er sich um und ging zurück zu seiner Jurte.

Richard blickte zu Genia und Gernot. Auch in ihren Gesichtern war tiefe Berührung zu erkennen.

Richard wollte nun alleine mit der Natur und Schöpfung sein. Sein Weg führte ihn den kleinen Bach entlang. Nach einem kurzen Marsch setzte er sich hin, schaute auf das fließende Wasser und weinte.

Erst gegen Sonnenuntergang kehrte er zum Lager zurück. Er wusste, morgen würde er in aller Frühe aufbrechen – zurück zu dem kleinen Dorf, das er vor über zehn Tagen verlassen hatte; zurück nach Westen, wo das Leben zur Erfüllung strebt. Es war das erste Mal seit längerer Zeit, dass ihm Ana Maria wieder in den Sinn kam, und er freute sich auf sie.

Gemeinsam aßen Genia, Gernot und Richard zu Abend. Dann notierte Richard noch die Geschichte aus Okzitanien in sein Gedankenbuch, bevor er sich schlafen legte. Lange schaute er in den sternenklaren Himmel. Er dachte an die Götter und spürte, dass dort in der Ferne seine Heimat liegen musste.

Der Rückweg zum Dorf und die Begegnung mit dem Walnussbaum

Richard erwachte früh. Er betete mit großer Hingabe zu Gott. Lange hatte er dies nicht mehr gemacht. Sein Herz war von Dankbarkeit erfüllt und auch ein wenig Unruhe darüber, was das Leben noch von ihm fordern konnte.

Gott bei mir zu spüren macht mich glücklich, dachte er. Und ich darf es sein! Ganz direkt. Ohne Umwege.

Er ging zum kleinen Bach, um sich zu waschen. Das Wasser war kalt und belebend. Er hörte das sanfte Gurgeln.

Als Genia und Gernot aus ihrer Hütte kamen, bereiteten sie gemeinsam das Frühstück. Richard packte noch einige Vorräte in seinen Rucksack, sodass er bei der Wanderung zurück zum Dorf gut versorgt war. Genia und Gernot dankten ihm für seine Unterstützung. Beide wirkten entspannt und voller Lebensfreude. Sie verabredeten sich für ein Treffen in Deutschland.

Richard wollte sich gerne noch vom Schamanen verabschieden, doch er traute sich nicht, diesen in seiner Jurte zu rufen. So setzte er sich unter den Walnussbaum. Allzu lange musste er nicht warten. Der große Heiler trat aus seinem Rundzelt heraus und kam die wenigen Meter zu Richard. Noch einmal legte er ihm seine Hand auf den Kopf. Wieder ertönte ein leiser Gesang. Erneut spürte Richard eine tiefe Traurigkeit. Was er hier zurückließ, würde er immer im Herzen mit sich tragen.

Dann kam die Zeit zum Aufbruch. Sein Weg führte nach Süden. Während er voranschritt, gingen ihm die Worte des Schamanen durch den Kopf: »Das menschliche Dasein hat ein Ziel, zu dem es strebt – dem Leben liegt ein Sinn zugrunde!«

Für Zufall war auf der Erde kein Platz. Albert Einstein hatte dazu einst gesagt: »Gott würfelt nicht.«

Richard wollte seine Gedanken hierzu aufschreiben.

Gott würfelt nicht

Alles, was wir aus unserer irdischen Perspektive kennen, hängt über vielfache Wechselwirkungen miteinander zusammen.

Was bedeutet Würfeln für den Menschen?
Es ergibt sich ein »unvorhersehbares« Ergebnis. Ein Zusammenhang zwischen dem eigenen Würfeln und der gewürfelten Zahl ist nicht erkennbar. Der Mensch nennt dieses Geschehen Zufall.

Was bedeutet Würfeln für Gott beziehungsweise die Schöpfung?
Sollten Gott alle Bedingungen des Würfelns bekannt sein, dann weiß er die gewürfelte Zahl im Voraus.
Sollten Gott nicht alle Bedingungen des Würfelns bekannt sein, dann erfährt er diese in der Rückschau aus dem Ergebnis des Würfelns. Aus dem, was sich ergibt, lässt sich der Ursprung verstehen. Ist Gott der Ursprung, dann erkennt sich Gott über das Geschehen.

Was bedeutet dies verallgemeinert?
Wie beim Würfeln ist es für den Menschen nicht möglich, den Ursprung zu kennen, aus dem sich das Leben entwickelt. Daher benutzt er den Begriff Zufall.
Für die Schöpfung, für Gott, zeigt sich im Ergebnis des Lebens, was ihm innewohnt. Indem das Leben in seinem Wachstum Ausdruck findet, lässt sich erkennen, was es an sich ist.
Das Samenkorn zeigt erst durch die Pflanze, die aus ihm entsteht, was es beinhaltet.
So verfolgt die Schöpfung das Ziel, erkannt zu werden. Dies ist der Sinn. In diesem Prozess bildet sich Bewusstsein.

Sollte allerdings der Schöpfung bereits bewusst sein, was ihr innewohnt, dann ist die Entfaltung des Lebensausdrucks ein schönes Spiel. Dann bleibt uns das Ziel dieses Spiels unbekannt und der Sinn verborgen. Auch dies ist möglich.

Nachdem Richard seine Gedanken notiert hatte, machte er sich wieder auf nach Süden. Er ließ die Ebene hinter sich und folgte, wie auf dem Hinweg, dem Bachlauf. Schließlich erreichte er seinen alten Schlafplatz, an dem er vom Medizinmann geträumt hatte. Hier ruhte er ein wenig aus und aß von seinen Vorräten. Dann am späten Nachmittag kam er in die Nähe des kleinen Wäldchens, bei dem ihm der Wolf, wenn auch nur als grau-brauner Schatten, zum ersten Mal zu Gesicht gekommen war, und schlug sein Nachtlager auf.

Es musste gegen Mitternacht sein, als in der Stille der Nacht das Heulen der Wölfe ertönte. Richard hielt den Atem an. Wie gerne hätte er geantwortet. Ein Gefühl des Abschieds überkam ihn – Schmerz und Freude zugleich. Sein altes Leben gehörte der Vergangenheit an. Neues lag vor ihm.

Am nächsten Morgen erwachte er wie gewohnt mit der Dämmerung. Der Himmel zeigte sich leicht bewölkt. In der Nacht war Wind aufgekommen. Richard fühlte sich kräftig. Die Traurigkeit war vergangen und er freute sich auf den Tag. Pläne für die kommende Zeit entstanden. Er wollte Ana Maria in Spanien besuchen. In Gedanken sprach er mit ihr.

»Ich habe viel gelernt, Ana Maria. Ich wusste nicht, was ich suchte. In mir war Angst, meine Bestimmung zu versäumen. Deshalb bin ich vor der Bindung an dich, die ich doch so liebe, zurückgeschreckt. Erst musste geklärt sein, was mir im Wege steht. Das bedeutet, reif zu werden.

Mein ganzes bisheriges Leben habe ich ein Hindernis gespürt. Solange es vor mir stand, fehlten mir Vertrauen und Zuversicht. Ana Maria, ich weiß, für dich war das schmerzvoll. Doch ich sehe deine Liebe und danke dir dafür, dass diese immer bei mir war.«

Es war ein schönes Gefühl, in dieser Weise zu Ana Maria sprechen zu können. Wie bei Genia und Gernot war eine Last von ihm gefallen. Sein inneres Gespräch fand eine Fortsetzung.

»Ana Maria, meine Reise war auch ein Weg zu dir. Wie geht es dir? Bitte sprich zu mir.«

In Gedanken vernahm er die Stimme von Ana Maria.

»Richard, ich fühlte mich von dir nicht gesehen. In dir war ein Streben nach etwas anderem. Darüber war ich empört, denn es hat eine alte Wunde von mir berührt. Ich kenne nicht ihren Ursprung, doch ich spürte Ablehnung. Richard, dies ist ein Gefühl aus alten Zeiten und die Verletzung ist noch nicht verheilt. Du sagst, dass du Zeit brauchtest, dich selbst zu finden. Sicher hast du recht und sicher wirst du auch in Zukunft weiter auf der Suche sein. Ich,

Richard, ich leide an meiner Verletzung, denn solange sie nicht geheilt ist, solange werde ich mehr von dir verlangen, als du geben kannst. Ich weiß das, doch dies ändert nicht meine Forderung an dich. Vielleicht ist deine Zuwendung an mich, die ich nun spüre, auch ein Schritt zur Versöhnung? Vielleicht schenkt sie mir mehr Mut?«

Der Dialog fand ein Ende. Die Gefühle dieser Begegnung mit Ana Maria begleiteten Richard auf seinem weiteren Weg. Erneut versuchte er, Kontakt zu ihr aufzunehmen, doch es wollte ihm nicht gelingen. Gedankenverloren und ein wenig traurig ging er weiter. Am Nachmittag erreichte er das Walnusswäldchen. Hier konnte er die Nacht verbringen.

Nachdem er zu Abend gegessen hatte, sammelte er Nüsse. Dann setzte er sich mit dem Rücken an einen Baumstamm gelehnt und betrachtete die Sonne, die im Westen bereits dicht am Horizont stand. Eingenommen vom Gefühl der Zugehörigkeit zu allem Leben begrüßte er den Baum.

»Schöner Baum, deine Äste laden weit aus, du wirkst so sicher, weitherzig und voller Lebensfreude. Mit deinen großen Nüssen bist du mir ein ganz besonderer Baum.«

Richard schien es, als gesellte sich Jupiter hinzu – nicht mehr schwebend, wie bei der ersten Begegnung, sondern gut in der Erde verwurzelt.

Die Begegnung mit dem Walnussbaum

»Ich bin ein schöner ausladender Baum mit kräftigen Blättern und grünen Früchten, in denen sich eine Nuss – geschützt in einer festen Schale und aus zwei Hälften zusammengesetzt – befindet. Die Idee der zwei Hälften, der zwei Pole findet in mir Ausdruck. Sie kennzeichnen die irdische Welt.«

»Die zwei Hälften deiner Schale beinhalten zwei in der Erscheinung gleichartige Teile des Nusskerns, getrennt durch dünne Wände. Du kennst männliche und weibliche Blüten. Bist du ein Baum der Polarität?«

»Der Erkenntnis und Veränderung. Sie können nur existieren, wenn die Welt polar ist. Das irdische Geschehen spielt sich in

immer wieder neuen Konstellationen zwischen den Polen ab. So bin ich ein Baum des Wandels.«

»Auch unser Gehirn hat zwei Hälften und gibt damit unseren Gefühlen ihre Polarität. Je nachdem, an welchem Ort im Gehirn das Gefühl seinen Sitz hat, ergibt sich seine Qualität. Und je nachdem, auf welchem Ort im Gehirn der Fokus des Menschen liegt, ergeben sich seine Gefühle«, wende ich ein.

»Ich fördere bei euch Menschen den Wandel der Gefühle. Mit meiner Hilfe bleiben sie lebendig und begleiten eure Entwicklung und werden nicht auf- oder festgehalten. Dies schenkt euch Sinn, nimmt Ängste und lässt euren Willen sich auf die Bestimmung ausrichten. So erlangt ihr mit euch Einklang.«

»Aber auf unserem Weg stehen weiter schwierige Aufgaben und Themen. Sie bringen Leid und fordern unseren Einsatz.«

»Ja, aber ich helfe euch dabei, wenn es Zeit ist, zur nächsten Aufgabe zu schreiten. Die Erde ist eine Kraft des Wandels. Ihr Rhythmus, ihr Pulsieren gibt eurem Leben den Takt der Veränderung.«

»So ist diese Welt vollkommen in ihrer Abbildung von Gott in der Polarität?«, möchte ich wissen.

»In dieser Welt existiert ihr Menschen. Für diese Existenz werden der Seele ein Körper, Gefühl und Gedanken mitgegeben.«

»Du möchtest, dass das Leben ertragreich ist? Es soll zur Ernte kommen?«, frage ich den Walnussbaum.

»Ihr Menschen, wenn ihr euch nicht getraut vorwärtszuschreiten, zu wachsen und euch zu zeigen, wenn der Kopf durch eure Ängstlichkeit schmerzt, die Seele der Trauer erliegt, die Gedanken der Düsternis folgen, dann unterstütze ich euch dabei, nicht zu verharren, sondern beweglich zu sein und eure Entwicklung zuzulassen. Das Gefühl der Trauer schwindet, wenn ihr den Wandel annehmt. Die Enge macht der Weite Platz, die Düsternis erhellt sich. Der Kopf schmerzt nicht mehr, als fände dort ein Kampf statt.«

»Doch das Leben kann sehr viel fordern – zu viel!«, wende ich ein.

»Der Seele wurde dieser Körper geschenkt. Ich helfe dabei, dass ihr zur Verfügung steht, dessen sie bedarf. Der Mensch scheitert, wenn der Wandel nicht möglich ist. Er meint, die Umstände wären zu fordernd, verlangten Unmögliches, weil sein Körper, seine Gefühle und Gedanken nicht annehmen können, was ihm begegnet. Ich unterstütze euch dabei, die Umstände anzunehmen und die Herausforderungen zu bewältigen. Vertraut mir, denn das Leben will sich entwickeln.«

»Aber was ist mit Kriegen und Katastrophen, die die Menschheitsentwicklung begleiten?«

»Wird eine Entwicklung aufgehalten, so sammelt sich die Veränderungsenergie, die sie trägt, zu immer stärkeren Kräften, die wie bei einem Erdbeben oder einem Vulkanausbruch abrupt ihren Ausdruck finden und den Wandel damit erzwingen. Die Erneuerung muss sein und findet ihren Weg durch gewaltsame Zerstörung, wenn die Veränderung in kontinuierlichen Schritten nicht möglich ist. Dies gilt für jedes Individuum und die Menschheit als Ganzes. Meine Hilfe liegt in der Förderung des leichten, einfachen Übergangs.«

»Du bist ein schöner Baum, der sich seinen Platz nimmt. Stolz und dem Leben zugewandt! Voller Vertrauen, freundlich, bejahend, fördernd!«

»Ihr sollt euch im Leben zeigen, nicht verstecken, nicht zurückhalten!«

»Was soll sich im Leben zeigen?«

»Das, was eure Seele trägt. Sie will die Aufgaben ihrer irdischen Existenz angehen und bewältigen. Hierbei helfe ich euch Menschen. Damit ihr in das Leben tretet, euch zeigt, gesehen werdet, eure Aufgabe anpackt und weiterführt.«

»Warum zeigt deine Form diesen Bezug zum Gehirn?«

»Das Gehirn ist das Organ, das die Erdenaufgabe in das irdische Maß bringt. Wenn euer Gehirn die Welt wahrhaftig abbildet und euch wie bestimmt hineinstellt, dann gelingt die Bewältigung eurer Aufgabe. Das irdische Maß der Dinge dient den Menschen.«

»Das Erdendasein soll gedeihen?«

»Ja, ich bin ganz auf das Diesseits gerichtet. Hier soll das Leben gelingen, blühen, sich vermehren und Ertrag bringen. Zeigt euch, wachst, gedeiht, denn dies ist der Auftrag irdischen Seins. In der Wandlung der Materie vollendet ihr eure Aufgabe. Dies gilt, solange ihr auf der Erde weilt.«

»Was macht die Walnusskraft mit den tiefen Emotionen, der Unruhe, der alten Wut ...?«

»Diese müssen Ausdruck finden!«

»Doch gibt es Raum dafür, und ist dieser Prozess zerstörerisch?«

»Jeder tiefe Wandel kennt diese Emotionen, denn er geschieht voller Energie. Es soll verändert werden, was vorhanden ist – von Grund auf. Vor der Entwicklung existiert Angst.«

»Was geschieht mit der Angst?«

»Darüber entsteht große Aufregung. Angst und der Impuls zur Erneuerung stehen einander entgegen. Ich schaffe die Voraussetzungen, dass die Emotionen fließen können. Dann erfahrt ihr eure Gefühle tief und wahrhaftig – mit Schmerz und Freude. Dieses Erleben nimmt Zerstörendes aus der Aufregung. Die Gefühle sind stark und überwältigend, doch sie müssen nicht zerstören, um zu sein.«

»So bedeutet der Prozess der Wandlung nicht Harmonie, sondern Unausweichlichkeit?«

»Entschlossenheit wecke ich in euch Menschen. Ihr geht euren Weg. Beengung verliert an Bedeutung. Mut nimmt den Platz der Angst ein. So schicke ich euch ins Leben.«

Die Sonne war hinter dem Horizont verschwunden. Richard atmete tief durch. Schnell notierte er sein Gespräch mit dem Baum. Noch immer schaute er etwas ungläubig auf seine Fähigkeit, mit Pflanzen zu sprechen.

Ist das Wahrheit, was ich vernehme? Ist es Einbildung? Es macht mich zufrieden! Das muss reichen. Doch mit dem, was ich erfahre, entsteht eine Welt, die eine vollkommen andere ist als die Kultur, in der ich lebe, sie versteht. Was soll ich mit diesem Widerspruch anfangen?

Nachdenklich betrachtete Richard die Landschaft. Schaute er ins Tal, öffnete sich das Firmament weit. Ging sein Blick den Hang hinauf, reduzierte sich der Himmel auf einen kleinen Streifen. Ich muss das nicht lösen, sagte er sich. Wenn die Welt im Wandel ist, dann darf es diese Vielfalt geben. Es soll sie geben und die Menschen sollen davon wissen. Das ist die beste Voraussetzung, um Veränderung mitzugestalten.

Es freute ihn, dass er bei seiner Ausbildung zum Zimmerer viel über Holz und Bäume gelernt hatte.

Eine Besonderheit am Walnussbaum ist, dass er einen Stoff namens Juglon produziert, der das Wachstum anderer Pflanzen in seiner Nähe hemmt. Der Baum schafft sich Raum und sorgt dafür, dass er sich entfalten kann. Darin ist er uns Menschen Beispiel. Walnüsse galten und gelten in vielen Kulturen als Ausdruck der Fruchtbarkeit, ging es ihm durch den Kopf.

Richard wollte dem Baum vertrauen. Das Leben sollte sich entwickeln können – sein Leben, das sich mitten im Wandel befand. Er legte sich in seinen Schlafsack, vernahm, wie der Wind in den Ästen und Blättern rauschte – fast meinte er die Brandung des Meeres zu hören. Kurz darauf war er tief eingeschlafen.

Versöhnung

Der nächste Morgen. Nur noch ein halbtägiger Fußmarsch bis zum Dorf lag vor ihm. Die Botschaft des Walnussbaums erfüllte Richard mit Zuversicht. Wieder lehnte er an seinem Stamm. Doch nun stand die Sonne im Osten und er schaute zu, wie sie sich zum Zenit erhob. Das Leben sollte gedeihen! Seine Gefühle suchten Ana Maria. Er stimmte leise einen Gesang an.

Himmel und Erde, ich habe Vertrauen,
auf eure Kräfte möchte ich bauen.

Himmel und Erde, ich will euch befragen,
um Rat und Führung, was könnt ihr mir sagen?

Lasst mich reisen in andere Zeiten,
in andere Welten, in neue Weiten.
Ihr Pflanzen und Tiere, wir teilen die Erde,
wir lernen und helfen, damit nun werde
und gedeihe, wenn ich handle,
zur Bestimmung ich mich wandle.

Immer weiter trug ihn sein Gesang. Er fühlte sich vom Wind zu den Wolken gehoben. Große Mächte übernahmen die Führung. Sein Blick ging hinab auf die Erde und er wusste, hier suchte er Ana Maria. Unter sich erkannte er die Ostsee, eine Kapelle im Lettland des 19. Jahrhunderts.

Beachte mich

Mein Körper liegt in einem schwarz lackierten Sarg in einer Kapelle. Es ist ein eigentümliches Gefühl, tot in einem Sarg zu liegen. Noch will ich meinem Leib Gesellschaft leisten. Der Deckel im Kopfbereich des Sarges ist aufgeklappt. Menschen nehmen von mir Abschied. Man hat mich geschminkt. Die Haare sind schön gekämmt. Die Hände liegen gefaltet auf meinem Bauch. Ich fühle mich jung, doch ich bin eine alte Frau von 74 Jahren.

Ich entstamme einer Kaufmannsfamilie – protestantisches Bürgertum. Wir Frauen bilden den Mittelpunkt der Familie und halten sie zusammen. Vernunft und eine gewisse Kühle regieren unsere Gemeinschaft. Es sind ruhige Zeiten Anfang des 19. Jahrhunderts in Lettland.

Gut behütet wachse ich auf. Bereits in jungen Jahren findet die Vermählung mit einem Kaufmann statt. Eine gute Partie: Geld und Einfluss sollen sich weiter vermehren können. Mein Mann und ich sind uns verbunden. Er ist mir sympathisch. Ich schätze seine Verlässlichkeit. Kurz nach der Eheschließung werde ich schwanger. Da bin ich 23 Jahre alt.

Das Kind in meinem Bauch wächst. Es wird ein Mädchen geboren, zu dem ich eine tiefe Beziehung entwickele. Mit unbändiger Freude sehe ich sie wachsen. Noch zwei Jungen erblicken das Licht der Welt – wilde Burschen voller Energie, vier beziehungsweise fünf Jahre jünger als meine Älteste.

Meine Tochter wird in enger Bindung zu mir bleiben. Auch sie heiratet einen Kaufmann, wird schwanger, gebiert eine Tochter. Wir verbringen viel Zeit miteinander – machen Ausflüge zum Meer oder in die Natur. Es ist ein angenehmes, ruhiges Leben.

Doch meine Tochter trägt an einer schweren Last – im Bereich des Zwerchfells befindet sich etwas Dunkles, ein fester schwarzer Knoten. Traurigkeit überkommt sie; sie weint an meiner Schulter. Es verbirgt sich etwas Unerfülltes in ihr. Sie leidet an Schwermut – auch jetzt an meinem Sarg in dieser Kapelle aus Backstein.

Ich suche nach dem Ursprung dieses schwarzen Knotens. Die Reise geht weiter in das 18. Jahrhundert. Ein kleiner Ort am Meer in Südeuropa.

Ich erkenne mich als jungen, unternehmenslustigen Mann – Sohn einer Kaufmannsfamilie. Eine junge Frau kommt in meinen Blick. Unsere Vermählung ist zwischen den Familien abgesprochen. Doch meine Gedanken und Gefühle sind bei einer anderen – einer nicht möglichen Liebe. Das hübsche junge Mädchen findet nicht meine Beachtung. Voller Enttäuschung schaut sie auf mich und ihr Leben. Sie möchte mich zum Mann haben.

Das Gefühl von Demütigung und Verzweiflung ballt sich bei ihrem Zwerchfell zu dem schwarzen Knoten. Wir sollten heiraten, meint sie. Ihre Liebe ist auf mich gerichtet. Doch sie findet nicht zu meinem Herzen. Ich bin nicht frei!

Als wir uns kennenlernten, wir einander vorgestellt wurden, unsere Eltern uns bereits versprochen hatten, da bebte es in ihrem Bauch vor Aufregung hell und leuchtend. Dann hat sich diese Aufregung verknotet zu etwas Dunklem und Verletztem. Später heiratet sie einen anderen Mann, doch jeder Tag ist mit Gedanken an mich erfüllt.

Sie ist mir lieb und wertvoll, aber meine Gefühle bleiben gefangen. Ich verlasse meine Heimat für immer, da meine große Liebe unerfüllbar ist, und ziehe in die Ferne.

Ich weiß, es sind Ana Maria und ich, die sich in diesen irdischen Existenzen als Mutter und Tochter, als versprochenes Ehepaar begegnen.

Wenn ich nun auf die Zeit im Baltikum schaue, dann erkenne ich, dass wir hier tief miteinander verbunden leben konnten. Trotzdem, die alte Verletzung meiner Tochter hat sich nicht gelöst. Denn diesen Schmerz und diese Schmach hat sie als Frau durch einen Mann erfahren.

Nun heute in dieser Rückschau möchte ich, dass für sie das Dunkle wieder hell scheinen kann. Ich lade sie ein, gemeinsam in die Welt des Lichts zu reisen. Wir finden uns in einer Gruppe von Menschenseelen wieder, gehen ein wenig abseits. Ich spreche zu ihr.

»Jetzt schaue ich nur auf dich. Deine Schönheit! Ich möchte, dass du verstehst, dass es keine Ablehnung war, sondern meine Gefangenschaft in Gefühlen, als ich dich, die du mir versprochen warst, nicht beachtet habe. Wenn du sagst und empfindest, du seist nicht schön, attraktiv und liebevoll genug gewesen, um mich aus meiner Abhängigkeit zu befreien, so antworte ich dir, dass dies nicht deine Aufgabe war. Ich danke dir sehr, dass du mich begleitest. Du bist schön, attraktiv und liebevoll.

Wenn wir uns in die Augen schauen und in den Arm nehmen, dann wissen wir darüber. Auch du kennst wie ich die Unfreiheit. Aber jetzt halten wir uns. Mein Bauch spürt, wie sich bei dir der dunkle Knoten löst und hell wird.«

Wir sind beieinander und halten uns fest umarmt. Wir geben uns die Hand und kehren zurück zu der Gruppe. Dort trifft meine Begleiterin einen Mann, mit dem sie eine besondere Liebe verbindet. Das mindert nicht die unsere. Jetzt kann sie ihn mit offenem Herzen begrüßen. Kein Gefühl der Schmach hindert sie daran.

Das Licht strahlt. Wir haben ein Stückchen Freiheit gewonnen. Unsere Liebe und Freundschaft darf sein, in welcher Form wir uns auch begegnen, wir müssen nicht Angst haben, sie zu verlieren.

Ein großer Kreis von Menschen bildet sich. Was wir in der geistigen Welt erkannt haben, soll auf der Erde Wirklichkeit werden. Wir nehmen unsere Erkenntnis mit in unser irdisches Dasein und lassen sie dort zu Erfahrung werden.

Wir danken und verneigen uns vor der Schöpfung, dem Schöpfer, dem großen Licht und allen Helfern. Es soll Friede sein. Friede der Frau im Sarg und ihrer Tochter. Friede dem jungen Mädchen und dem jungen Mann, die einander versprochen waren und sich nicht finden konnten. Der dunkle, schwarze Knoten löst sich auf und es erstrahlt helles Licht.

Richard wusste, dass nun noch eine weitere Aufgabe anstand, damit der dunkle Knoten endgültig seine beengende Kraft verlor. Er nahm seinen Löffel aus dem Gepäck. Unter dem Walnussbaum hob er einen größeren Stein zur Seite und grub ein kleines Loch in die Erde. Dann rief er noch einmal den schwarzen Knoten aus der geistigen Welt zu sich. Er packte ihn mit beiden Händen und legte ihn in das Loch, bedeckte ihn mit Erde und schob den Stein darüber. Während er dies tat, murmelte er leise Worte.

Mutter Erde, dir übergebe ich diesen schwarzen Knoten,
gebildet aus Enttäuschung, Schmerz und Schmach.
Wandle du ihn durch deine Kraft zu neuem Leben.
Aus der Enttäuschung soll Erkenntnis wachsen,
aus dem Schmerz Freude
und aus der Schmach Selbstachtung.

Mutter Erde, ich weiß, du wandelst,
was dir übergeben wird, zu neuem Leben.
Du hast uns Menschen mit irdischer Materie
an unsere Erfahrungen gebunden
und durch dich erhalten wir Freiheit.
Denn dir gehört unser Körper,
der uns das Erdendasein führen lässt.
Bei dir verbleibt, was wir nicht in die geistige Welt mitnehmen,
weil es seinen Dienst getan hat.

Dieser schwarze Knoten, er darf gehen und zerfallen.
Ich danke dir für deine Hilfe.

Richard fühlte sich erleichtert. Nun konnte er weiter den Weg der Freiheit gehen. Er verneigte sich in alle vier Himmelsrichtungen, vor dem Stein, unter dem er den schwarzen Knoten begraben hatte, vor dem Walnussbaum und dem Himmel. Dann schulterte er seinen Rucksack und machte sich auf.

Viele Gedanken gingen ihm durch den Kopf. Was er beim großen Licht gesehen hatte, war ihm Versprechen und Herausforderung. Die Forderung nach Ausgleich hatte auf seiner Beziehung zu Ana Maria gelegen. Ihr Gefühl, nicht gesehen worden zu sein, sein Bemühen um Wiedergutmachung ... Was bedeutete es nun, sich hiervon zu befreien?

Wie fühlte sich eine Liebe an, die nicht von der Angst, sie zu verlieren, eingeengt wurde? Das klang wie eine wunderbare Verheißung. Würde er ihr – und sie ihm – wirklich zugestehen können, anderen Menschen ebenso tiefe Liebe zu schenken?

Die Zeit verging im Fluge und schon bog er in den Viehweg zum Dorf ein. Es war früher Nachmittag. Seine Schritte führten ihn zum Laden. Dort wurde er wie ein langjähriger Freund begrüßt. Sein erster Aufenthalt im Ort war Gegenstand eines ausführlichen Dorfgesprächs gewesen. Er setzte sich draußen mit einer Tasse Tee und etwas frischem Obst an einen Tisch.

Allmählich schien sich sein Erscheinen herumzusprechen. Bekannte Gesichter gesellten sich hinzu, und alle begrüßten ihn herzlich. Eine Unterhaltung mit einfachsten russischen Worten, untermalt mit Gesten, entspann sich. Alle warteten ungeduldig, dass Marina käme und übersetzte.

Als sie eintraf, begrüßte sie Richard herzlich wie einen alten Gefährten. Sie lud ihn zu ihrem Haus ein. Freunde und Nachbarn kamen hinzu, brachten Speisen und Getränke. Ein kleines Fest wurde gefeiert. Richard musste erzählen, wie es ihm in den vergangenen Tagen ergangen war.

Er berichtete von seiner Ankunft beim Schamanen, dem Zusammentreffen mit Tairbek und Urmatbek, vom Ritual am Abend und seiner Begegnung mit dem Wolf. Wie bei einen Märchenerzähler hatte sich ein großer Kreis um Richard gebildet. Die Übersetzungen von Marina waren ausführlich und Richard fragte sich, wie phantasievoll sie wohl seine Schilderungen noch ausmalte ...

Lange sprachen sie über die Begegnung mit dem Wolf. Immer wieder sollte er Details schildern. Ob er nicht doch Angst gehabt hätte, insbesondere nachts? Wie dicht der Wolf an ihn herangekommen sei? Wie groß er war? Ob er die Zähne gefletscht hätte? Derart waren die Fragen. Nur der Alte, der ihm auf den Hinweg erklärt hatte, wie der Schamane zu finden sei, fragte nicht, sondern nickte hin und wieder zustimmend. Als die Diskussion zum Wolf immer lebhafter wurde, sprach der Alte ganz ruhig einige Sätze und damit war dieses Thema abgeschlossen. Leider übersetzte Marina nicht die Gespräche der Zuhörer untereinander, sodass Richard nur ahnen konnte, vorüber die heftige Diskussion entbrannt war und was sie nun derart plötzlich beendete.

Richard berichtete von seiner siebentägigen Wanderung. Er erklärte, warum Eibe und Wacholder von so großer Bedeutung für schamanische Rituale sind, sprach von der Schlange und den Bienen. Hier lauschten seine Zuhörer andächtig. Es schien, als erinnerten sie sich an alte Zeiten. Dann kramte er den zerbrochenen Schamanenspiegel aus seinem Gepäck. Andächtig wurde dieser von Hand zu Hand gereicht. Eine feierliche Stimmung stellte sich ein. Besonders der Alte hielt die Metallteile lange in seiner Hand. Dabei musterte er Richard mit Zuneigung. Nickte wieder vielsagend und übergab dann seinem Nachbarn die viel beachteten Bruchstücke.

Richard wurde gefragt, ob er nun auch ein Schamane sei. Es schien ihm, als wollten einzelne seiner Zuhörer ihn dann augenblicklich um seinen Rat bitten. So musste er seine Worte sorgfältig wählen.

»Meine lieben Freunde«, sprach er. »Ich wollte den großen Schamanen finden und von ihm lernen. Dies ist so geschehen. Ich durfte die Welt der Geister und Götter schauen. Ob sie mir dienen und ich ihre Hilfe herbeirufen kann, weiß ich nicht. Der alte Schamanenspiegel ist zerbrochen. Ich folge nicht seiner letzten Besitzerin nach. Ihre große Weisheit kann ich nur ahnen. Für mich heißt es zu lernen.«

Da meldete sich der Alte zu Wort. »Richard, ich schaue auf ein langes Leben und habe erfahren, wie sich die Welt verändert. Nun treten wir in eine neue Phase des Wandels ein. Eine Zeit, die es erlaubt, uns auf Altes zu besinnen. In unserem Blut wissen wir darüber. Doch hier auf der Erde kennt die Zeit nur eine Richtung. Sie führt nie in die Vergangenheit. Die Weisheit unserer Ahnen können wir nun wieder mit großer Demut achten. Du kommst aus einem fernen Land, denn auf der Welt soll in Verbindung treten, was aus einem Ursprung stammt und sich getrennt entwickelt hat. Ich sehe, dass die Geister durch dich zu uns Menschen sprechen können. Ich danke dir, dass du zu uns besucht hast.«

Ein Moment der Stille trat ein.

Dann forderte Marina die Anwesenden auf, sich mit Essen und Trinken zu versorgen. Langsam löste sich der Kreis auf.

Richard blieb nachdenklich sitzen. Er fragte sich, was er von seinem Erleben anderen Menschen berichten sollte. Was würden sie verstehen? Welche Erwartungen weckte er? Seine tiefen Gefühle, der Wandel in ihm, die allzu schwer verständlichen Erfahrungen aus den vergangenen Tagen hatte er für sich behalten. Doch der Alte hatte hinter das Erzählte geschaut.

Vielleicht kennt er aus frühen Tagen die Schamanin, der der zerbrochene Spiegel gehört hat, ging es ihm durch den Kopf.

Er blickte sich nach ihm um, konnte den Alten aber nicht entdecken.

Offensichtlich hat er sich bereits auf den Heimweg gemacht. Wie soll ich mit dem Unerklärlichen umgehen?, sprach Richard zu sich. Zuerst mal muss der Mensch akzeptieren, wie wenig er von der Welt weiß. Denn sie ist für jeden von uns so, wie er sie erfährt.

Wenn Richard auf die Geschichte und Kulturen, die Mythen und Religionen schaute, dann war das Verständnis des Menschen in steter Veränderung.

Die eigene Sicht als Wahrheit anzusehen, liegt den Menschen in jeder Zeit nahe. Gerade auch die Anhänger des naturwissenschaftlichen Denkens in den westlichen Kulturen folgen immer noch dieser Haltung, ging es Richard durch den Kopf. Reduziere ich die Welt darauf, was ich meine, über sie zu wissen, dann wird sie erklärbar. Für die wissenschaftliche Forschung, das Experiment, ist dieses Vorgehen fruchtbar, für ein Weltverständnis jedoch nicht. Denn dann kann es in der Erkenntnis keinen Fortschritt geben.

Richard hatte in den letzten Tagen viel Neues erfahren und war zugleich Teil alter Weisheit geworden. Das Leben war ihm in vielfältiger Gestalt begegnet.

Im Leben ruht das Geheimnis unseres Seins, dachte er.

Wie einfach ist dieser Gedanke und zugleich bedarf er tiefster Erfahrung, um Wahrheit zu sein.

Laute Gespräche und Gelächter unterbrachen Richards Selbstvergessenheit. Er schaute in zufriedene Gesichter. Morgen würde er den Bus in Richtung kasachische Grenze nehmen. Dann befand er endgültig auf dem Rückweg.

Auf dem Weg nach Westen

Richard saß im Bus. Die überaus herzliche Verabschiedung im Dorf klang nach. Er plante, nach Almaty, der Hauptstadt von Kasachstan, zu reisen und von dort mit dem Flugzeug über Moskau zurück nach Berlin. Die notwendigen Visa hatte er sich bereits in Deutschland besorgt. Ein wenig zu schnell schien ihm die Rückreise. Der Dieselmotor dröhnte laut unter der hinteren Sitzbank, auf der er Platz genommen hatte. Das Fahrzeug vibrierte bei jeder Beschleunigung. Die Straße führte durch schmale Schluchten, über weite Ebenen, durch Dörfer und kleine Städte. Überladene Lastwagen kamen dem Bus entgegen oder sorgten für Schritttempo an den Steigungen. Meist waren alle Sitzplätze im Bus von Reisenden ein-genommen, und oft standen oder saßen auch Menschen im Gang.

Richard beobachtete eine Mutter mit drei Kindern im Alter zwischen sechs und elf Jahren. Sie hatten zahlreiche Taschen und Pakete dabei. Eingerahmt von ihrem Gepäck nutzte die Mutter die Busfahrt, ihre Kinder mit reichlich Nahrung zu versorgen. Hygiene wurde dabei nicht großgeschrieben. Mit ihren kleinen, schmutzigen Händen stopften die Kinder das Essen in sich hinein. Was auf den Boden fiel, wurde aufgehoben und verschwand im Mund. Alle genossen das ausgiebige Mahl.

Wie sehr sind sie dem Leben zugewandt, dachte Richard. Ganz anders als in Deutschland – ganz verbunden mit der Welt, auch mit dem Schmutz.

Mit Sympathie, ja fast ein wenig Wehmut, betrachtete er die Familie. Große Einigkeit herrschte unter den Kindern. Die Zufriedenheit eines jeden übertrug sich auf die anderen.

Vorsorge und Angst vor Bakterien können einem den Augenblick auch verderben, sprach er zu sich.

Zugleich war Richard zu sehr in seiner Kultur verankert, zu sehr lebte in ihm die Kraft der Schlange, dass nicht doch analytische Gedanken in ihm aufkamen. Diese gehörten in sein Gedankenbuch.

Das Reich der Mikroben – Gefühle und Moral

Bakterien und andere Mikroorganismen einschließlich der Viren gründen wie jedes Leben in der geistigen Welt. In ihnen findet eine bunte Vielfalt der Geisterwelt ihren Ausdruck, von der sich der moderne Mensch immer mehr trennt. Wie Fühler strecken diese Geister ihre einfache materielle Gestalt zum Erdendasein aus. Sie setzen Bedingungen für die anderen Lebewesen.

Mikroben bestimmen über den Menschen. Gesundheit und Krankheit liegen mit in ihrer Hand. Sie entstammen einem höheren Reich, das der Menschheit ihren Weg weist. Doch darüber wissen wir kaum etwas. Nur wenn der Wandel mit großen Epidemien einhergeht, ahnen wir einen Zusammenhang. Dann zwingen uns Viren und Bakterien zur Veränderung. Sie kennen dabei kein Mitleid. Empfindungen gehören nicht zu ihrer Erfahrungswelt. Das Leiden der Menschen bleibt ihnen fremd. Es existiert für sie nicht! Ihr Tun folgt höheren Gesetzen.

Die Erdenwelt besitzt einen unvorstellbaren Reichtum an Mikroorganismen. Nur ganz wenige sind uns bekannt. Alle anderen Lebensformen werden von ihnen in den Schatten gestellt. Mikroorganismen bilden über zwei Drittel der Biomasse auf der Erde. Der Menschheit lebt in enger Verbundenheit mit ihnen.

Doch der moderne Mensch reduziert durch seine Lebensweise immer mehr die Anzahl der Kleinstlebewesen, mit denen er zusammenlebt. Er versucht, den Weg größerer Individualität zu gehen.

Der Mensch lebt in einem anderen Reich als die Mikroorganismen – im Reich der Gefühle! Gefühle strukturieren sein Dasein. Sie erschaffen auch die Moral: Was Leid schafft, ist böse – was Glück schafft, ist gut. So einfach ist unsere Welt. Ohne Gefühle hätten wir eine völlig andere Vorstellung von richtig und falsch.

Die Menschengemeinschaft basiert auf Emotionen und erwächst aus der Bindung der Familie. Gefühle zu haben bedeutet auch, Mitgefühl empfinden zu können. So möchte der Mensch auch für den anderen das Gute, das Glück, wenn er sich mit ihm verbunden sieht. Gefühle verweisen uns, wenn sie auf tiefer Erfahrung beruhen, zur Überwindung der Trennung und damit zur Liebe.

Lässt die Vorstellung vom richtigen und falschen Handeln in der geistigen Welt auch unabhängig vom Gefühl finden? Gibt es eine Moral, eine Vorstellung von richtig und falsch, die von den Mikroben oder der Erde vertreten wird? Dies wäre eine Moral, in der das Gute nicht deshalb als gut angesehen wird, weil es Menschenglück schafft, und das Schlechte nicht deshalb als schlecht gilt, weil es Leid schafft! Das Leben soll im steten Wandel von Werden und Vergehen in seiner ganzen Fülle Ausdruck finden. Das einzelne Wesen ist nur unter diesem Aspekt von Bedeutung. Alles, was der Entwicklung dient, ließe sich für gut halten, auch wenn es menschliches Leid mit sich bringt. Bereits bei meiner Schau auf das Leben des Hohen Priesters in Ägypten bin ich dieser Aussage begegnet.

Richard staunte, was er da niederschrieb. Diese Gedanken schienen sich mitteilen zu wollen. Welch faszinierende Erkenntnis, dass unsere Verankerung in der Gefühlswelt die menschliche Moral begründet! Doch warum sollte sich das Weltgeschehen hiernach richten? Vielmehr musste es seinen eigenen Gesetzmäßigkeiten folgen.

Emotionen sind etwas sehr Besonderes, dachte er. Sie sind zutiefst menschlich. Unser Gehirn ist ein Organ der Gefühle. Aus ihnen bauen wir unsere Wirklichkeit. Die Erde kennt keine Empfindung. Die Mikroben kennen sie nicht. Sie folgen anderen Gesetzen.

Richard befand sich auf der Rückreise in die ihm vertraute westliche Welt. Auch wenn er voller Sympathie auf die drei Kinder schaute, die so freudig ihr Essen teilten – seine Kinder würden nicht in dieser Weise aufwachsen.

Zu Hause

Eine der ersten Wege in Berlin führte Richard zum Gasthaus Fischerhütte bei der Wolfstalschlucht. Hier hatte er mit Inga die Reise nach Kasachstan geplant. Das Wetter war regnerisch und kühl. Er saß unter der Überdachung im Außenbereich und schaute auf den Schlachtensee. Das Wasser lag ruhig und Regentropfen verliehen seiner Oberfläche eine feine Kontur. Wenige Menschen waren unterwegs – zumindest für Berliner Verhältnisse. Er fühlte sich einsam. Ein Gefühl, das während seiner siebentägigen Wanderung nie in ihm aufgekommen war. Das Leben schien ihm nicht mehr präsent. Die Menschen vertrieben es aus ihrem Dasein. Traurigkeit stieg in ihm auf.

Gestern hatte er mit Ana Maria telefoniert und erfahren, dass sie sich mit ihrem neuen Freund eng verbunden fühlte und schon fast mit ihm zusammenwohnte. Das hatte ihm einen Stich ins Herz versetzt. Trotzdem, er würde sie in Kürze besuchen.

Ein Brief aus der Mongolei erreichte Richard. Für Alois hatte sich sein Traum, mit einem Pferd durch die Steppe zu reiten, erfüllt. Es war, als würde das Blut eines Nomaden in seinen Adern pulsieren. Die Nächte im Freien, das Pferd dicht bei der Lagerstätte, die Morgendämmerung und der weite Blick über die Landschaft – all dies freute ihn zutiefst! Die Begegnungen mit den Mongolen, die mitten in der menschenleeren Natur ihre Jurten aufgeschlagen hatten. Gemeinsame Abende und Tage. Alois war angekommen.

Ein Mongole hatte ihn mit auf die Adlerjagd genommen und dabei einen Fuchs erlegt. Alois liebte die Freiheit der Natur. Immer wieder aufbrechen zu dürfen voller Erwartung, was der Tag bringen mochte ... Nur sich selbst verantwortlich zu sein.

Seinen Brief hatte Alois kurz gehalten. Zu viele Worte schienen ihm unnütz. Richard freute sich, von ihm zu hören und dass er verwirklichen konnte, was an Wünschen in ihm war. Die Erinnerungen an die ersten Wochen in Kirgistan wurden lebendig. Die Begegnung mit dem Fremden. Das Messen ihrer Kräfte mit der Natur. Eine Idee wie ein Versprechen, das er zu erfüllen hatte, ruhte in dieser Zeit. Mit Mut und Freude sollte er dem Leben begegnen und die Herausforderungen annehmen.

Im Leben von Richard ergaben sich viele neue Kontakte. Menschen, mit denen er sich seelenverwandt fühlte, kreuzten seinen Weg. Er konnte weiter lernen. Einige Wochen verbrachte er mit einem Schamanen aus Mexiko, der in Berlin Workshops anbot. Menschen suchten seinen Rat. Er veranstaltete schamanische Sitzungen, ging auf innere Reisen, suchte das Licht und dem Leben neue Möglichkeiten zu öffnen. Sein Wolf begleitete ihn dabei als treuer Gefährte und er spürte auch immer wieder die Unterstützung des großen Heilers. Große Dankbarkeit diesem weisen Mann gegenüber ruhte in seinem Herzen. Geld wollte er im Augenblick nicht nehmen für das, was er tat.

So hatte er wieder eine Anstellung als Zimmerer angenommen. Diesmal bei einem kleinen Betrieb, der sich dem ökologischen Holzbau verschrieben hatte. Hier konnte er seine Arbeitszeit flexibel gestalten. Die Arbeit machte ihm Freude. Alles andere wird sich finden, dachte er.

Schließlich verabredete er mit Ana Maria einen Besuch in Madrid. Ungeduldig fieberte er dem Tag des Abflugs entgegen und überlegte, was die Begegnung bringen mochte. Mal meinte er, sich seiner Gefühle ganz sicher zu sein: Er liebte Ana Maria und er spürte auch ihre Liebe. Dann wieder, wenn er an ihren Freund dachte, kamen große Zweifel auf.

Ist nicht doch endgültig vorbei, was wir an Gemeinsamkeit erlebt haben? Ist Ana Maria tatsächlich glücklich in ihrer neuen Beziehung und bin ich nur noch sentimentale Erinnerung? Kann das sein?, fragte er sich.

Madrid

Ana Maria wartete am Flughafen von Madrid auf Richard. Sie freute sich, sie hatte Angst, sie war nervös ... Ihrem Freund hatte sie nicht erzählt, wen sie abholte. Ein Bekannter aus der Zeit in Berlin, er möchte Madrid kennenlernen, nicht so wichtig, hatte sie gelogen. Aber Richard kam nur, um sie zu sehen, und Ana Maria wusste das.

Alejandro, ihr Freund, hatte sich mehr gewundert, warum sie ihm so viel erklärte, als dass er auf die Idee gekommen wäre, ihm würde nicht die Wahrheit mitgeteilt. Sie hatte ihm in der Zeit ihres Zusammenseins kaum etwas von Richard erzählt und nie die Bedeutung erwähnt, die er für sie hatte, dass er immer noch tief ihr Herz berührte ...

Alejandro hatte sie bereits kurz nach ihrer Rückkehr aus Deutschland kennengelernt. Sie suchte seine Nähe. Sie meinte, einen Mann an ihrer Seite zu brauchen. Das schenkte ihr Trost und Halt. Ein wenig erinnerte Alejandro sie an Richard. Auch er suchte das ungebundene Leben und zugleich eine Frau, die für immer das Leben mit ihm teilen sollte. Allerdings war er nicht so feinsinnig, hatte nicht die Tiefe, aber dies konnte auch von Vorteil sein. Das Grobe an Alejandro zog sie sexuell an. Ihre Empfindsamkeit trat in den Hintergrund und ließ sie mehr oberflächliches Vergnügen leben. Anders als bei Richard spürte sie, dass sie sich in dieser Verbindung zu Alejandro nicht verlieren würde. Er war in seiner Weise verlässlich und sie meinte, ihn gut einschätzen und ihre Beziehung lenken zu können. Das war, was sie zu benötigen glaubte.

Nach der Rückkehr aus Berlin wohnte sie zusammen mit zwei Freundinnen in einer Altbauwohnung in Madrid. Oft verbrachte sie die Tage und Nächte aber auch in der kleinen Wohnung von Alejandro in einer hässlichen Vorstadtsiedlung. Alejandro lebte von allerlei Jobs, die sich immer wieder auftaten. Sein Studium der Architektur hatte er abgebrochen, doch gab es zahlreiche Hilfsarbeiten, die er für Architekturbüros übernahm. Ana Maria wunderte sich, warum er in Hinsicht auf Arbeit derart unentschlossen war. Nie zweifelte sie aber an seiner Verlässlichkeit ihr gegenüber.

Alejandro war dankbar für die große Zuneigung, die Ana Maria ihm gegenüber ausdrückte und nahm dies als Ausweis ihrer Liebe. Sie zeigte ihm, dass sie in ihm den Mann gefunden hatte, den sie schon lange suchte. Das tat ihm gut und weckte sein Verlangen nach ihr.

Kurz vor dem Kennenlernen von Ana Maria hatte sich seine Freundin, die große Jugendliebe, von ihm getrennt. Sie waren gemeinsam durch die Welt gereist, erwachsen geworden. Das dachte zumindest er. Ihr jedoch hatte das Erwachsenwerden bei ihm gefehlt und sie meinte, er wäre dieser Junge geblieben, dem sie vor acht Jahren das erste Mal begegnet war. Er liebte und brauchte sie. Ihre Beziehung war ihm voller Selbstverständlichkeit und Vertrauen. Alejandro hatte nicht verstanden, was sie an ihm kritisierte, warum die Beziehung sie nicht mehr erfüllte, was sie suchte und wollte. Ratlos und verletzt ließ ihn die Trennung zurück. Ana Maria war seine Rettung. Er wollte beweisen, dass er der Zuwendung einer Frau wert war. Sie sollte ihn annehmen, auch wenn er in vielem ein kleiner Junge geblieben war.

Dass Richard nie aus den Gedanken von Ana Maria verschwand, wollte sie sich selbst nicht eingestehen, und noch nicht einmal mit ihren besten Freundinnen sprach sie darüber. Ein Geschmack von Enttäuschung und Demütigung lag im Scheitern ihrer Beziehung zu Richard. Sie spürte dieses dunkle Etwas in ihrem Bauch, die Schmerzen im Rücken. Davor lief sie davon.

Ana Maria sah Richard durch das Ausgangstor vom Zoll kommen – und strahlte. Er hatte Ana Maria auch erblickt. Ein Lächeln aus tiefstem Herzen zeigte sein Gesicht. Sie umarmten einander. Absolutes Vertrauen. Auch das Kribbeln war wieder da, die Schmetterlinge im Bauch – alles wie früher! Spontan wollte Richard ihr einen Kuss auf den Mund geben, doch sie wandte ihm die Wange entgegen. Eine Weile hielten sie sich in die Armen.

»Du siehst genauso schön aus wie früher – vielleicht noch schöner«, meinte Richard und schaute sie intensiv und begehrend an.

»Danke«, sagte sie. »Komm, lass uns zum Ausgang gehen und den Bus in die Stadt nehmen.«

Schweigend schritten sie nebeneinander. Richard hätte gerne seinen Arm um sie gelegt. Doch seine Unsicherheit über ihre Gefühle hinderte ihn daran.

Als er ihr am Telefon mitgeteilt hatte, er wollte sie in Madrid besuchen kommen, hatte sie eine ganze Weile geschwiegen. Dann klang ihre Stimme sehr formell, als sie antwortete, dies sei eine gute Idee.

»Ich habe aber wenig Zeit«, hatte sie gleich anschließend ergänzt. »Ich muss sehr viel studieren. Außerdem habe ich nebenbei noch einen Job in der Bibliothek.« Eine Pause war eingetreten und er hörte ihren Atem am Telefon. »Aber ich freue mich, wenn du nach Madrid kommen willst«, meinte sie schließlich.

Richard wollte die Kühle ihrer Worte nicht zu hoch bewerten, sondern an seinem Entschluss, zu ihr zu fahren, festhalten und für drei Tage nach Madrid fliegen.

Nun gingen sie hier nebeneinander. Ana Marias Herz schlug heftig. Sie versuchte mit aller Macht, ihre Gefühle zu kontrollieren.

»In drei Stunden muss ich zur Arbeit«, meinte sie. »Sollen wir uns hier kurz in das Café setzen?«

»Gerne«, antwortete Richard.

Sie saßen am Kaffeetisch und warteten auf ihre Bestellung. Richard nahm ihre Hand in seine und streichelte sie zärtlich. Sie ließ es sich gefallen.

»Du warst lange in Asien«, meinte sie dann und zog ihre Hand zurück. »War es eine gute Zeit?«

Richard erzählte ein wenig von seiner Reise nach Kirgistan, erwähnte auch den Besuch beim Schamanen, schilderte dabei mehr den äußeren Ablauf als das für ihn so bewegende Erleben. Hiervon wollte er später berichten, wenn mehr Sicherheit und Ruhe in ihr Zusammensein eingekehrt waren.

»Was macht dein Studium?«, fragte Richard.

»Ich komme gut voran. Ich bereite die Unterlagen für meine Abschlussarbeit vor«, antwortete Ana Maria.

Sie schilderte ausführlich ihre Studien und Pläne. Richard merkte, wie seine Gedanken sich beruhigten.

Nachdem sie mit ihrem Bericht geendet hatte, fragte er vorsichtig: »Wie geht es mit deinem Freund?«

»Sehr gut«, hörte er Ana Maria antworten. »Wir verstehen uns prima. Er ist der Mann, den ich schon lange gesucht habe.«

»Und was ist mit mir?«, brach es spontan aus Richard heraus.

»Unsere Beziehung ist in den Hintergrund getreten. Dich kennengelernt zu haben ist mir von großer Bedeutung, aber du bist nicht mehr so wichtig wie früher.«

»Du meinst, wir haben uns nichts mehr zu sagen? Wir sehen uns heute zum Abschied? Vielleicht das letzte Mal? Soll ich gleich heute noch zurückfliegen?«

Die Gefühle in Richard brausten auf. Er war selbst erstaunt, was er sagte. Dann beruhigte sich sein Empfinden. Er schaute Ana Maria an. Ihr Körper hatte sich verkrampft.

»Entspann dich«, sagte er und berührte leicht ihre Schulter.

»Lass mich, ich bin wütend!«

»Du möchtest, dass ich noch bleibe«, meinte er dann.

Ana Maria war wütend: mehr auf sich als auf Richard. Am meisten aber auf die ganze Situation. Nichts passte. Zugleich war es schön, dass Richard da war.

»Lass uns zum Bus gehen«, meinte Richard.

Er legte das Geld für die Rechnung auf den Tisch. Sie standen auf und gingen zum Ausgang.

»Ich bringe dich zu den Freunden von mir, bei denen du übernachten kannst. Sie wohnen ganz zentral in einer großen Wohnung in der Innenstadt«, sagte Ana Maria.

Der kurze Gefühlsausbruch hatte Spannung aus ihrer Begegnung genommen. Sie fühlten sich einander zugehörig, während sie in die Stadt fuhren und sich unterhielten. Ana Maria brachte Richard zu ihren Freunden. Sie verabredeten sich für den nächsten Tag zu einer Stadtbesichtigung.

»Ich muss vorher aber noch an die Uni und kann dich erst gegen drei Uhr abholen«, meinte Ana Maria zum Abschied.

Noch einmal hielten sie sich lange in den Armen, dann machte sich Ana Maria auf den Weg.

Die Freunde, ein junges Ehepaar, nahmen Richard sehr freundlich auf. Gemeinsam aßen sie zu Abend. Die Unterhaltung war anregend. Sie sprachen in einer Mischung aus Englisch und Spanisch über Schamanen, alte Religionen und die Moderne. Sie hatten Spaß daran. Darüber wurde es spät und Richard sank müde ins Bett.

Als er aufstand, waren seine Gastgeber bereits aus dem Haus. Richard duschte ausgiebig und ging dann zum Frühstücken in ein Café.

Ein wenig wunderte er sich, wie entspannt er auf das Zusammentreffen mit Ana Maria schaute. Sie liebte ihn, da war er sich sicher. Zugleich wusste sie nicht, wie sie mit der Situation umgehen sollte. Es blieb vollkommen offen, wohin sich ihre Verbindung weiter entwickeln würde. Doch dies konnte er in Gelassenheit abwarten. Sein Leben wollte wachsen – über ihn hinaus. Dies galt auch für die Beziehung zu Ana Maria.

Ana Maria fühlte sich zutiefst berührt, als sie sich, nachdem sie Richard zu ihren Freunden gebracht hatte, zur Arbeit in der Bibliothek aufmachte. Zugleich weigerte sie sich, dies zu akzeptieren. Sie hatte ihre Vorstellungen von der Zukunft. Richard passte da nicht rein! Alejandro schon. Am Abend nach der Arbeit fuhr sie zu ihm. Sie erzählte ihm, dass sie morgen ihrem Besuch aus Deutschland die Stadt zeigen würde. Sie berichtete einiges aus der Zeit in Berlin, vermied aber, dabei allzu persönlich zu werden.

Am nächsten Tag kam Ana Maria erst gegen halb vier bei Richard vorbei, um ihn abzuholen. Fantasien hatten ihn beschäftigt, während er wartete.

Vielleicht bringt sie Alejandro mit? Auf diese Weise kann sie klarstellen, dass sie in einer festen Beziehung lebt und nicht vorhat, dies zu ändern. Wie werde ich mich dann verhalten, was fühlen?, fragte er sich. Doch eigentlich rechnete er nicht wirklich damit. Diese Idee ist ihr aber bestimmt auch durch den Kopf gegangen, dachte er.

Als Ana Maria dann an der Tür stand, spürten beide wieder die große Freude, die in ihnen aufstieg. Während sie in Richtung Innenstadt gingen, wunderte sie sich, wie sehr sie sich von Richard gesehen fühlte. Das war früher anders gewesen. Damals hatte sie gemeint zu spüren, dass er etwas im Leben suchte, das ihm wichtiger war als sie. Jetzt empfand sie diese Unsicherheit nicht mehr.

Liegt das an Alejandro?, fragte sie sich.

Dass Richard sich verändert haben könnte – auch der Gedanke, sie könnte Richard gegenüber offener sein als früher ... damit wollte sie sich nicht beschäftigen. Gemeinsam besuchten sie das Prado-Museum und schlenderten an den touristischen Sehenswürdigkeiten vorbei, bewunderten den Königspalast und beendeten ihre Besichtigung in einem Café an der Plaza Mayor.

Beide waren in der Wahl ihrer Gesprächsthemen zurückhaltend. Einen Ausbruch der Gefühle wie am Vortag wollten sie vermeiden.

Doch jetzt hier am Tisch mit Blick auf den großen Platz sah Richard die Gelegenheit, über sein Erleben beim Schamanen und dessen Bedeutung für ihr Zusammensein zu sprechen. Die gestrige Unterhaltung mit seinen Gastgebern hatte ihn ermutigt, auch von Erfahrungen zu erzählen, die gerne als Spinnerei und Fantasie abgetan werden.

»Ana Maria, als ich durch Kirgistan gereist bin, habe ich sehr viel an dich gedacht. In mir existierte eine große Sehnsucht nach dir. Ich war mir sicher, ich möchte dich sehen, wenn ich von der Reise zurück bin. Vielleicht bin ich auch zufriedener geworden? Die Begegnung mit dem Schamanen habe ich wie ein Ankommen bei mir selbst erlebt.«

Ana Maria schaute Richard neugierig an. Es ist schön zu hören, dass er viel an mich gedacht hat. Aber er fordert auch – das macht mir Angst. Ich habe auch viel an ihn gedacht. Doch eigentlich wollte ich das nicht, ging es ihr durch den Kopf.

»Die Zeit war ungeheuer intensiv für mich!«, fuhr er fort. »Was ich schon immer gespürt habe: Die ganze Welt, die Tiere und Pflanzen, ja sogar die Steine und Metalle sind voller Weisheit. Das Leben ist überall. Ich habe mit Bäumen gesprochen, mit Bienen ...«

Richard stockte und schaute etwas unsicher auf Ana Maria. Doch ihr Ausdruck beruhigte ihn. Ana Maria fand schön, was er erzählte. Für sie war es ganz selbstverständlich, Pflanzen und Tieren nah zu sein.

»Die Bienen haben mich darauf hingewiesen, dass es eine Aufgabe für die Gemeinschaft zu erfüllen gibt. Geister und Götter standen mir zur Seite: Lebensmut, Entfaltung, Pflicht und Liebe wollten sie mir zeigen. Die Eibe hat mir geholfen, alte Wunden zu heilen. Der Wacholder hat mich ermuntert, mich auf das Wesentliche konzentrieren. Der Schlange verdanke ich die Einsicht, dass Erkennen bedeutet, sich zu irren und dass die Welt an sich uns immer verborgen bleiben wird. Der Wolf war mir Führung. Er vertritt eine empfindsame, ehrliche, ursprüngliche Kraft.«

Ana Maria lauschte weniger dem Inhalt seiner Worte als den Gefühlen, denen er Ausdruck gab. Sie weckten ihr Vertrauen.

Richard schaute auf Ana Maria, um sich zu versichern, dass sie seiner Erzählung folgte. Ihr Blick schenkte ihm Unterstützung und so berichtete er ausführlich, von der Zeit der ersten Begegnung mit dem Schamanen, der Einweihung bei seiner Ankunft, seiner siebentägigen Wanderung durch die Wildnis und den Gesprächen mit dem großen Heiler nach der Rückkehr.

Ana Maria fühlte sich ganz bei ihm. Sie stellte nur wenige Fragen, wenn ihr ein Zusammenhang unklar blieb oder sie sein Erleben noch tiefer verstehen wollte.

Richard erzählte weiter: »Ana Maria, der Schamane hat mich auf eine innere Reise geschickt. Die Aufgabe war, die Last zu erkunden, die die Beziehung von Genia und Gernot beschwerte. Ich bin in eine andere Zeit gereist; in das 13. Jahrhundert, nach Okzitanien ...« Ana Maria sah fragend auf und er unterbrach sich kurz: »... heute ist das Südfrankreich, und dort habe ich gesehen, dass religiöse Glaubenssätze der Katharer mit ihrer tiefen Lebensfeindlichkeit, grausame Verfolgung durch die katholische Kirche, ein früher Tod durch schwere Krankheit und ein Schwur, geboren aus Angst und Sehnsucht, auf der Beziehung lastete.«

»Bitte berichte mir mehr von dieser Reise«, meinte Ana Maria.

Richard schilderte in aller Ausführlichkeit, was er geschaut hatte.

Als die Erzählung zu einem Ende gekommen war, fragte Ana Maria: »Und du konntest den Schwur tatsächlich beseitigen? Du hast ihn einfach zurück in die Natur gegeben, der Schöpfung überreicht? Das funktioniert? «

Richard dachte eine Weile nach, bevor er antwortete. »Genia und Gernot müssen es akzeptieren. Nur wenn sie wirklich davon überzeugt sind, dass der Schwur vorbei sein soll, wird es so sein. In diesem Fall, glaube ich, war es einfach an der Zeit. Das kleine Ritual mit der Walnuss verstärkt ihre Überzeugung. Deshalb ist es wichtig. Sie müssen es aber auch als wahr annehmen. Der ganze Mensch muss die Wahrheit spüren. Die Angst muss dem Vertrauen Platz machen. Aller Ursprung ist geistig.«

Richard zögerte, bevor er weitersprach.

»Genau umgekehrt haben es die Katharer mit ihren religiösen Glaubenssätzen gemacht. Verstärkt durch die Rituale haben sie Angst vor dem Leben erschaffen. Auch das war nur möglich, weil die Menschen es geglaubt haben. Wenn eine derartige Angst überwunden ist, dann hat der Mensch ein Stück Freiheit gewonnen, die man ihm nie wieder nehmen kann.«

»Das klingt sehr schön, Richard«, meinte Ana Maria. »Sehr schön. Fast unwirklich.«

Ana Maria spürte Angst. Eine Angst, die sie schon lange im Leben begleitete. Die Erzählung über Genia und Gernot hatte sie geweckt. Gab es hierfür auch eine Lösung, fragte sie sich, und würde sie dann die Lösung glauben?

Als hätte Richard ihre Gedanken mitgehört, sprach er weiter. »Ich bin auch zu Ursprüngen von Schwierigkeiten unserer Beziehung gereist. Soll ich davon erzählen?«

Ana Maria nickte. Ihr Herz schlug heftig.

»Die Zeit, in die ich gereist bin, war das 18. Jahrhundert. Eine kleine Stadt in Südeuropa am Meer. Ich habe mich als Mann und dich als Frau gesehen – einige Jahre jünger, als wir es heute sind, und wir waren einander versprochen. Unsere Familien wollten, dass wir heiraten. Dieser Wunsch bestand auch bei dir. Ich sollte dein Mann sein. Doch das konnte sich nicht verwirklichen, denn ich war vollkommen gefangen in einer Liebe zu einer anderen Frau – nicht frei für dich. So fehlten dir meine Zuwendung und Beachtung.«

Ana Maria liefen kalte Schauer über den Körper, als sie von der verschmähten Liebe hörte.

Richard legte eine Pause ein. Er war froh, den schwersten Teil der Geschichte gleich zu Anfang berichtet zu haben. Nun war es ausgesprochen.

»Du hast dich missachtet und abgelehnt gefühlt. Deine Liebe zu mir wurde nicht angenommen; ein großer Schmerz für dich. Zu groß! Wie ein schwarzer Knoten hat sich in dir eine Verkrampfung gebildet.«

Ana Maria spürte dort, wo das Zwerchfell ansetzt, einen Stich in ihrer Wirbelsäule. Die Muskeln wurden hart. Sie hatte häufiger

Rückenschmerzen und auch bereits einen leichten Bandscheibenvorfall hinter sich. Gott sei Dank war dieser relativ schnell geheilt. Dies war direkt in der Zeit nach ihrer Rückkehr aus Berlin gewesen.

»Dich konfrontierte meine Zurückweisung auch mit einer Schande. Vor der Familie, den Freunden und Bekannten erschienst du als verschmähte Braut. Du hast dich dann mit einem Mann vermählt, den du nicht wolltest. Dein ganzes Leben stand unter dem Leid dieser Erfahrung.«

»Und du?«, fragte Ana Maria. Sie merkte, dass ihr die Geschichte zu viel wurde. Sie fühlte sich schlecht. Gefühle von Ärger und Ablehnung stiegen in ihr auf.

Richard soll sich nicht in mein Leben einmischen. Das steht ihm nicht zu!, dachte sie.

»Ich war vollkommen gebunden. Meine Existenz stand in der Abhängigkeit zu einer Frau, die ich nicht erreichen konnte, die nie meine Frau werden würde. Das ließ mich leiden. Vielleicht sogar ähnlich wie dich. Doch es gab keinen Platz, dich zu beachten, obwohl du mir ein geliebter, wertvoller Mensch warst.«

»Das klingt jetzt aber ganz schön herablassend«, warf Ana Maria ein. In ihr stieg Wut hoch. Ihr ganzer Körper verkrampfte sich.

»Für dich. Ja. Das stimmt. Doch in meiner Gefühlswelt sah es nicht besser aus als bei dir. Allerdings habe ich nicht wegen dir gelitten, sondern wegen einer anderen Frau.«

Ana Maria schaute stur geradeaus. Sie war nicht bereit für eine Versöhnung.

Das geht doch alles auf meine Kosten, ging es ihr durch den Kopf.

»Lass mich weitererzählen«, meinte Richard. Er fühlte sich unsicher. Was ich sage, verletzt Ana Maria! Das möchte ich nicht!, dachte er.

»Die Reise führte auch nach Lettland – einige Jahre später in der Zeitrechnung. Dort verbrachten wir, ich als deine Mutter mit dir als Tochter, ein äußerlich ruhiges Leben. Ich habe dich über die Maßen geliebt, beachtet und gesehen. Wir gehörten ganz eng zusammen, waren wirklich vertraut miteinander.«

Ana Maria entspannte sich etwas, als sie dies hörte.

»In dieser Zeit hast du weiter diese schwarze Verkrampfung in dir getragen. Du hattest Depressionen. Ich war bei dir, habe versucht zu helfen, doch das Dunkle war stärker. Als Frau und Mutter konnte ich deine Gefühle der Schande und Missachtung, die ja in einer Beziehung zu einem Mann geboren wurden, nicht beseitigen. Sie wurden nicht gelöst und du trägst sie weiter. Ich bin gestorben und deine Trauer ist geblieben.«

Richard gönnte sich keine Pause. Die Probleme zwischen Ana Maria und ihm sollten eine Lösung finden.

»Dann ging meine Reise zu einem Ort im Jenseits – einer Zwischenwelt. Versöhnung hat uns umgeben, weil wir uns unserer Verbindung und Vertrautheit sicher fühlten. Es wird sie immer geben. Immer!«

Richard zögerte, bevor er weitersprach.

»Ich habe noch etwas gesehen und gelernt, was eigentlich vollkommen selbstverständlich ist, aber doch schwer zu leben. Es existiert nicht allein unsere Liebe, sondern es bestehen ebenso für jeden von uns enge Bindungen zu anderen Menschen. Ich habe verstanden, dass dies sein darf und es mir nie deine Liebe rauben kann. Dieses Wissen, dass wir zusammengehören und dass die Angst davor, die Liebe des anderen zu verlieren, vollkommen unnötig ist, soll auf dieser Erde gelebt werden.«

Ana Maria spürte, dass ihr diese Worte gut taten.

Richard liebt mich ganz ehrlich. Er lässt mich meinen Weg gehen, sprach sie in Gedanken zu sich.

Richard betrachtete Ana Maria. Er wollte, dass sie ihn verstand.

»Ich denke, ich und du, wir haben in dieser geistigen Welt erkannt, wie wichtig wir füreinander sind. Das möchte ich dir auch jetzt sagen. Du bist sehr schön, Ana Maria, du bist mir sehr wertvoll. Ich achte dich.«

Eine Pause entstand.

Er sieht mich. Ich bin ihm wichtig. Ana Maria öffnete ihr Herz.

»Ich achte auch deine Beziehung zu Alejandro. Es fällt mir nicht leicht. Aber ich denke, das ist wirklich wahr.«

Ana Maria spürte, wie Empörung in ihr aufstieg. Was waren das für Worte? Wenn er sie liebte, dann sollte er auch darunter leiden, dass sie mit Alejandro zusammen war! Ihr ging das alles zu schnell. Sollte sie einfach glauben, was sie hörte?

Sie schaute auf ihre Uhr. Es war schon viel später, als sie gedacht hatte. So lange hatte sie gar nicht mit Richard zusammen sein wollen. Sie hatte beabsichtigt, ihm die Stadt zu zeigen, vorsichtig zu spüren, was zwischen ihnen war – und nun kam er mit solchen alles überwältigenden Geschichten.

Dafür ist noch nicht die Zeit, sagte sie sich.

»Ich werde darüber nachdenken. Lass mir etwas Zeit. Wir haben uns so lange nicht mehr gesehen. Es ist jetzt auch schon spät. Ich muss noch zu einer Besprechung an die Uni.«

Die letzte Bemerkung entsprach allerdings nicht der Wahrheit.

»Ich hole dich morgen um neun zum Frühstück ab«, ergänzte sie noch.

Ana Maria erhob sich. Sie wollte weg. Noch stand die Mauer, die sie gegenüber Richard aufgebaut hatte.

Richard war überrascht von dem abrupten Ende, das Ana Maria setzte.

»Ja gerne, dann sehen wir uns morgen. Ich freue mich«, hörte er sich sagen.

Sie nahmen sich in den Arm. Wieder etwas länger, als es für einen Abschied notwendig war.

Richard schaute ihr in die Augen. »Meinst du, dass ich irgendwann diese schönen Lippen wieder küssen darf?«, fragte er.

»Vielleicht«, war ihre Antwort.

Was war das wieder für eine Frage? Merkte er denn nicht, dass es ihr zu viel war! Und er dachte ans Küssen.

Eilig ging sie davon. Sie wusste, dies war eine Flucht. Aber was sollte das?

Er kommt nach Madrid, bringt meine Gefühle und mein Leben durcheinander, morgen fliegt er dann wieder nach Berlin zurück. Dann das Gesülze mit den anderen Beziehungen. Was will er denn? Warum kann er nicht klipp und klar sagen, dass ihn meine Beziehung zu Alejandro stört und dass er bei mir bleiben will ...

Was für ein Blödmann! Außerdem lebe ich glücklich mit Alejandro zusammen. Richard kann nicht für drei Tage vorbeikommen und das kaputtmachen.

Sie war sauer! Heftig trat sie gegen einen Kieselstein, der ihr im Weg lag.

Wir haben doch lange genug probiert, eine gute Beziehung zu führen. Es hat nicht geklappt! Immer war in mir das Gefühl, ihm ist anderes wichtiger als ich. Natürlich bedeutet er mir noch etwas. Ja, vielleicht ist das Liebe! Andererseits ... muss sich Liebe nicht anders – besser – anfühlen? Will er mich zur Frau? Wenn ja, warum erzählt er dann so ein Zeug? Wie soll das denn gehen: Meint er, ich soll mit ihm und Alejandro zusammenleben?

Mit diesen wirren Gefühlen und Gedanken kam sie zu Hause an, schmiss sich auf ihr Bett und heulte!

Richard fühlte sich ratlos, nachdem ihn Ana Maria verlassen hatte. Erschöpft saß er auf seinem Stuhl. »Vielleicht« bedeutet bei Ana Maria wohl eher »nein«, dachte er. Offensichtlich ist sie nicht bereit, einen Schritt auf mich zuzumachen. Sie hält Distanz. Ich spüre, dass dies nicht ihrem inneren Empfinden entspricht, aber sie bleibt trotzdem dabei.

Er wollte noch ein wenig durch die Stadt laufen. Der Gedanke, jetzt zurück zur Wohnung zu gehen, stimmte ihn traurig. So schlenderte er gedankenverloren durch die Straßen. Als er am Parque del Buen Retiro vorbeikam, freute er sich darüber, der Natur zu begegnen. Erinnerungen an die sieben Tage in der Wildnis stiegen auf. Er konnte das Leben der Pflanzen um sich spüren. Unter einem großen Baum, etwas abseits der Parkwege, setzte er sich angelehnt an den Stamm auf den Boden. Stille umgab ihn. Er wollte Rat von seinen geistigen Helfern holen. Was übersah er? Warum fühlte er sich derart verloren und leer?

Leise begann er im Rhythmus, den ihn der Schamane gelehrt hatte, zu singen über das, was an Gedanken und Gefühlen in ihm war. Er schloss die Augen und Bilder tauchten auf.

Die Ehrung des Weiblichen

Durch eine enge Röhre führt der Weg zu einer Wiese. Rechts am Horizont scheint ein großes, helles Licht.

Ich finde mich in einer Gruppe Menschenseelen wieder – weiterhin umgeben vom Gefühl der Verlorenheit. Einige Schritte laufe ich in Richtung des Lichts, knie nieder und bete – suche Führung.

Ich höre eine Antwort: »Geh deinen Weg! Hab Vertrauen!«

Dann taucht vor mir die dunkle Silhouette meines Wolfs auf. Er leitet mich: Ein Kanal, der nach unten führt, zeigt sich. Langsam bewege ich mich hinab in düstere Nebelschwaden, die mich umgeben. Immer wieder, wenn die Nebelfetzen sich ein wenig lichten, erkenne ich die Gestalt des Wolfs.

Wolken der Angst und Düsternis hüllen mich ein.

Der blaue Planet Erde lässt sich unter mir erkennen. Wo ich mich jetzt aufhalte, befindet sich der Ort, der die Menschenseelen in ihrer Angst an die Erde bindet und sie nicht den Weg zum Licht gehen lässt.

Weiter gleite ich hinab und betrete die Erdoberfläche. Ein Dorf. Menschen sind nicht zu erkennen. Es herrscht Krieg. Schüsse, Waffen, Tote! Dies ist ein Erdenort der Angst. Soldaten beschießen das Dorf. Ich kann sie nicht erkennen, aber ich weiß von ihnen. Es herrscht große Not.

In einem Haus wartet eine Frau mit ihren Kindern darauf, dass die Bedrohung ein Ende findet. Angsterfüllte Augen! Sie hat Angst, um ihre Kinder, um sich – auch um ihren Mann, der gegen die Soldaten kämpft. Armut, Not, Leid, Schmerz!

Auch in den anderen Häusern leben Frauen. Sie trauern um gefallene Söhne, Männer, Brüder. Sie trauern um getötete Kinder, Schwestern, Mütter. Sie tragen den Schmerz aus der Erfahrung von Gewalt und Verletzung. Tiefe Furcht liegt in ihnen. Sie wollen überleben, damit die Familie weiter versorgt werden kann. Über diesem Dorf liegt ein düsterer Schatten.

Ich bin hierher gereist an diesen Ort des Leidens, um ihn zu erfahren. Gibt es Hilfe? Was kann ich tun?

Alle sollten zum großen Licht reisen, doch sie bleiben in dieser Angst gefangen. Wie kann ich helfen? Das Dorf brennt. Die Toten verbrennen. Die Lebenden fliehen fassungslos. Hier geschieht Unrecht!

Dann sehe ich sie. Strahlend! Licht fällt auf das Dorf. Immer wieder reißt die Düsternis auf und erlaubt der Helligkeit einen kurzen Augenblick des Seins. In der Mitte des Dorfes erhebt sich eine große Frauengestalt und wächst zum Himmel. Keine Maria, keine Heilige ... eine Frau aus der Dorfgemeinschaft. Immer mehr wächst ihre Erscheinung zum Himmel. Noch sehe ich Tränen in ihrem Gesicht. Sie ist keine Schönheit – alltäglich bekleidet. Doch von ihr geht Helligkeit aus.

Noch ist die Helligkeit in einem Nebelkokon gefangen. Die heilige Figur der Frau. Achte die Mutter!

»Achte die Gefühle der Frau! Gib ihr, was ihr zusteht. Weiche dem nicht aus! Verzichte auf Groll, Schmerz und Vergeltung, die du in dir trägst. Sieh das große Unrecht und Leid, die Gewalt, die verlorenen Kinder, die gestorbenen Väter, Söhne und Männer.« So vernehme ich eine Stimme, die zu mir spricht.

Durch mein Sehen der Frau wird es heller. Durch die Achtung des Weiblichen in jeder Frau wird es heller. Dies ist Versöhnung.

Die Frau will geehrt sein. Das Weibliche will geehrt sein! Die Mutter, die Schwester, die Tochter, die Ehefrau, die Freundin, die Geliebte.

Ich werde sie ehren, für das, was sie dem Leben schenkt. In jeder Frau ist zu erkennen, was ich hier sehe. Dieses Bild soll in das irdische Sein getragen werden und ich werde meinen Teil hierzu leisten.

»Sieh die Helligkeit, die von diesem Urbild der Frau ausgeht. Achte dies, auch wenn sie dich verletzt, du dich nicht angenommen fühlst«, spricht die Stimme zu mir.

Mit dieser Erkenntnis komme ich zurück von meiner Reise.

Richard öffnete die Augen. Er schaute in das fahle Licht der Abenddämmerung. Große Dankbarkeit war in seinem Herzen. Was er gesehen hatte, versöhnte ihn mit dem Tag. Er hatte Heilung erfahren und wusste, diese Heilung galt nicht allein ihm. Er sollte sie weitertragen.

In seiner Vorstellung sah er Ana Maria – das Weibliche in ihr soll geehrt sein. Wie versöhnend fühlte sich dieser Gedanke an. Was immer auch ihre Weiblichkeit verletzt hat, welchen Schmerz sie auch erlitten hat, er sollte sie anerkennen. Hinter dieser Verletzung ruhte ihre Schönheit. Ana Marias abweisendes Verhalten, ihre Kühle und Kontrolle, es war ihm keine Freude, aber trotzdem gab es bei ihr, so wie bei der Frauengestalt, die in ihrer Größe bis zum Himmel reichte und die Erde erhellte, das Leben schenkende und bewahrende Weibliche.

Nur wenn Ana Maria sich gesehen fühlt, wird sie mich und meine Männlichkeit annehmen können. Auf diese Weise wird die Düsternis der Angst vertrieben. Ich werde Ana Maria nicht verlieren, denn wir sind miteinander verbunden, was auch immer sich im Erdendasein ergeben mag.

Richard wollte diesen Abend alleine verbringen. Er suchte sich ein Restaurant, speiste dort zu Abend, schrieb das heute Erlebte in sein Gedankenbuch und kehrte dann zurück zu seiner Wohnung. Morgen würden Ana Maria und er gemeinsam frühstücken. Am Nachmittag ging sein Flugzeug zurück nach Berlin.

Seine Gastgeber waren noch wach, als er in die Wohnung kam. Gemeinsam tranken sie ein Glas Wein. Richard erzählte von dem, was er in Madrid gesehen hatte. Das Gespräch drehte sich um Kunst und Kultur. Richard freute sich, auf diese Weise den Abend beenden zu können. Er dankte für die zuvorkommende Gastfreundschaft und verabschiedete sich. Morgen würden seine Gastgeber die Wohnung früh verlassen.

Vor dem Einschlafen wünschte er Ana Maria eine gute Nacht. Er freute sich auf ihr morgiges Treffen.

Die Nacht war erholsam und traumlos gewesen. Nun wartete Richard darauf, dass ihn Ana Maria abholte. Gedanken dazu, warum sie ihn gestern so abrupt hatte sitzen lassen, wollte er sich nicht mehr machen. Liebe zu ihr erfüllte ihn – auch wenn er ihre Angst und Verlorenheit spürte.

An diesem Morgen beeilte sich Ana Maria, um pünktlich bei Richard einzutreffen. Sie fühlte sich deutlich entspannter als am Tag zuvor und war sich sicher: Richard wartet auf mich, er beachtet mich, er findet mich schön und begehrenswert. Das fühlt sich gut an.

Ana Maria war voller Ungeduld, Richard zu sehen.

Freudig ging er zur Tür, als es klingelte. Ana Maria lächelte. Sie nahmen sich in den Arm.

»Gut geschlafen?«, fragte Richard.

»Geht so. Bist du schon fertig? Sollen wir gleich losziehen?«

Ana Maria fühlte sich an die gemeinsame Zeit in Berlin erinnert.

»Ja, können wir. Ich muss nur noch die Schuhe anziehen und darf den Schlüssel nicht vergessen.«

Fröhlich gingen sie die Treppe zur Haustür hinab.

»Ich kenne ein nettes Café nicht weit von hier«, meinte Ana Maria. »Lass uns dahin gehen.«

Auf dem Weg drehte sich ihre Unterhaltung um Belangloses. Richard erzählte ein wenig, was er gestern noch von seinen Gastgebern erfahren hatte. Im Café angekommen gaben sie ihre Bestellung auf und beide fühlten sich bereit für eine tiefere Begegnung.

»Was du gestern erzählt hast, von der verschmähten jungen Frau ...«, begann Ana Maria das Gespräch, »das war schon ...«, sie rang nach den richtigen Worten. Auch wenn sie Deutsch studierte und in Berlin viel gelernt hatte, fehlten ihr manchmal die deutschen Ausdrücke, um genau zu beschreiben, was sie meinte. Sie fühlte und dachte auf spanisch.

Noch einmal setzte sie an: »Es war mir zu viel! Was hat sich denn für dich geändert, dadurch dass du diese geistige Reise gemacht hast?«

Erwartungsvoll schaute Ana Maria Richard an. Vielleicht war es besser, wenn er zuerst von sich erzählte.

»Weißt du, was noch dazu gehört und für mich ganz, ganz wichtig ist: Durch die Begegnung mit dem Schamanen fühle ich mich angekommen. Wenn du früher an mir kritisiert hast, dass ich nicht weiß, was ich will, ich die ganze Zeit auf der Suche bin, dann gibt es jetzt das Gefühl, zumindest einen Startpunkt gefunden zu haben. Das schenkt mir Zufriedenheit. Du hast recht, wenn du sagst, ich war nie ganz bei dir. In mir gab es einen Widerstand, mich zu binden, denn das hätte bedeuten können, nicht mir zu folgen. Verstehst du, was ich meine? Ich musste erst mich selbst finden. Dadurch bin ich erwachsen geworden. Zumindest ein bisschen.«

Ana Maria nickte. Diese Worte zu hören freute sie.

Richard fuhr fort. »Dann habe ich auf dieser geistigen Reise viel besser verstanden, was auf unserer Beziehung lastet.« Er schaute Ana Maria an. Es erschien ihm unnötig, ja fast verfälschend, noch mehr über das Erfahrene zu sprechen.

»Ja, es ist gut so«, meinte Ana Maria.

Ihr Gespräch wandte sich wieder anderen Themen zu. Die gemeinsame Zeit in Berlin wurde gegenwärtig; ihre Ausflüge, Theaterbesuche ... So verging die Zeit. Als Ana Maria auf die Uhr schaute, war es tatsächlich Zeit zu gehen. Heute wäre sie gerne noch etwas länger geblieben.

»Ich muss los«, sagte sie. »Bin schon etwas spät dran. Wir Spanier sind zwar gerne etwas unpünktlich, doch zum Arbeitsbeginn muss ich erscheinen. Schön, dass du da warst Richard. Wir schreiben uns oder telefonieren.«

Richard war aufgestanden. Ana Maria gab ihm einen Kuss auf die Wange. Sie nahmen sich noch einmal in den Arm.

»Schade, dass die Zeit schon vorbei ist. Ich bin sehr froh, dich gesehen zu haben. Wir bleiben in Kontakt. Ganz sicher«, sagte Richard.

»Einen guten Flug. Grüß Berlin!«

So gingen sie auseinander.

Ana Maria war froh und traurig zugleich, als sie das Café verließ. Die alte Verbindung mit Richard bestand immer noch!

Richard saß noch ein Weilchen am Tisch. Er fühlte sich erschöpft, empfand aber auch, dass richtig war, was geschah. Natürlich hätte er Ana Maria gerne mit nach Berlin genommen. Dann nahm er sein Gedankenbuch zur Hand und schrieb, was der Augenblick ihm diktierte.

Der Augenblick

Versuche nicht mehr, als den Augenblick zu verstehen. Mehr ist nicht möglich. Allein er zählt und führt dich ganz sicher. Gib ihm seinen Raum, damit er sich weit ausdehnen kann. Ehre dein Leben! Habe Freude am Leben!

Vergiss die Zukunft, denn für den Augenblick hat sie keine Bedeutung, sondern umgekehrt der Augenblick hat für die Zukunft Bedeutung. Sieh gelassen den Augenblick und versuche nicht, ihn zu bedrängen, ihn zu lenken oder zu bestimmen. Er ist endgültig! Akzeptiere diese Endgültigkeit. Es geht um dich.

Lass deinen Geist sich ausruhen. Zerstöre nicht, was wachsen will, indem du daran zerrst, es zu stark gießt oder beschattest. Ruhe in deiner Kraft und schenke dem Augenblick deine Gelassenheit und alles wird gut sein! Lass dich vom ihm bezaubern und versuche nicht, ihn zu bezaubern. Gib dir Zeit!

Du bist du

Du bist du. Dieser Vulkan, der aus dem Meer ragt. Nur ein unbedeutender Teil von dir liegt oberhalb des Meeres im Bewusstsein. Der Rest ist verborgen in großer Tiefe. Ehre diesen Vulkan, der sein Feuer zum Himmel spuckt. Nie wird es möglich sein, alle seine Tiefen zu ergründen. Nie!

Was er nach oben wirft, das lässt sich verstehen und ist genug für diese Welt. Sei dieser Vulkan im Meer und sei auch die kleine Insel im riesigen Ozean, an der sich die Wellen brechen. Auch wenn die Wellen die Insel überfluten, bleibt sie bestehen.

Zurzeit überfluten dich die Wellen. Sei sicher, dass du bist und sei sicher, du wirst wieder auftauchen. Jeder Sturm geht vorüber. Bleib gelassen! Hab Vertrauen! Bald wird neu ergrünen, was jetzt unter der Oberfläche ruht.

Beruhige dein Herz, das vor Aufregung schlägt. Beruhige deinen Geist, der verwirrt ist. Schau, wer du bist und immer sein wirst. Sei Halt und Zuflucht für die Schiffer im Meer. Sei dieser sichere Zufluchtsort für alle, die das Meer durchfahren. Sei der starke Mann, der du bist.

Er zahlte, kaufte einen schönen Blumenstrauß für seine Gastgeber und ein bisschen Reiseverpflegung, ging zu seiner Wohnung, packte seine wenigen Sachen und machte sich auf den Weg zum Flughafen.

Die Unruhe, die Richard beim Hinflug gespürt hatte, war vorbei. Freude, Gelassenheit und ein wenig Traurigkeit fühlte er. Er nahm sein Gedankenbuch zur Hand.

Schritt für Schritt

Das Leben stellt uns Menschen Aufgaben. Oft verfangen und verwickeln wir uns darin. Sie werden zu unserer Welt, zu unserer Angst und Sehnsucht. Mächtige Gefühle bestimmen den Entwicklungsweg. Dann – nach langer Zeit – nähert sich der Mensch der Lösung. Beruhigung tritt ein. Frieden. Das schafft Raum für das Neue.

Manchmal geben wir das Thema unserer Aufgabe auch weiter. Was wir erfahren haben, ob es Missachtung war oder enttäuschte Liebe, Gewalt oder Lüge – wir machen unsere Erfahrung damit auch, indem wir auf diese Weise handeln. So entstehen kollektive Entwicklungen.

Wir sollten noch eins bedenken: Selbst wenn wir die Lösung erahnen, müssen wir uns mit anderen Menschen Schritt für Schritt entwickeln, um sie in der materiellen Welt zu erreichen.

Wieder in Berlin

Richard war neugierig auf das Leben. Die Begegnung mit Ana Maria hatte ihm Mut gemacht.

»Auch wenn Ana Maria sehr reserviert mir gegenüber war, so weiß ich, dass ein starkes Band der Liebe zwischen uns besteht«, sagte er sich.

Viele neue Perspektiven eröffneten sich. Es sprach sich herum, dass er schamanische Rituale durchführte. Menschen, die Hilfe suchten, kamen zu ihm. Die Zeit des Lernens nahm neue Formen an. Einige Begegnungen waren ihm dabei von besonderer Bedeutung und diese notierte er auch in sein Gedankenbuch.

Robert, ein älterer Mann, allem Spirituellem gegenüber aufgeschlossen, hatte ihn aufgesucht, um seinen Rat zu suchen. Er war ein Mensch, der offen auf andere zuging, immer bereit, seine Unterstützung anzubieten. Eher stellte er die eigenen Bedürfnisse zurück, als andere zu begrenzen. Robert klagte über ein Gefühl: Ines, seine Lebensgefährtin, würde zu sehr an ihm »zerren«. So drückte er das aus. Dabei meinte er weniger das Alltägliche, sondern ein tiefer liegendes Empfinden. Er spürte ein Unbehagen, nicht frei seinem Schicksal begegnen zu können. Er fühlte sich abhängig, Teil eines Machtkampfes, den er nicht führen wollte, ohne zu wissen, was da geschah.

Richard wusste, dass er hier einem Menschen mit besonderer Sensibilität begegnete. Dieser Mann schien etwas zu ahnen, das für sein Leben von großer Bedeutung war, ohne dies in Worte fassen zu können. Richard beschloss, ein schamanisches Ritual durchzuführen. Er bereitete sich sorgfältig vor. Räucherte sein großes Arbeitszimmer mit Eiben- und Wacholderzweigen; bat seinen Gast bequem auf Kissen Platz zu nehmen und begann dann, leise die Schellentrommel zu schlagen und mit Gesang zu begleiten.

Ihr großen Geister und Götter
führt mich in die andere Welt,
damit ich Hilfe finde
für diesen Menschen.

Seht, mein Herz ist rein.
Ich möchte der Liebe dienen,
der Versöhnung und dem Frieden.
Dafür bitte ich um eure Hilfe.

Robert sucht Freiheit.
Er soll sie besitzen.
...
Richard sang sich in eine meditative Stimmung. Er bat seinen Wolf um Führung.

Der Lebensfaden

Der Wolf führt mich zu einem Berg. Am Hang öffnet sich ein geräumiger Gang. Wir durchschreiten diesen und er mündet in einen höhlenartigen Raum. Eine alte Frau sitzt dort auf einem Stuhl und strickt.

»Ha, ha! An seinem Lebensfaden stricke ich und er muss dem folgen«, spricht sie.

Ich schaue sie an und sie erschrickt darüber. Sie versucht zu beschwichtigen.

»Ist doch nur ein kleines Spiel«, sagt sie. Sie presst das Gestrickte an sich. »Es ist doch harmlos, was ich hier mache.«

Ich weiß, ich muss sie überlisten, denn mit Gewalt finde ich keine Lösung. Die alte Frau ist ein Teil von Ines und sie strickt am Lebensfaden von Robert.

Sie weiß natürlich, dass ich sie überlisten will. Sie hält die Nadeln fest in der Hand. Ich schaue ihr in die Augen.

»Du, Ines, es ist das Leben von Robert«, spreche ich zu ihr.

Sie schaut etwas verlegen.

Ich sage ihr noch mal: »Ines, es ist das Leben von Robert. Er bestimmt darüber.«

Sie hält in ihrem Stricken ein. Mein Wolf kommt hinzu und stupst sie leicht. Noch will sie nicht nachgeben.

»Es ist doch harmlos, was ich mache«, sagt sie. »Alles ganz harmlos. Lass mich doch. Ich stricke doch nur ein bisschen.«

Sie freut sich über meine Machtlosigkeit.

Doch dann greife ich, als sie einen Augenblick unachtsam ist, mit meiner rechten Hand flink die linke Nadel und sie entgleitet ihr. Maschen lösen sich. Überrascht schaut sie zu mir. Da nehme ich mit der linken Hand die rechte Nadel. Ines klammert sich mit den Händen an das Gestrickte. Ich ziehe am Anfang des Fadens. Ziehe und ziehe und die Form löst sich auf. Sie kann mich nicht daran hindern. Ines steht auf und stampft wütend auf den Boden.

Der Faden verschwindet nach oben durch die Erde aus der Höhle hinaus. Ich halte noch die Stricknadeln in der Hand. Derweil schrumpft die alte Frau und verschwindet im Erdreich. Nur der leere Stuhl steht nun in der Erdhöhle.

Ich sage noch einmal ganz deutlich an diesem Ort: »Ines, du hast keine Macht über das Leben von Robert. Du hast keine Macht! Er ist frei, selbst sein Leben zu bestimmen.«

Nun steht eine junge Frau mit einer schönen, hellen Gestalt neben mir. Ines hat sich gewandelt.

»Danke, dass du mir diese Aufgabe weggenommen hast. Ich habe schwer an ihr getragen. Danke, dass ich sie nicht mehr erfüllen muss«, sagt sie.

Noch einmal empfindet sie in ihrem Herzen, Macht haben zu wollen. Noch einmal verschwindet sie in die Erde. Noch einmal wiederholt sich, dass der Faden aus der Höhle durch die Erde nach oben verschwindet.

Ich zerbreche die Nadeln und zerstöre den Stuhl und lasse die Teile auf dem Boden liegen, sodass sie zu Erde werden können.

Die junge Frau steht nun wieder neben mir und in ihrem Herzen spürt sie einen Stich, als Stuhl und Nadel zerbrechen. Sie möchte sich noch einmal wehren.

»Noch ist der Kampf nicht vorbei«, sagt sie.

»Doch, es ist vorbei«, erwidere ich. »Es ist vorbei, Ines. Robert ist ein freier Mensch.«

Mein Wolf kommt zu mir. Ines ist nicht mehr anwesend. Mein Wolf und ich verlassen diese Höhle und tauchen aus einem Meer auf. Wir kommen an das Ufer, betreten das Land. Wir wissen, es war ein harter Kampf.

Wir rufen Robert und sprechen zu ihm: »Nimm dein Schwert und zerschlage alte Bindungen.«

Robert ergreift das Schwert und zerschlägt schwarze Seile, die ihn gefesselt halten. Er strahlt im Licht.

»Immer, wenn ein anderer Mensch versucht, eine Verbindung an dir zu befestigen, zerschlägst du sie. Weil du frei bist. Frei in deinem Denken, Tun und Fühlen«, wende ich mich an ihn.

Robert ergreift das Wort. »Gott, nur dir gehört Macht über mich. Dir allein.«

Er kniet nieder. Helles Licht erfasst ihn – schenkt ihm Kraft und Nahrung.

Es tritt eine Pause ein. Ich weiß, es gibt noch mehr zu schauen. Die Reise führt zur Wiese, auf der die Menschenseele ihren Weg zum Licht erkennt. Ich sehe Robert dort stehen.

»Ines, ich stehe hier auf der Wiese. Das große Licht ist da!«, sagt Robert. »Wenn du möchtest, komme zu mir. Ich warte auf dich. Spüre, wie schön dieses Licht ist. Unendlich schön!«

Ines bewegt sich langsam auf Robert zu. Sie nehmen einander in die Arme; gehen gemeinsam in Richtung des Lichts; spüren Gott.

Ich spreche zu Robert: »Bleibe dieser starke Mann. Lass dich nicht einengen. Schaue in das Licht!«

Dann wende ich mich Ines zu: »Deine Seele will in die Welt strahlen und der Dunkelheit Helligkeit schenken. Das ist nur möglich, wenn du selbst auf das Licht schaust und den Weg dorthin gehst.«

Richard öffnete die Augen und schaute auf Robert, der ruhig auf seinen Kissen saß.

»Kehre zurück in diese Welt«, sagte Richard.

Robert öffnete die Augen. Er fühlte sich befreit, freudig und auch müde. Sie sprachen noch längere Zeit über die Empfindungen und Bilder, die ihnen begegnet waren. Robert spürte, dass er in die Freiheit entlassen worden war. Von ihm war eine große Last gefallen.

Ines hingegen benötigte Zeit. Zuerst war es eine tiefe Verlorenheit, die sie umfing, die später in Angst überging. Doch davon befreite sie sich und es gelang ihr, sich in der Begegnung mit ihrem Lebensgefährten öffnen.

Der Erfolg der schamanischen Rituale machte Richard immer bekannter. Richard bemerkte, dass insbesondere Menschen ihn aufsuchten, die Heilung in der Beziehung von Mann und Frau suchten. Offensichtlich bestimmte dieses Thema nicht nur privat sein Leben.

Eine weitere Begegnung hatte einen tiefen Eindruck bei ihm hinterlassen. Eine junge Frau, Mira, war zu ihm gekommen. Sie wurde häufig von heftigen Nierenschmerzen, auch Nierenentzündungen, geplagt. Im Gespräch stellte sich heraus, dass diese Beschwerden im Zusammenhang mit einer Beziehung zu einem Mann standen, den sie seit einem Jahr kannte und sehr liebte. Es bereitete ihr Schmerzen, dass der Kontakt zu ihm über all die Zeit distanziert blieb. Sebastian, so war der Name des Bekannten, wohnte in Lübeck und hatte dort auch eine Freundin. Sie telefonierten viel und sahen sich auch immer wieder, wenn er beruflich in Berlin war. Doch sie wünschte sich mehr.

Für Mira bereitete Richard ein schamanisches Ritual vor, stimmte sie und sich mit Gesang und Schellentrommel ein und begab sich auf eine Reise.

Unberührbar in Liebe

Mein Wolf begleitet mich. Nordindien liegt unter uns. Ich erkenne Wasserspiele, Bäume, Büsche und Blumen im prächtigen Garten eines Palastes. Wir befinden uns in der Zeit um 400 vor Chr.

Eine schöne junge Frau, eingehüllt in einen rötlich-gelben Sari, der auch ihren Kopf bedeckt, weilt im Garten und betrachtet seine Schönheit. In einer gewissen Distanz zu ihr steht ein junger Mann, auch sehr fein in ein mit Edelsteinen besetztes, seidenes, blau-weißes Gewand gekleidet. Die beiden jungen Leute haben gerade geheiratet.

Ich weiß, der junge Fürst und seine Frau sind den Seelen von Mira und Sebastian zugehörig.
Das erste Mal in ihrem Leben begegnen sie sich ohne Aufsicht. Große Beklommenheit und Unsicherheit haben sie erfasst. Er soll handeln, fühlt der junge Mann. Doch die Idee von Intimität zwischen ihm und seiner Frau erschreckt ihn zutiefst.

Auch der kleinste Schritt in diese Richtung soll nicht sein, meint er. Es ist nicht möglich, dass zwischen uns stattfindet, was ich von Tieren kenne, was ich mit Gespielinnen erfahre. Dieses Tun wäre gegenüber meiner Frau, die ich derart verehrenswert, edel, anmutig und liebenswert in diesem Garten betrachte, verboten und schmutzig, denkt er.

Andeutungen ihrer Mutter begleiten die Gefühle der jungen Frau. Sie wartet auf ihn. Sie verbietet sich zu wollen.

So befinden sich die beiden jungen Menschen im Garten und er wagt noch nicht einmal, mit ihr zu sprechen. Schüchtern und verlegen bietet er seiner Ehefrau einen Platz zum Sitzen an und hält sich dann abseits. Sie zu berühren scheint unmöglich. Er ist ratlos – vollkommen ratlos!

Natürlich wird er weiter mit seinen Gespielinnen zusammen sein. Es bereitet ihm Freude. Aber das, was dort geschieht, kann nicht das Gleiche sein, was er und seine Ehefrau miteinander leben. Der junge Fürst verbietet sich Gefühle des Begehrens. Er verehrt seine Ehefrau!

Die Fürstin kann nur warten. Sie hat keine Vorstellung, was auf sie zukommen mag. Behütet ist sie aufgewachsen. Manchmal in der Nacht berührt sie den Bereich ihrer Intimität. Doch dieses Tun findet keinen Zugang zu ihrem Bewusstsein.

Du bist mir zu heilig, zu wichtig, als dass ich mich getraute, mit einem profanen Gefühl an dich heranzutreten, spricht der junge Mann in Gedanken. Ich gestehe mir nicht zu, dich zu begehren. So lebst du in deinen Gemächern und ich in meinen. Zwischen uns herrscht Liebe und Vertrauen und zugleich existiert eine nicht überschreitbare Schwelle. Eine körperliche Berührung entspricht nicht dem Umgang mit einer Person deines Standes. Du bist mir heilig und ich werde niemals die Alltäglichkeit meines Begehrens an dich richten.

Die beiden jungen Menschen leiden an der Unberührbarkeit, ohne darüber zu wissen.

Man fragt uns, warum wir keine Kinder haben, überlegt die Ehefrau. Ich weiß keine Antwort und auch mein Mann nicht. Man sagt, es sei meine Schuld. Warum bleibe ich kinderlos? Die Verwandten meinen, ich sei nicht die richtige Frau für dich.

Der Fürst zeugt Kinder mit seinen Gespielinnen. Die Frauen mit den Kindern leben in der Nähe des Palastes und werden versorgt. Sie werden Teil des Hofstaats.

Du meine wunderschöne Frau, die ich wirklich aus ganzem Herzen liebe, von der ich verehrenden Abstand halte, weil meine profanen Gefühle dich nicht berühren sollen: Du bleibst in meiner Nähe; ich baue dir einen kleinen Palast; Bedienstete sind bei dir; der Garten ist deiner. Doch du wirst von mir als meine Ehefrau getrennt. Ich heirate erneut. So schaut der Mann auf sein Leben. So spricht er zu sich selbst und zu seiner Liebe.

Die neue Fürstin ist ihm nicht heilig. Er soll sie behandeln wie die Gespielinnen, hat ihm sein Onkel geraten. Er ruft sie in sein Bett, kommt in ihre Gemächer und sie gebiert Kinder.

Nie würde ich etwas tun, dir, meiner wahren Liebe, zu schaden, spricht der Mann zu sich.

Doch indem er diesen kleinen Palast, diesen goldenen Käfig für seine erste Frau baut, geschieht, was sie verletzt. Hier lebt und wartet sie auf ihn – auf seine Berührung. Er weiß davon. Sie sehnt sich nach ihm. Aber niemals gesteht sie sich ein, dass ihr Körper nach seinem ruft und niemals würde sie danach verlangen.

Sie versteht nicht, was ihr geschieht. Warum bekommt diese neue Fürstin Kinder von ihrem Mann, fragt sie sich. Sie denkt sehr oft an ihn; sitzt im Garten und wünscht, er wäre neben ihr. Und manchmal in ihren Träumen nimmt sie ihn in den Arm. Er küsst sie dann und sie spürt, wie ihr Körper erbebt, eine unglaubliche Lust sie durchströmt, und sie kann nicht verstehen, was ihr geschieht.

Es ist göttlich, was ich erlebe, wenn ich mich mit ihm verbunden fühle, meint die Frau. Doch ihr Verlangen und ihre Lust bleiben unerfüllt. Sie können nur in Träumen wahr werden.

Der Fürst, wenn er mit seiner zweiten Frau zusammen ist, ahnt, es könnte auch seine große Liebe sein, die er in den Armen hält und mit der er sich körperlich vereinigt – Lust empfindet; die er zärtlich berührt und die ihn streichelt. Manchmal vertauscht er in seinem Empfinden die Frau, die bei ihm liegt, in der Dunkelheit der Nacht.

Als seine große Liebe in jungen Jahren stirbt, überwältigt ihn unendliche Trauer. Er lässt ein prachtvolles Grab bauen. Seine Gefühle öffnen sich und erfüllen ihn mit Sehnsucht.

Wie gerne hätte ich dich in meinen Armen gehalten – so wie es dein Verlangen gefordert hat. Ich wünschte, ich könnte dich berühren, deine Lippen küssen und mich tief mit deinem Körper verbinden. All das spüre ich jetzt und es bleibt unerfüllt. Derart sind seine Gefühle und Gedanken.

Die geliebte Frau ist an Traurigkeit gestorben, an der Sinnlosigkeit, die sie empfunden hat. Am Unverständnis.

Dein Tod hinterlässt eine unendliche Wunde in meinem Herzen, spricht der Fürst.

Als er stirbt, ist es sein Herz, das zerbricht.

Ich möchte auf das Geschehen nach dem Tod des Mannes schauen.

Mann und Frau treffen sich nach seinem Ableben. Doch auch jetzt können sie nicht verstehen, was sich während dieser irdischen Existenz ereignet hat. Sie schauen allein auf ihre Gefühle: ihre Liebe; ihr nicht geäußertes Verlangen, die Mauer zwischen ihnen.

Ich rufe die geistigen Wesen von Mira und Sebastian.

»Jetzt, da ihr zu diesem Leben gereist seid, könnt ihr euch in den Arm nehmen und küssen, euch versöhnen«, spreche ich zu ihnen.

Sie nehmen sich zärtlich in die Arme.

»Sprich du, Mira, was dich bewegt«, forderte ich sie auf.

»Mein Geliebter, ich habe so auf dich gewartet, unendlich auf dich gewartet und ich wusste es nicht einmal. Es hat mir das Herz gebrochen. Ich wollte dich spüren. Du solltest mich in den Arm nehmen und begehren, unbekleidet bei mir liegen. Ich wollte ein Kind von dir. Das sollst du wissen. Jetzt, da wir im Licht stehen, da möchte ich dir sagen: Die Mauern zwischen dir und mir sollen fallen. Es soll vorbei sein, was uns hindert. Ich möchte, dass du zu mir gehörst.«

Die geistigen Wesen von Mira und Sebastian nehmen sich in die Arme – küssen sich. Auch wenn sie Lichtkörper sind, so haben sie doch diese Gefühle. Es ist schön. Es löst den Schmerz und die Verzweiflung der Vergangenheit.

»Nun sprich du, Sebastian«, richte ich mich an ihn.

»Meine Frau: Nur dich habe ich in diesem Leben geliebt. Nur dich! Keine andere. Doch ich wusste nicht, dass die Liebe auch körperlich sein soll. Dich jetzt hier zu sehen ... – lass mich auf die Knie gehen und zu dir aufschauen. Wie unendlich ich dich liebe. Reich mir deine Hand.«

»Mit dieser Gewissheit kehrt zurück in eure Körper als Mira und Sebastian. Lasst eure Verbindung wahr sein, voller Achtung und Respekt. Ich danke euch allen.«

Mira lag erschöpft auf dem Sofa, als Richard wieder die Augen öffnete.

»Komm in deinen Körper, bewege dich und öffne dann die Augen«, wandte er sich an sie.

Richard ließ Mira Zeit und sprach dann über das Erleben, so wie der große Schamane es ihn gelehrt hatte.

Mira und Sebastian benötigten Zeit. Der Wandel vollzog sich langsam. Das Vertrauen in einander musste wachsen. Doch sie kamen sich näher.

Richard lernte immer mehr über die anderen Welten. Er tat es voller Freude. Manchmal geschahen nur kleine Schritte der Heilung, die immer wieder auf Hindernisse trafen – manchmal auch gewaltige und plötzliche Umwälzungen, wenn er in der geistigen Wirklichkeit Hilfe suchte.

Richard kämpfte auch mit Zweifeln: Viel Schmerz, Gewalt und Dunkelheit gibt es auf der Erde. Was kann ich da zur Heilung beitragen?, fragte er sich.

Doch er lernte zu respektieren, dass die Menschen Leid auf sich nehmen. Er konnte zwar nicht verstehen, warum dies so ist, aber erkennen, dass solche Erfahrungen gesucht wurden. Voller Achtung wollte er darauf schauen. Er sah seine Aufgabe darin, die geistigen Menschenwesen zum Licht zu führen.

Es gab auch Augenblicke, in denen er an der Wahrhaftigkeit des Erlebens in der Anderswelt zweifelte. Immer wieder entdeckte er, wie sich Wünsche und Gedankenkonstruktionen als scheinbare Tatsachen geistig zeigen konnten. Doch mit zunehmender Klarheit lernte er zu erkennen, wann die Wesen, denen er begegnete, wahrhaftig existierten, sich als eigenständig zeigten, für ihn überraschend handelten und heilsame Lösungen anboten. Dann konnte er ihnen vertrauen.

Ana Maria blieb in seinem Empfinden gegenwärtig. Sie schrieben sich Briefe und telefonierten hin und wieder. Allerdings wurden die Telefonate mit der Zeit seltener. Richard hatte überlegt, sie noch einmal zu besuchen. Doch er stellte diese Idee zurück. Ana Maria berichtete viel über ihr Studium und die abschließenden Prüfungen. Das Thema Alejandro wurde ausgespart. So verging fast ein Jahr. Er spürte große Sehnsucht und versuchte doch zu lernen, jeden Tag, auch wenn ihm Ana Maria fehlte, zufrieden zu sein. Wenn er Gott bei sich spürte, erfüllte ihn sein Dasein. Er schaute auf seine Entwicklung und den täglichen Wandel, den er vollzog. Das war das Wesentliche. Manchmal wünschte er sich, Ana Maria wäre anders, offener, bereiter ihm gegenüber. Andererseits … er liebte sie ja genau so, wie sie war. Sein Verlangen nach Ana Maria ließ ihn auch wachsen.

Ein Brief von Dorit erreichte Richard. Sie war nach Céret gezogen, einem kleinen Ort schon fast in den Ostpyrenäen Südfrankreichs. Sie wollte nach Berlin kommen und ihn besuchen.

Spät an einem Nachmittag rief Dorit Richard an, dass sie beim Bahnhof Zoo sei und dort in der Nähe in einem Café auf ihn wartete. Sie hatte ihn gleich zu Hause erreicht. Richard machte sich sofort auf. Als er das Café betrat, sah er sie an einem Fenster-platz sitzen und in einem Buch lesen. Er ging auf sie zu. Erst als er direkt vor ihr stand, blickte sie auf. Sie nahmen sich in den Arm und begrüßten sich mit einem flüchtigen Kuss auf den Mund.

»Toll, dich zu sehen«, meinte Richard.

Dorit nickte nur als Erwiderung. Sie war hübsch gekleidet – fast ein wenig elegant. Als Gepäck hatte sie nicht mehr als eine kleine, mit bunten Stickereien verzierte Tasche dabei.

»Können wir gleich zu dir gehen?«, fragte Dorit. »Ich muss unbedingt kurz duschen.«

»Klar«, antwortete Richard.

Dorit war von Köln aus gestartet, wo sie eine gute Woche bei alten Freunden verbracht hatte. Im Augenblick sehnte sie sich nach Ruhe. Die Fahrt war anstrengend gewesen. Ihre Freunde hatten sie zu einer Kölner Autobahnraststätte gebracht. Sie fand es reizvoll, als Anhalterin zu reisen. Auf der Raststätte sprach sie ältere Männer mit komfortablen Fahrzeugen an, ob sie sie mitnehmen konnten. Zumeist fand Dorit innerhalb kürzester Zeit eine Mitfahrgelegenheit. Es war wie ein Spiel, sich den richtigen Fahrer auszusuchen. Häufig ergab sich ein angeregter Austausch während der gemeinsamen Zeit, bei dem kein Themenbereich ausgespart wurde. Dorit fand es äußerst interessant, in dieser anonymen Begegnung in eine überaus private Unterhaltung zu kommen. Manchmal nahmen ihre Auserwählten große Umwege auf sich, um sie an ihr gewünschtes Ziel zu bringen. Einige Männer versuchten auch, sich ihr zu nähern, wenn sie nebeneinander im Auto saßen. Dorit meinte, das Geschehen nach ihren Regeln gestalten zu können. Auf der Fahrt von Köln nach Berlin hatte der Fahrer seine Hand auf ihren Oberschenkel gelegt. Fast hatte sie darauf gewartet. Sie sprach dann ganz ruhig mit ihm; zeigte Verständnis für seine Bedürfnisse. Fragte nach Frau oder Freundin; verwickelte ihn in ein recht persönliches Gespräch. Allerdings suchte der Mann immer wieder den intimen Kontakt. Er bot ihr auch Geld an. Dorit verlor die Kontrolle, da es ihr nicht gelang, ihn ganz in ihrem Sinne zu lenken. Das Geldangebot schmeichelte ihr durchaus in seiner Großzügigkeit. Sie lehnte dennoch ab. Schließlich brachte der Fahrer sie bis zum Bahnhof Zoo und sie fühlte sich erschöpft.

Dorit erzählte Richard ein wenig von den Erfahrungen der letzten Stunden. Doch ihm blieb fremd, was sie berichtete. Zu dieser Welt besaß er keinen Zugang.

»Lass uns noch in eine Kneipe gehen«, schlug Richard gegen Abend vor.

Dorit stimmte zu. Sie machten sich zu einer der einfachen, eher schlampigen Gaststätten der Berliner Alternativszene auf. Schnell kam ihr Gespräch auf den Schamanen in Kirgistan. Dorit war an den Erlebnissen von Richard interessiert. Er erzählte, wie er den

Weg zur Jurte gefunden hatte, über den Abend mit Tairbek und Urmatbek und seine Schau auf den Fluss »Leben«.

»Der Wolf ist dein Krafttier«, Dorit schaute ihn mit offenen Augen an. »Meines ist der Fuchs. Er führt mich. Ich kann ihn immer fragen. Ein wunderschönes Tier, elegant, schlau, lebendig ... Erzähle mir mehr von deinem Wolf«, bat sie.

»Am nächsten Tag hat er mich in die Wildnis gelockt, auf eine siebentägige Wanderung. Er war immer bei mir. Ich liebe ihn sehr.«

Als Richard vom Wolf erzählte, merkte er, wie sehr er sich seinem treuen Gefährten verbunden fühlte. Zwischenzeitlich hatte er sich derart an ihn gewöhnt, dass ihm seine Begleitung fast selbstverständlich schien.

»Mein Fuchs leitet mich durch das Leben«, berichtete Dorit. »Auch heute während der Fahrt habe ich ihn um Rat gefragt. Er hat mich auch zu dir geführt«, ergänzte sich noch.

Ihr Blick war ganz auf Richard gerichtet. Ihn freute es, sie auf diese Weise zu spüren. Sie erzählte von der Zeit, die sie auf Ibiza verbracht hatte. Eine Zeitlang hatte sie in einem Camp gelebt, in dem auch Heiler und Schamanen Gäste waren. Hier war sie auch durch einen Schamanen mit dem Fuchs bekannt gemacht worden. Das musste ungefähr zur gleichen Zeit geschehen sein, als Richard sich in Kirgistan aufhielt, stellten sie fest.

»Ich habe einen schönen jungen Mann getroffen, der lange in einem Aschram in Indien gelebt hat. Einmal, als wir zusammen zu einer Bucht am Meer gefahren sind – das Wasser war wirklich glasklar –, hat er im Wasser seinen Darm nach außen gestülpt und gewaschen«, meinte Dorit. Sie war von solch leicht bizarrem Geschehen fasziniert. »Aber bitte erzähl mir noch mehr von deinen Erfahrungen, wohin dich der Wolf geführt hat.«

»Eine Einweihung. Eine große Einweihung war das. Heilung. Ich bin der Spur des Wolfs gefolgt und habe dann bei einer Eibe Rast gemacht.«

Richard schilderte die Begegnung mit der Eibe und seiner Erfahrung, mit dem Baum sprechen zu können. Dorit hörte gespannt zu. Sie fühlte sich immer mehr zu ihrem Gesprächspartner hingezogen, mit dem sie in die Tiefe des Seins eintauchen konnte.

Das ist ganz anders als mit Ana Maria, dachte Richard. Längst nicht so kompliziert.

Als Richard von der Schlange berichtete, unterbrach ihn Dorit. »Nichts hat Endgültigkeit auf dieser Welt. Ist es das, was die Schlange sagt?« Fragend schaute sie Richard an.

Ihre Blicke trafen sich für eine lange Zeit. Dorit griff nach seiner Hand.

Richard nickte.

»Die Schlange hat uns aus dem Paradies gelockt«, antwortete er schließlich. »Unter ihrem Einfluss sind Zwiespalt und Zweifel unsere ständigen Begleiter.«

»Wie ist es weitergegangen?«

»Ich habe dann die Bienen getroffen. Für die sind ihr Tun und die Welt über jeden Zweifel erhaben. Sie arbeiten für ihre Gemeinschaft. Diese soll gedeihen!«

Richard schilderte den weiteren Verlauf seiner Wanderung. Wie ihn der Wacholder auf das Wesentliche verwiesen hatte; sein Sterben und die Wiedergeburt; die Entwicklung vom Lehrling zum Lehrer, die sich in der Rede an die einsamen Menschenseelen zeigte. Dann die abschließende Begegnung mit den Metallen und dem zerbrochene Schamanenspiegel. Es war spät, als sie schließlich in seine Wohnung zurückkehrten.

Dorit fühlte sich außerordentlich müde. Zwar schlief sie mit Richard zusammen auf seiner großen Matratze, wollte aber auch ihre Ruhe haben. Richard hätte sie gerne mehr bei sich gespürt. Auch am nächsten Morgen zeigte sie sich zurückhaltend. Nur ein Streicheln und ein Kuss, näher kamen sie sich nicht. Richard zeigte ihr ein wenig die Stadt, musste aber auch zur Arbeit gehen und sie alleine die Umgebung erkunden lassen. Dorit mochte es, unabhängig die Welt zu entdecken.

Richard ist wirklich gereift, ein richtig interessanter Mann geworden, ging es ihr durch den Kopf. Es freut mich, dass ich ihn kennengelernt habe. Er wirkt entschlossen und viel sicherer als bei unserer ersten Begegnung.

Gerne zog sie sich in innere Gespräche mit sich selbst zurück. Die Welt drehte sich dann nur um sie. Diese Einsamkeit genoss sie.

Niemand konnte sie erreichen außer sie selbst. Wenn sie in dieser Weise über das Leben nachdachte, schaute sie ehrlich und auch kritisch auf ihre Gefühle und Gedanken. Als sie in einer derartigen Stimmung in der Wohnung von Richard auf dem Bett lag, tauchte sie ein in einen Dialog mit sich selbst.

Ich ärgere mich, sprach sie zu sich selbst. Mein Freund in Céret – ich will ihn eigentlich nicht. Gut, er ist großzügig und ich lebe von seinem Geld. Trotzdem habe ich das Gefühl, nicht zu erhalten, was ich möchte. Ich brauche diesen Idioten eigentlich nicht. Ich verkaufe mich an ihn. Warum bin ich so hart zu den Männern und zu mir? Ich will einen Mann, über den ich bestimmen kann.

Widerstreitende Gefühle durchströmten Dorit. Sie hüllten sie ein. In dieser Glocke zu leben war ihr vertraut. Richard kam ihr in den Sinn.

Er soll mich begehren. Ich mag ihn. Ich kann weich zu ihm sein.

Dann dachte sie an ihren Ex-Freund aus Köln. Eigentlich wollte sie das nicht, doch nun überkam sie ein süßlicher Schmerz von Selbstmitleid.

Ja, ich liebe ihn. Aber er soll auch leiden. Ich will das so. Ich möchte Macht über ihn. Er soll das Knie vor mir beugen. Dann werde ich ihn zappeln lassen.

Das Rachegefühl tat gut. Als es sich auflöste, spürte sie Wärme. Eine große Sehnsucht nach Liebe, nach Küssen, nach Sex meldete sich. Sie hielt die Augen geschlossen und gab sich ganz der entspannten Stimmung hin.

Währenddessen war Richard bei der Arbeit. Er musste den Einbau einer Wendeltreppe noch heute fertigstellen. Auch er war erfüllt von Gefühlen und Gedanken.

Dorit ist wirklich eine sehr ungewöhnliche Frau. Ein wenig verliebt bin ich in sie. Ich möchte ihren Körper spüren. Heute Nacht soll sie nicht so zurückhaltend sein. Sie kann sich derart unterschiedlich zeigen. Mal zärtlich, mal hart und bestimmend. Es gibt vieles zu entdecken. Immer wenn ich Dorit treffe, muss ich auch an Ana Maria denken. Warum ist das so kompliziert mit uns beiden? Ich liebe sie. Sie liebt mich doch auch. Oder nicht?

Eine tiefe Sehnsucht erfasste ihn.

Als Richard nach Hause kam lag Dorit in ihrer selbstbezogenen, sentimentalen Stimmung auf dem Bett.

»Hallo Richard. Wie war die Arbeit?«

Sie schaute ihn voller Zuneigung an. Richard setzte sich aufs Bett. Sie zog ihn an sich, küsste ihn, entkleidete ihn langsam ...

Lange lagen sie auf dem Bett und genossen es, einander zu spüren.

»Lass uns noch was essen gehen«, meinte Richard schließlich.

Sie machten sich auf zu einem vegetarischen Restaurant. Arm in Arm gingen sie durch die Straßen. Heute drehte sich ihre Unterhaltung um Beziehungen. Dorit erzählte von ihrem Kölner Ex-Freund, Thomas. Wie immer sprach sie sehr ehrlich.

»Als ich ihn das erste Mal auf einem Konzert gesehen habe, wie er da am Schlagzeug saß, wusste ich sofort, das ist der Mann meines Lebens.«

Sie berichtete, wie sie ihn näher kennengelernt hatte, der erste gemeinsame Abend, die Nacht ...

»Die Verbindung zwischen uns war unwirklich intensiv. Ich musste ihn einfach bei mir spüren. Doch dann habe ich gemerkt, dass ich mich verliere. Ich war keine eigenständige Person mehr. Und er wollte Familie, Kinder ...«

Richard hörte zu, wusste aber nicht so recht, wie er einordnen sollte, was Dorit schilderte. Er sah in sich das Bild einer über-wältigenden Liebe. Aber warum waren die beiden dann nicht zusammen?

»Das ist doch eine wunderbare Liebe, von der du berichtest. Was hat denn zur Trennung geführt?«

»Es ist mir zu eng. Ich muss mein eigenes Leben führen. Mit Thomas zusammen gab es mich überhaupt nicht mehr. Ich habe mich nicht mehr gespürt. Ich musste das beenden. Außerdem wollte er Kinder.«

Wenn Richard bisher gemeint hatte, Dorit sei ungewöhnlich klar und ehrlich, so klangen für ihn ihre Worte nun wirr. Insbesondere aber konnte er nicht nachvollziehen, was sie im Leben suchte. Er suchte so eine absolute Liebe.

Dorit wollte nicht weiter von Thomas erzählen. Ihre ganze Haltung war erstarrt. Also begann er, von Ana Maria zu berichten.

»Die Geschichte mit Thomas erinnert mich an das, was ich mit Ana Maria erlebt habe.«

Er schilderte die erste Begegnung am Wannsee, ihre gemeinsame Zeit in Berlin, die Trennung und seinen Besuch in Madrid.

»Ich bin davon überzeugt, dass Ana Maria und ich zusammen gehören. Ich denke oft an sie. Aber es muss doch auch etwas von ihr kommen«, endete sein Bericht.

»Du meinst, das ist Liebe?«, fragte Dorit.

»Ja«, antwortete Richard aus tiefstem Herzen.

»Mein Freund in Céret«, meinte Dorit und schaute Richard mit einem fragenden Gesichtsausdruck an. Ihre Augen flackerten. »Kurz bevor ich nach Deutschland gefahren bin. Ich hatte mich vollkommen für ihn geöffnet. Ganz bereit. Er hat mich überhaupt nicht gesehen. Einfach sein Ding durchgezogen.«

Weiterhin fiel es Richard schwer, den Erzählungen von Dorit zu folgen. Ihre Gefühle gingen durcheinander und er wollte sie nicht mit sachlichen Fragen irritieren.

»Ich habe den halben Tag geweint«, fuhr sie fort. »Er hat versucht mich zu trösten – aber hat nicht verstanden, um was es geht.«

Richard schwieg. Er wusste einfach nichts zu sagen.

Ihre Unterhaltung blieb persönlich. Richard kam auf seine Eltern zu sprechen. Die Mutter, die immer das Beste für die Familie wollte. Sein Vater, der bis zum Herzinfarkt ohne Unterlass gearbeitet hatte. Dorit berichtete von der Scheidung der Eltern und wie sie darunter gelitten hatte. Und plötzlich veränderte sich ihr Gesichtsausdruck.

»Mein Vater, früher als ich noch klein war ... eigentlich bin ich gerne zu ihm ins Bett gekrochen. Aber da ist was Düsteres.«

Ein Schatten legte sich über ihr Gesicht.

»Ich weiß nicht. Ein eigentümliches Gefühl. Es tut weh. Etwas Verbotenes ...«

Dorit stockte. Was an Gefühlen in ihr aufkam, sie wollte das schnell wieder verstecken. Richard fragte nicht weiter nach. Er spürte, hier wurde ein großer Schmerz berührt.

Nachdenklich gingen sie nach Hause. Sie fühlten sich einander verbunden.

Dorit freute die gemeinsame Zeit, die sie mit Richard verbrachte. Trotzdem: Sie wollte weiter. Diese schöne Frau an seiner Seite zu spüren, Richard fühlte sich angenommen. Nach einigen Tagen war es ihm fast selbstverständlich, Dorit bei sich zu Hause anzutreffen, das Bett mit ihr zu teilen, Gespräche zu führen ... Als sie ihm nach einer Woche mitteilte, dass sie am nächsten Morgen zur Ostsee fahren würde, wo sie auch jemanden kannte, enttäuschte ihn das. Sicher, Dorit schenkte seinem Leben nicht die tiefe Liebe, die er suchte. Sie war aber eine wundervolle Frau.

Lange küssten sie sich zum Abschied. Dann machte er sich auf, zurück zu seiner Wohnung. Er fühlte sich traurig und zugleich, was ihn verwunderte, spürte er auch eine zarte Zufriedenheit. Er dachte an Frauen, denen er näher begegnet war, an Dorit, Ana Maria ...

»Jede Frau hat mich auch verletzt«, ging es ihm durch den Kopf. »Für mich gehört das zu ihrem Ausdruck. Hierdurch fordern die Frauen meine Stärke und Verbindung zum Gott Mars. Nie soll ich vergessen, welch wichtiger Gott er für mich ist. Weniger die körperliche Stärke wird verlangt. Gefühl und Gedanken müssen standhalten. Dann kann ich mich durch die Verletzung finden.«

Sogar ein wenig Freude kam in ihm auf, als er diesen inneren Dialog führte.

»Ich soll nicht zweifeln oder verzweifeln, sondern Vertrauen in mich haben, auch wenn das oft schwierig ist. Gott schenkt mir Zeit. Ich bin es wert, mich in der Welt zu zeigen. Jeder Mensch ist es wert.«

Ana Maria

Ana Maria konzentrierte sich auf den bevorstehenden Studienabschluss. Ihr Zusammenleben mit Alejandro lief in geordneten Bahnen, so sah sie dies jedenfalls. In Gedanken war sie oft bei Richard. Manchmal ertappte sie sich dabei, dass ihre Gefühle weit weg flogen, wenn sie mit Alejandro zusammen war. Trotzdem, er war ihr Freund.

Alejandro fühlte sich unzufrieden. Irgendetwas stimmte in seinem Leben nicht. Er wollte die Zuwendung von Ana Maria. Sie war freundlich zu ihm, lächelte, wenn sie miteinander sprachen, fragte nach seinem Befinden. Doch zugleich schien sie anderen Dingen im Leben mehr Bedeutung als ihm zu geben. Immer stand der Studienabschluss im Vordergrund. Zum Übernachten blieb sie kaum noch. Ein Gefühl, vernachlässigt zu werden, entstand in Alejandro.

Ana Maria hatte ihr Verhalten ihm gegenüber geändert. Früher war sie darauf bedacht gewesen, möglichst viel ihres Lebens mit ihm zu teilen. Sie hatte den Eindruck vermittelt, mit großer Achtung auf ihn zu schauen. Dies spürte er nicht mehr. Seine unsichere Arbeitssituation schien ihm plötzlich wie ein Makel, da er meinte, sie werte dies als Fehler. Zunehmend überlagerte das Empfinden einer Kränkung seine Beziehung zu Ana Maria. Abends lag er alleine in seinem Bett und wünschte, Ana Maria käme vorbei. Doch das geschah nicht. Dabei brauchte er sie doch!

Sie bestand ihre Abschlussprüfung an der Hochschule und auch dies änderte nichts daran, dass sie nur noch wenig Zeit miteinander verbrachten. Er sprach Ana Maria nicht darauf an. Sein Stolz hinderte ihn daran. Er wünschte sich ein Leben, das Spaß machte und entschloss sich, mehr auszugehen, zu feiern und zu trinken. Alejandro lud eine Arbeitskollegin ein. Sie verstanden sich gut. Eines Abends gingen sie zu ihm und verbrachten zusammen die Nacht. Immer häufiger wurden diese Treffen.

Nachdem sie lange nicht mehr miteinander telefoniert hatten, rief Ana Maria Richard an. Ihre Stimme klang ernst.

»Richard, ich möchte dich in Berlin besuchen«, sagte sie.

»Ja gerne, aber wie geht es dir denn?«, fragte er

»Ich erzähle dir alles, wenn wir uns sehen.«

Wenn ich mir eine Höhle gegraben habe, tief in die Erde, dann suche ich die Ruhe. Die Zeit des irdischen Handelns ist vorbei. Es gibt nichts mehr zu tun. Ich sehe den Winter kommen; begebe mich in die Höhle; spüre die Erde und Vertrauen, dass für mich gesorgt ist. Der Frühling wird wieder anbrechen.

Ich lege mich zur Winterruhe nieder. Bilder tauchen auf. Das Geschehen des vergangenen Jahres zieht vorüber – Aufregung, Freude, Wut, Suchen, Finden ... All das war. Es ist nicht mehr.

Mein Geist reist zu der Wiese im Land der Seelenbestimmung. Das große Licht strahlt. Ich schaue auf die Liebe, die meine Begegnung mit Pflanzen, Tieren und Menschen erfüllte. Das sind die Augenblicke, weshalb wir leben. Von ihnen zu wissen und sie zu fühlen schenkt uns Glück.

Es ist unsere Aufgabe und Erfüllung, zu diesem großen Licht, das ich dort auf der Wiese stehend sehe, zu gelangen. So will es unsere Seele. Jeder Moment der Liebe ist ein Schritt dorthin.

Der Bär

Weitere Informationen zum Roman

die Reise dauert länger als sieben tage
ein schamamenweg
von
michael wolfgang geisler

www.einschamanenweg.de

www.facebook.com/Einschamanenweg

Kontakt mit dem Autor
einschamanenweg@gmail.com

Weitere Informationen zum Roman

in anderer zeit
von
michael wolfgang geisler

www.inandererzeit.de

www.facebook.com/inandererzeit

Kontakt mit dem Autor
inandererzeit@gmail.com

Bezug beim Buchhandel oder direkt bei tao.de

michael wolfgang geisler

in anderer zeit

roman

516 Seiten

Paperback 24,99 €
ISBN:
978-3-95529-355-0

Hardcover 29,99 €
ISBN:
978-3-95802-018-4

e-Book 9,99 €
ISBN:
978-3-95802-019-1

Die Suche nach den Gründen des Menschseins

Überraschende Perspektiven eröffnen sich in diesem Buch. Lebensgeschichten von Menschen aus anderen Zeiten nehmen Gestalt an. Spannend und ergreifend fügen sie sich zu einem Gesamtbild und wir staunen: Unsere Existenz ist nicht auf die Zeit zwischen Geburt und Tod begrenzt. Hiervon erzählt uns dieser ebenso poetisch wie realistisch geschriebene Roman – unterhaltsam und mit großer Kraft.

„Später habe ich gelernt, dass tiefe Veränderung ganz unspektakulär erlebbar ist, wenn geschieht, was geschehen soll."

Michael Wolfgang Geisler in: in anderer zeit

Zeitfracht Medien GmbH
Ferdinand-Jühlke-Straße 7
99095 Erfurt, Deutschland
produktsicherheit@kolibri360.de